ENCYCLOPÉDE

DES

CONNAISSANCES UTILES.

IMPRIMERIE DE J.-L. JOLY,

RUE ST-HONORÉ, n° 123, HÔTEL D'ALIGRE.

ENCYCLOPÉDIE

DES

CONNAISSANCES

UTILES.

Tome Huitième.

PARIS,

BUREAU DE L'ENCYCLOPEDIE,

RUE DES GRANDS-AUGUSTINS, N° 18.

1834.

ENCYCLOPÉDIE

DES

CONNAISSANCES UTILES.

BIB

BIBLE veut dire livre. Pendant long-temps, en effet, elle fut le livre par excellence qui contenait la loi passée, présente et future de l'humanité juive, chrétienne et même mahométane ; car on sait que les Musulmans ont accepté les traditions d'Abraham, de Moïse et de Jésus. La condition indispensable à laquelle doit satisfaire tout livre religieux, c'est de dire aux hommes qu'il prétend conduire le point d'où ils sont partis et celui vers lequel ils marchent ; sous ce rapport, la Bible est un livre complet. Moïse prend l'homme à la création ; il lui dit pourquoi Dieu l'a mis sur la terre, ce qu'il a fait depuis ce temps ; il lui donne la loi qui doit le guider jusqu'aux jours où viendra le Messie promis à l'humanité ; Samuel, David, Salomon, Esdras, les Machabées poursuivent le fil de cette histoire si bien appelée sainte, tandis que d'intrépides prophètes, Jérémie, Daniel, Ezéchiel, Zacharie ne cessent d'annoncer la venue de celui qui doit mourir pour sauver le monde, de préparer les esprits et les cœurs à accueillir l'accomplissement des promesses divines : telle est la partie juive de la Bible. Les temps marqués par les prophètes sont arrivés, l'Homme-Dieu paraît, sa vie, qui doit servir de modèle au monde qui va se ranger sous sa loi, est racontée par les évangélistes. Là on voit Jésus résumant en lui toutes les traditions, prendre l'héritage du passé et proclamer l'avenir jusqu'à la consommation des siècles. Ce qu'il y a de plus important est dit dans les quatre évangiles. Comme dans le Pentateuque de Moïse, il ne reste plus qu'à développer le germe précieux dont le Christ a enrichi la terre, c'est ce que font Paul, Pierre, Jacques et Judes dans leurs épîtres ; et lorsqu'ils ont ainsi frayé la route à l'humanité nouvelle, vient saint Jean qui lui prédit, dans l'Apocalypse, ce qu'elle rencontrera au bout du chemin. Telle est la seconde partie de la Bible, la partie chrétienne.

Ces deux parties de la Bible dont nous venons de parler portent chacune un nom particulier. La première s'appelle l'ancien Testament et la seconde le nouveau Testament.

Dans l'ancien Testament se trouvent réunis tous les historiens des Juifs, depuis l'origine de leur nation jusqu'à la fin de la guerre des Machabées et la domination des Romains ; au sein d'un peuple régi par une théocratie aussi compacte et aussi bien cimentée que l'était la nation juive, les poètes et les historiens devaient être des hommes revêtus d'un caractère sacré, et c'est ce qui arriva.

Le premier de tous, par ordre de dates et d'importance, est Moïse, et les livres laissés par lui, qui sont au nombre de cinq, sont connus sous le nom de Pentateuque. C'est d'abord la Genèse (création.) Le commencement des choses y est raconté avec une magnifique et sublime poésie ; puis l'auteur sacré descend des généralités de la cosmogonie, pour ne plus s'occuper que de la nation juive, dont il donne la généalogie et l'histoire jusqu'à la mort de Joseph, c'est-à-dire jusqu'au temps où vivait Moïse. Vient ensuite l'Exode (sortie.) Dieu a résolu d'arracher son peuple à la servitude des Pharaons et de le conduire dans la terre promise ; c'est au milieu de la marche dans le désert qu'il lui donne les tables de la loi nouvelle. Le troisième livre de Moïse contient les lois, les rites et les cérémonies que devront observer les Hébreux ; il s'appelle Lévitique, du nom de la tribu de Lévi, spécialement chargée des fonctions sacerdotales. Le livre des Nombres renferme le dénombrement des tribus qui s'avançaient dans le désert à la suite de Moïse, et la continuation de leur histoire jusqu'au moment où, sur le point d'entrer dans la Palestine, Moïse sent le besoin d'ajouter quelques nouveaux préceptes à la loi qu'il a déjà donnée; car Dieu lui a prédit qu'il ne verrait point la terre promise. Ce cinquième livre, appelé Deutéronome (seconde loi), complète le Pentateuque.

A la mort de Moïse, Josué prend le commandement des Hébreux, les introduit dans la Palestine et leur en partage le territoire. Un livre connu sous le nom de livre de Josué, est consacré à la narration de ces faits.

Des juges éligibles succédèrent à Josué dans le gouvernement des Juifs. Un livre appelé livre des Juges, raconte leur histoire; puis vient le charmant épisode de Ruth, et enfin le livre des Rois, divisé en quatre parties, dont les deux premières sont attribuées à Samuel et les deux autres à Malachim. Il comprend depuis Saül jusqu'à la captivité de Babylone. Les deux livres des Paralipomènes viennent compléter ce qui manque aux récits de Samuel et de Malachim.

Lorsque Cyrus, vainqueur, eut rendu la liberté aux Hébreux, ils retournèrent dans leur pays sous la conduite d'Esdras, et rebâtirent le temple de Salomon et les murs de Jérusalem. Esdras nous a laissé le récit de ces faits dans quatre livres qui portent son nom.

Jusqu'ici l'unité de la nation juive est restée intacte; elle a développé d'un seul jet et sans mélange étranger, le germe que Moïse avait mis en elle; mais après la captivité de Babylone il n'en est plus de même. Au contact des Assyriens et des Persans, les Juifs durent prendre des idées nouvelles, puis bientôt vinrent les incursions et les voyages des Grecs dans l'Asie jusqu'à la conquête d'Alexandre et celle des Romains, les relations nombreuses que les Hébreux entretinrent avec l'Egypte, par les armes, le commerce ou les sciences qui achevèrent de briser le tout si compact qui s'était formé au désert. Aussi ne voit-on plus cette unité, cette suite si admirable dans les auteurs sacrés, on ne rencontre plus, depuis Esdras jusqu'aux Machabées, que des épisodes, mais pas une histoire suivie; que des prophètes qui, comme Jérémie, se lamentent sur le présent, et crient au siècle de faire pénitence, ou, comme Daniel, appellent les joies d'un avenir magnifique. Mais évidemment le lien est rompu , la société va changer de forme.

Le nouveau traité d'alliance promis par les poètes à la société affligée, est écrit dans le nouveau Testament. Un homme se disant le Messie promis aux nations, le Fils de Dieu fait homme, vient prêcher au monde la fraternité universelle. Ce n'est plus à un seul peuple d'élus comme Moïse, que sa parole s'adresse, les Gentils aussi sont appelés. Ce n'est plus seulement comme l'organe de Dieu qu'il vient apporter aux hommes une foi nouvelle, c'est en son propre nom, car il est Dieu lui-même; aussi doit-on non-seulement recueillir ses paroles, mais donner sa vie tout entière en exemple; c'est ce que font les quatre évangelistes (messagers de la bonne nouvelle) saint Mathieu, saint Marc, saint Luc et saint Jean. Ceux qui ont été admis à vivre plus près de Jésus, ses apôtres (envoyés), racontent aussi ce qu'ils ont fait : c'est le livre des Actes. Quelques-uns d'entre eux développent dans leurs épîtres la doctrine du maître; enfin saint Jean, dans l'Apocalypse (découvert), découvre aux yeux des hommes les joies qui attendent dans la Jérusalem nouvelle ceux qui auront été fidèles à la loi du Christ.

Telle est la Bible. C'est appuyés sur elle que les papes ont conduit l'humanité; c'est à elle que tous les protestans luthériens, calvinistes, anglicans en ont appelé du jugement des papes. Aujourd'hui, après avoir long-temps suivi ses lois, le monde échappe à son autorité et demande un nouveau guide; mais il n'oubliera pas, dans sa reconnaissance, les hautes et sublimes inspirations que nos pères ont dues à la Bible.

RAYMOND.

BIBLIOGRAPHIE. L'étymologie de ce mot, du grec *biblios*, livre et *grapho*, j'écris, en fixe clairement le sens. La bibliographie est la science des livres. Le bibliographe est celui qui peut écrire en connaissance de cause des livres considérés principalement sous le rapport de l'édition, c'est-à-dire de la date, du format, du papier, du prix, du plus ou moins de rareté des exemplaires, en un mot de la nature du livre envisagé matériellement. C'est une science vaste et compliquée, surtout de nos jours, où les publications de toutes sortes et les éditions des bons ouvrages se sont si fort multipliées; science qui oblige ceux-là même qui y sont le plus profondément versés, et malgré la plus grande mémoire, à recourir fréquemment aux catalogues et à s'aider de moyens matériels pour ne pas perdre le fruit de leurs recherches et de leurs travaux.

Le catalogue complet, œuvre immense de

tous les ouvrages et de toutes les éditions d'ouvrages faites dans l'univers depuis l'invention de l'imprimerie, serait à notre sens un ouvrage bien digne d'occuper les loisirs d'une académie spéciale, si tant est qu'en cent ans de travaux on y pût parvenir. Malheureusement c'est la chose impossible. On ne peut raisonnablement prétendre en bibliographie qu'à rassembler un nombre plus ou moins considérable de notions qui ne saurait dépasser une certaine limite. Le plus vaste et le plus exact répertoire de ce genre est *le Manuel de la Librairie*, de Brunet, en 4 vol. in-8°.

Comme nous l'avons dit, la bibliographie est une véritable science. D'abord elle n'exigea que de la mémoire. Maintenant et en raison de l'incommensurable quantité de livres qui existe dans le monde, il a fallu créer des divisions et des subdivisions pour apporter quelque ordre dans le classement des ouvrages. Delà, la nécessité du savoir chez le bibliographe, pour reconnaître à quelles branches des connaissances humaines tels ou tels livres appartiennent en ce genre, l'estime et la considération se mesurent à la fidélité, l'exactitude scrupuleuse des indications, au degré d'intelligence avec lesquels sont classées les diverses productions de l'esprit humain.

Aux articles *imprimerie* et *typographie* nous traiterons des élémens principaux de la confection matérielle des livres.

La bibliographie était une science facile chez les anciens, en raison du petit nombre de manuscrits qu'on possédait, à cause de la difficulté de leur reproduction manuelle. L'imprimerie, *ars artium conservatrix*, par l'immense multiplication des livres, a fait de la bibliographie un vaste dédale, dont il n'est donné à aucun homme de connaître à fond tous les recoins.

Répétons-le : le titre d'un ouvrage, les changemens qu'il a subis dans ses diverses éditions, les modifications faites au texte à chacune d'elles, soit en bien, soit en mal, le nom de l'imprimeur, la date, le lieu, le prix, le mérite, en un mot, de l'édition, tels sont les principaux objets de la bibliographie. Il est facile de comprendre qu'ils demandent chez l'homme qui se livre à cette science, une grande aptitude au travail, une portée intellectuelle peu commune, une étude solidement faite des textes, pour mettre de la méthode et pour ainsi dire de la philosophie dans le classement des ouvrages par ordre de matières. Ces qualités sont rares et cependant tout à fait indispensables chez le bibliographe. L'ignorance, l'inexactitude, la légèreté sont les vices les plus insupportables dans ce genre de travaux.

Le premier traité de bibliographie qui ait été publié, est l'ouvrage du Père Labbé, jésuite, intitulé : *Bibliotheca bibliothecarum*, Paris, 1664, in-4°. Il en parut une seconde édition, revue et augmentée par Ant. Teissier, Genève, 1686, pareillement in-4°.

Il existe une foule de catalogues et de traités généraux et spéciaux sur cette matière que nous ne mentionnerons pas ici. Les deux meilleurs guides en bibliographie, sont sans contredit le *Manuel de la Librairie* de Fournier, que nous avons cité plus haut, et *le Dictionnaire des anonymes et pseudonymes* de Barbier.   Romey.

BIBLIOTHÈQUE, du grec *biblios*, livre, et *théké*, lieu où l'on met les objets en dépôt.

Les hommes réunis en société se sont d'abord communiqué leurs idées au moyen de la parole; mais la civilisation en grandissant, la tradition orale devint insuffisante, et un besoin impérieux se fit sentir. Comment transmettre à la postérité la généalogie des familles, les noms fameux de ces temps héroïques, où l'homme eut à lutter contre tant d'obstacles : comment transmettre le résultat des premières investigations sur les phénomènes sans nombre qui d'eux-mêmes s'offraient à l'observation des premiers hommes, phénomènes d'où sont nés sans contredit les premiers symboles religieux du monde au berceau ; de ces symboles découlent cette multitude de croyances dont le fond était de rappeler les conquêtes faites sur la nature, et qu'il fallait consigner d'une manière durable. Tel était le problême, et l'écriture vint le résoudre. Cette première découverte ouvre une vaste carrière au génie. L'antiquité a été aussi loin qu'un tel moyen pouvait le permettre, et nous a légué un héritage que l'on peut regarder comme la base fondamentale de notre haute civilisation. Des hommes dont l'histoire a conservé les noms, se sont de tout temps adonné au soin de recueillir les premiers manuscrits, ces monumens de l'esprit humain, d'en former des collections précieuses, d'où jaillit la lumière qui, après l'invasion des barbares, régénéra l'humanité, essor qui prépara le progrès immense que, plus tard, vint accomplir la découverte de l'imprimerie.

L'acception ordinaire de ce mot en France est pour désigner une collection d'ouvrages plus ou moins considérable : nous le traiterons ici sous le point de vue d'établissement public. Les anciens avaient

senti l'importance de ces collections scientifiques, et l'histoire nous transmet quelques
renseignemens sur les bibliothèques de l'antiquité. *Osymandias*, qui régnait en Egypte
vingt siècles avant J.-C., avait doté la ville
de Thèbes (Egypte) d'un établissement de
ce genre, sur la principale porte de laquelle
on lisait, dit Diodore de Sicile : *Médecine
de l'ame.* Bien plus tard, nous voyons Pi-
sistrate à Athènes, créant une bibliothèque ;
Xercès s'en empare, la transporte en Perse,
renvoyée depuis par Sileucus Nicator; elle est
pillée par Silla et rétablie enfin par l'empereur Adrien. C'est d'elle que sont sortis les
précieux matériaux dont les historiens de
l'époque se sont servis pour nous transmettre la marche de ces temps reculés ; c'est
à elle que nous sommes redevables de croire
soulevé le voile qui couvre le berceau de
peuples que l'on a traités de barbares,
dont les traces de civilisation encore existantes révèlent une force de conception et
de génie que nous n'avons point surpassé,
malgré la fièvre du progrès qui dévore notre
société depuis le moyen-âge. Des bibliothèques de l'antiquité, la plus célèbre est celle
d'Alexandrie, fondée par Ptolomée Soter,
sous la direction de Démétrius de Phalère ;
elle devint bientôt le plus vaste dépôt en
ce genre ; elle s'enrichit journellement des

productions des hommes les plus célèbres. Ptolomée leur rendait sa cour accessible, aimait la science ; il n'était roi que pour s'éclairer et favoriser le génie. A la mort de Ptolomée-Soter, le nombre des volumes était de cent mille, disent les historiens, chiffre énorme eu égard à l'époque. Après lui, Ptolomée Philadelphe, par un caprice, exila Démétrius de Phalère, qui mourut de chagrin et de misère. Zenodote le remplaça dans ses fonctions ; sous lui ce vaste établissement s'accrut de jour en jour ; son souverain n'avait hérité de son prédécesseur que de son amour pour les lettres. Ce fut sous ce prince que Manethon composa son histoire d'Egypte. A Ptolomée Philadelphe succéda Evergète, qui confia la bibliothèque à Erathostène ; ce savant contribua beaucoup à l'enrichir. Après lui, Apollonius, Aristonyme aidèrent puissamment à lui faire atteindre ce degré de splendeur qui en faisait le dépôt des archives du monde. Evergète II, par un stratagème, lui procura les manuscrits de Sophocle, d'Euripide et d'Eschyle ; il exigeait, pour ouvrir ses ports au commerce athénien, qu'on lui prêtât les manuscrits pour en faire faire des copies, et la copie faite, il la leur donnait et conservait l'original. Sous ce prince, le nombre des volumes était devenu si considérable, qu'on fut obligé d'y affecter un nouveau bâtiment; dès lors la bibliothèque d'Alexandrie ne fit que gagner d'une manière prodigieuse; elle avait atteint le nombre de sept cents mille volumes lorsqu'elle fut la proie d'un incendie. César, assiégé dans la ville, fit brûler la flotte égyptienne; le feu, poussé par le vent, se répandit dans la ville, et le palais et la bibliothèque furent dévorés par les flammes; on put sauver seulement trois cents volumes, qui servirent de base à une nouvelle bibliothèque construite sur l'emplacement du temple de Sérapis, et nommé Sérapion. Ce nouvel établissement s'accrut de la bibliothèque de Pergame, que Marc-Antoine donna à Cléopâtre; il acquit même un degré de splendeur tel que l'on n'eut plus à regretter que la perte de manuscrits originaux, dont de nombreuses copies vinrent heureusement combler le vide; mais cette immense bibliothèque, fruit de si nombreux travaux, ne devait pas nous être transmise, après de nombreuses vicissitudes que lui fit éprouver la domination romaine: en l'an 650, Amri, par les ordres du calife Omar, l'incendia, et, dit-on, les volumes servirent pour chauffer l'eau des bains d'Alexandrie. A Rome, on ne voit se former de bibliothèque proprément dite que sous l'empereur Auguste, qui fit placer des volumes dans le temple d'Apollon, sur le mont Aventin; elle n'était composée que d'ouvrages grecs et latins. Tibère les transporta dans son palais; ils furent perdus dans l'incendie qui, sous Néron, détruisit une partie de la ville. Domitien tenta de réparer cette perte; Vespasien recomposa une bibliothèque; elle fut placée dans le temple de la Paix, et anéantie par un incendie qui éclata sous Commode. Enfin Trajan en forma une nommée Ulpienne; elle fut en partie composée de copies faites sur les ouvrages de la bibliothèque d'Alexandrie. Sous Gordien le jeune, la bibliothèque Alpienne était portée à un nombre assez considérable de volumes. Sous Constantin elle suivit le siége de l'empire romain, et une partie de ses ouvrages allèrent augmenter la riche bibliothèque que ce prince faisait construire dans sa nouvelle capitale. A la mort de Théodose, la bibliothèque de Constantinople était riche de cent vingt mille volumes; elle fut bâtie par Léon l'Isaurien, qui, désespérant de mettre dans son parti les savans préposés à la garde de ce dépôt précieux, les fit enfermer dans la bibliothèque et y mit le feu. Relevée par Constantin Porphyrogenète, elle se conserva, même malgré la domination turque, jusqu'à Amurath IV, qui, par fanatisme, la fit incendier. Tout ne fut point perdu dans ce désastre; depuis on découvrit dans la bibliothèque dite du Sérail, des manuscrits précieux dont quelques-uns furent, en 1687, portés à la bibliothèque du Roi, à Paris. La bibliothèque dite du Sérail, existante aujourd'hui, fut fondée par Achmet III, au commencement du xviiie siècle; elle renferme aujourd'hui à peu près vingt mille volumes, presque tous arabes ou persans. Il existe à Constantinople plusieurs autres bibliothèques qui renferment un assez grand nombre de manuscrits. Une chose digne de remarque, c'est que tous y sont conservés dans des étuis élégans. Les ouvrages des anciens ne se trouvent pas seulement dans les bibliothèques que nous venons de citer; ils ne furent pas toujours la proie du vandalisme, et au milieu des convulsions qui agitaient le Bas-Empire, les religieux réunissaient une foule de manuscrits précieux; les couvens de la Grèce furent les plus riches, et c'est là qu'allèrent puiser ceux que le gouvernement français envoya, à différentes époques, à la recherche de ces trop rares ouvrages destinés à éclairer sur la marche de l'esprit humain; mais on doit justement regretter que le fanatisme ne leur ait fait conserver que les manuscrits religieux dans les couvens cophtes qui subsistent encore en Egypte. Il n'en est pas ainsi des bibliothèques égyptiennes, et là on a pu puiser des documens sur l'histoire à la fois si incertaine et si peu connue du pays des Pharaons.

La barbarie avait expulsé les lumières de l'occident en orient, les Khalifes recueillaient le vaste héritage d'une civilisation de plusieurs siècles que les Romains, devenus esclaves, laissèrent tomber en même temps que le sceptre du monde; les barbares du Nord venaient, sans s'en douter, accomplir une mission de progrès que la corruption romaine eût retardée encore long-temps; avec eux se répandit cette énergie régénératrice dont étaient devenus incapables les indignes descendans de l'ancienne Rome: foyer à venir de la lumière, l'Orient conserva le dépôt sacré de la science, et comme si le doigt de Dieu eût préservé encore une fois l'arche sainte, Bagdad devint l'asile des savans que poursuivait l'aveugle persécution. Jusqu'à Charlemagne la terre classique est jonchée de ruines : là s'arrête l'œuvre de la destruction et du vandalisme. C'est de cette époque que datent la recomposition des bibliothèques. En France, les livres sacrés s'y produisent sous toutes les formes, la théologie envahit tout après le retour de Saint-Louis de la Terre-Sainte, les collections faites par les rois étaient à cette époque considérées comme meubles dont ils disposaient à volonté; aussi rien ne reste jusqu'à Charles V, qui le premier fonda une bibliothèque publique. L'inventaire qui en fut fait en 1375 par Gilles Mallet, premier valet de chambre de Charles V et garde de la librairie du Louvre, constate l'existence de 910 volumes, inventaire qui existe encore, et à l'aide duquel on peut juger du mérite des ouvrages, dont la majeure partie étaient de théologie et d'astrologie. En 1429, le duc de Bedford, régent du royaume, achète la bibliothèque du roi et l'envoie en Angleterre : ce n'est que Louis XI qui prend véritablement à cœur cette institution; il réunit les livres épars dans les maisons royales; l'invention de l'imprimerie ne tarde pas à contribuer puissamment au développement de cette bibliothèque naissante que l'on peut regarder comme la base de la bibliothèque nationale de Paris, estimée à juste titre la première du monde; elle s'accrut de la bibliothèque des ducs de Bourgogne, dont les domaines sont réunis à la couronne de France. En 1495, après la conquête de Naples, par Charles VIII, elle reçoit la bibliothèque de cette ville; sous Louis XII elle recueillit les livres que Charles, duc d'Orléans, avait acquis pendant sa captivité d'Angleterre; ceux de Jean, comte d'Angoulême, la bibliothèque fondée à Pavie par les ducs de Milan, les livres qui avaient appartenus à Pétrarque : en 1527, on y ajouta les livres des princes de la maison de Bourbon, ceux de la succession de Louise de Savoie et de Marguerite de Valois. En 1544 François Ier la fait transporter à Fontainebleau. Dès lors elle ne fait plus que progresser chaque année, surtout depuis l'ordonnance de Henri II, en 1556, qui prescrit la remise d'un exemplaire en vélin et relié, de tout ouvrage imprimé par privilége; la bibliothèque fut pillée du temps de la ligue.

Jetons un coup d'œil rapide sur les principaux accroissemens que reçoit cette précieuse collection.—1599, la bibliothèque du roi s'enrichit de 800 manuscrits de Catherine de Médicis. — 1622, 318 volumes et 150 manuscrits provenant de l'évêque de Chartres. —1657, 9000 volumes et 200 manuscrits sont achetés des frères Dupuy. — 1657, 1,900 volumes sont donnés au roi par M. de Bethune; la même année 10,000 volumes, tant manuscrits qu'imprimés, sont achetés de la succession de Dufresne, avocat de Bordeaux. — 1667, 50 manuscrits, parmi lesquels se trouvait celui de l'*Histoire de France* offert à Charles IX par du Tillet, des médailles, des livres imprimés, le tout provenant de Gaston d'Orléans. La même année elle reçut aussi les livres de M. Carcavi, et les antiquités trouvées en 1653 dans le tombeau de Childeric, et de plus 13,000 volumes de la bibliothèque du sur-intendant Fouquet. 1668, échanges faits des doubles ouvrages avec la bibliothèque Mazarine, achat de 461 manuscrits arabes, turcs et persans, 127 hébreux, 2 grecs et 615 volumes imprimés. — En 1669, M. de Monceau envoie du levant 62 manuscrits grecs. — 1670, 10,000 volumes, 50 manuscrits sont achetés de M. Jacques Mentel, médecin ; la même année l'ambassadeur de France en Portugal envoie 246 volumes imprimés et 4 manuscrits, de 1671 à 1675, y sont déposés : 620 manuscrits arabes, syriaques, cophtes, hébreux et 30 manuscrits grecs envoyés du levant par le père Vausleb. — 1678, 700 volumes sont donnés par M. Cassini. — De 1685 à 1687, la bibliothèque, par les soins du ministre Louvois, s'enrichit d'une infinité d'ouvrages anglais, suédois, hollandais, espagnols et portugais, et près de 4,000 volumes italiens. — 1688, sont envoyés du levant 35 manuscrits grecs par M. Galland, 17 par le père Régnier. —1669, *un arrêt du conseil prescrit la remise à la bibliothèque d'un exemplaire de tous les livres* imprimés depuis 1652 jusqu'à 1692. —1697, échange de livres doubles avec d'autres ouvrages tirés d'Angleterre, de Hollande et d'Allemagne; 49 volumes chinois sont envoyés au roi par l'empereur de la Chine. —1700, un manuscrit hébreu du Pentateuque, et 5 manuscrits arabes sur l'histoire des Druses sont offerts au roi par un médecin de Damas, et 500 manuscrits sont donnés par le Tellier, archevêque de Rheims. —1701 à 1705, manuscrit de Pétrone, 450 volumes sont achetés de M. Linery Bigot. —1709, 25 manuscrits grecs, arabes ou persans sont donnés par M. de Pontchartrain. —1712, achat de 290 volumes, plus des manuscrits de M. Thevenot, ainsi que de 800 volumes de M. Butteaud, secrétaire du roi. —1715, 25 manuscrits arabes, 25 turcs et persans sont donnés à la bibliothèque par M. Galland, membre de l'académie des inscriptions. 1717, la bibliothèque reçoit par donation, la riche collection de M. d'Hozier. —1719, 1000 volumes sont légués à la bibliothèque par l'abbé de Louvois. —1719, achat de 550 manuscrits chinois, tartares, et indiens. —1720, 800 volumes chinois sont achetés par le gouvernement. — 1723, remise de 1840 manuscrits chinois, turcs, persans, par là compagnie des Indes. — 1728, acquisition de 1000 volumes de la bibliothèque de Colbert. — 1730, achat de 600 volumes du premier président de Mesmes, 240 volumes des manuscrits du chapitre de Saint-Martial de Limoges. — Legs au roi d'un manuscrit rare, le *Registre de Philippe-Auguste.* — 1731, le gouvernement acquiert 8000 estampes de toutes formes et de tous pays, provenant du cabinet d'estampes de Beringhem. — 1732, les manuscrits, au nombre de près de 10,000, de la bibliothèque Colbert sont réunis à ceux de la bibliothèqae du roi. — 1737, achat de 40 imprimés et 128 volumes manuscrits de la succession de l'abbé Targni. — 1756, acquisition des manuscrits de Ducange, et 300 volumes de l'église de Paris. 1762, le gouvernement fait acheter 11,000 volumes de la succession du médecin Falconnet. — 1764, 8,071 volumes imprimés et 200 manuscrits de l'évêque d'Avranches sont réunis à la bibliothèque, ainsi qu'un grand nombre de livres provenant de la vente de la bibliothèque des jésuites. — 1772, envoi au roi par le père Amyot, missionnaire, de 300 manuscrits arabes, chinois ou persans. — 1781, acquisition de 250 manuscrits de la bibliothèque du duc de la Vrillière.

Depuis 1781, la Bibliothèque reste stationnaire jusqu'en 1790, époque de la suppression des couvens; alors elle s'accroît des importantes collections de plusieurs communautés religieuses, et notamment de celles de l'abbaye Saint-Germain-des-Prés, des Récollets, de Saint-Victor, etc. La révolution française fit tout pour enrichir ce magnifique domaine national; malgré les réactions que suscitent la trahison et les partisans du privilége, cet établissement, administré par un homme consciencieux, est respecté dans ces jours néfastes où une fraction du peuple, poussée par les ennemis de son indépendance, change en saturnales quelques pages de son plus beau triomphe; nul ne cherche à détourner la moindre parcelle des trésors que contient la Bibliothèque nationale. Elle acquiert, au contraire, une foule de raretés précieuses que des savans sont chargés de choisir dans les bibliothèques étrangères, dont la victoire alors nous ouvrait les portes. Les bibliothèques du Vatican, de Saint-Marc à Venise, de Bologne, de Munich et de Berlin contribuent à changer en trophée une collection que l'or des contribuables avait en partie, sous les rois, élevé au point de splendeur où l'avait trouvée la république et l'empire. Après la défaite de Napoléon, la Bibliothèque nationale fut à la merci de *nos alliés*, et, comme nos musées, elle restitua avec usure les trésors, fruits de trente ans de gloire. Les Bourbons, dont le retour fut la conséquence d'une grande et douloureuse calamité, mirent pendant les premières années tout en œuvre pour réparer les pertes que les sciences et les arts avaient faites; sous leur autorité l'imprimerie prit un essor qui devait les entraîner dans sa course rapide; en 1825, la presse enfanta 14 à 15 millions de volumes, le double de ce que produisit l'empire dans toute sa durée; alors, on le sait, la pensée, asservie sous le régime du sabre, attendait que le despotisme fît place à la raison; et si au lieu de chercher à la comprimer, à lui faire faire un pas rétrograde, Charles X avait compris *le progrès*, une conspiration de palais n'eût point exploité la colère du peuple, et la couronne de France n'eût pas seulement fait que changer de tête. Sous le pouvoir actuel, dont l'existence au jour le jour le range, pour ainsi dire, dans le provisoire, la Bibliothèque nationale, au lieu de grandir, n'a fait qu'essuyer une perte irréparable. En 1831 (*),

(*) En 1707, un nommé Aimon, que protégeaient MM. des missions étrangères, après avoir obtenu du grand roi une pension de 600 livres, et l'autoun vol commis au cabinet des antiques est un sinistre qui rappellera dans les archives de cet établissement l'existence d'une autorité qui n'aura eu d'entrailles que pour l'immoral tripotage de la Bourse.

Nous croyons, pour rendre cet article aussi complet que peut le permettre le cadre de cet ouvrage, devoir donner quelques détails sur les bâtimens de la Bibliothèque. En entrant, on remarque une cour de cinquante toises environ, ses quatre faces sont déterminées par les bâtimens; le premier étage est occupé par les livres imprimés, qui sont rangés dans trois galeries dont la longueur totale est de cent toises; on y monte par un superbe escalier, dont la rampe en fer est un travail curieux; les

risation de puiser dans la bibliothèque des documens pour faire composer des mémoires sur la réligion, mutila des manuscrits, entre autre les entretiens de Conucius, l'arithmétique chinoise, la Bible de Charles-le-Chauve, le manuscrit des épitres de Saint-Paul, les lettres de Charles IX et de Catherine de Médicis, partie de ces objets furent restitués par lord Oxfort-Mortimer, qui les avait achetés. En 1804, des malfaiteurs s'introduisent aussi dans le cabinet des antiques et y firent un vol considérable, on retrouva quelques objets précieux, mais la majeure partie fut vendue à lord Townley, dont le gouvernement anglais acheta plus tard l'importante collection.

salles ont environ vingt-quatre pieds de large, d'une hauteur proportionnée, et éclairées par trente-trois grandes croisées. Aujourd'hui, une galerie est spécialement affectée aux travailleurs; on regrette avec raison que cet espace soit trop circonscrit. Dans la principale galerie on voit le Parnasse français, composition en bronze due à Titon du Tillet, ouvrage qui n'est pas sans mérite, malgré les choquantes disproportions qui existent entre les figures et la montagne du Parnasse. Dans la première on voit la figure de Voltaire, dans la seconde un buste royal, sur une colonne tronquée qui porta successivement la tête de Bonaparte, Louis XVIII et Charles X. Dans une pièce destinée aux ouvrages de géographie, se trouvent deux globes plus curieux qu'utiles; leur diamètre a 11 pieds 11 pouces 6 lignes; ce qui leur donne une circonférence de 57 pieds 7 pouces. Le pied est en bronze; il repose au rez-de-chaussée, et la salle a son plafond percé pour donner passage à leurs hémisphères. Ces deux globes, l'un terrestre et l'autre céleste, sont l'ouvrage de Marc-Vincent Coronelli, de Venise, fait par ordre du maréchal d'Estrées, qui, en 1683, en fit présent à Louis XIV. Ce n'est qu'en 1782 qu'ils furent placés à la Bibliothèque, après avoir été successivement au château de Marly, puis au Louvre. Les manuscrits occupent six pièces, cinq de grandeur moyenne; la sixième, la plus vaste, est l'ancienne galerie Mazarin; elle a 140 pieds de longueur et 16 de largeur; le jour y arrive par 8 croisées, le plafond est peint à fresque par Romanelli, et représente des sujets de la fable. (*Voy.* MANUSCRITS.) Une salle carrée, immédiatement au bout de la grande galerie, est consacrée aux antiques. (*V.* MÉDAILLES.) En 1666, la Bibliothèque fut transportée rue Vivienne dans deux maisons dont Colbert fit l'acquisition. Ce local devenant trop petit en 1724, M. l'abbé Bignon obtint du régent des lettres-patentes qui, enregistrées au parlement, affectent à perpétuité le logement de la Bibliothèque à l'hôtel de Nevers, rue Richelieu. Cet hôtel, bâti par Mazarin, après la mort du cardinal, une partie située du côté de la rue Vivienne échut en dot au duc de la Milleraie, qui épousa une nièce du cardinal; cet hôtel porta le nom d'hôtel Mazarin jusqu'en 1719, époque où il fut acheté pour être occupé par la compagnie des Indes, ensuite on y a placé la Bourse, puis le Trésor. L'autre partie, située du côté de la rue Richelieu, échut au marquis de Mancini, et devint l'hôtel de Nevers; on y avait placé la banque de Law; la fin désastreuse de cette banque laissa un local vide, qui est celui que la Bibliothèque occupe aujourd'hui. Quoique très vaste, chaque jour on en sent l'insuffisance; jusqu'à présent, ce ne sont pas les plans qui ont manqué pour obvier à ce grave inconvénient, c'est la bonne volonté de ceux que le hasard nous a donnés pour gouvernans.

La bibliothèque royale est sans contredit la plus riche et la plus précieuse collection du monde; elle se divise en quatre départemens : 1° les imprimés; 2° les manuscrits; 3° les médailles et antiques; 4° estampes, cartes et plans. Nous n'avons fait ici qu'analyser le premier de ces départemens. Pour éviter les répétitions et les longueurs, nous renvoyons, pour faire connaître les trois autres de ses parties, aux mots Estampes, Manuscrits, Médailles, ces derniers rentrant déjà dans l'article Archéologie. Le personnel de la bibliothèque coûte annuellement 239,000 f., sur lesquels 77,400 f. sont consacrés à l'achat de nouveaux livres ou à l'entretien des bâtimens. Le personnel se compose, pour les imprimés, de deux conservateurs, un conservateur adjoint, dix employés, deux auxiliaires. — *Manuscrits*, trois conservateurs, trois conservateurs adjoints, quatre employés. — *Mé-*

dailles, deux conservateurs, un adjoint, deux employés, un auxiliaire. — *Estampes*, deux conservateurs, un adjoint, trois employés, un auxiliaire.

Puisque nous parlons du personnel de la bibliothèque nationale, jetons un coup d'œil en arrière, et rappelons le nom du savant abbé Barthélemy, en même temps que nous signalons à la reconnaissance des bons citoyens le bibliothécaire actuel, M. Van Praet, dont les lumières ont maintenu cet établissement à l'abri de toutes commotions politiques, et ont si puissamment contribué à l'état de richesse auquel il est parvenu (*).

La bibliothèque royale est ouverte aux travailleurs tous les jours, excepté les dimanches et fêtes, de dix à trois heures ; les vacances commencent du 1er septembre au 15 octobre. Elle est ouverte aux curieux les mardi et vendredi seulement.

Bibliothèque de l'Arsenal. Bibliothèque remarquable par le choix des livres qui la composent. Son premier fond vient du marquis Paulmy-d'Argenson ; elle contient

____

(*) C'est en partie aux soins de M. Van Praet qu'est due la conservation de la bibliothèque de Saint-Germain-des-Prés qui faillit, pendant la révolution, être brûlée dans l'incendie des bâtimens de cette abbaye.

200,000 volumes et 10,000 manuscrits. Elle est ouverte tous les jours, de dix à deux heures, excepté les dimanches et fêtes. Vacances du 15 septembre au 5 novembre. — *Personnel*, un bibliothécaire, un conservateur administrateur, un sous-bibliothécaire, trois conservateurs, un conservateur adjoint.

Bibliothèque Mazarine, ouverte tous les jours non-fériés, de dix à deux heures. Vacances du 15 août au 10 octobre. Le premier fond de cette bibliothèque se compose de 6000 volumes de Descordes, chanoine de Limoges, achetés par le cardinal Mazarin. Son bibliothécaire Naudé l'enrichit rapidement. En 1644, elle contenait déjà 12,000 volumes; plus tard, de nouvelles acquisitions la portèrent à 100,006. En 1648, elle était rue de Richelieu, au palais Mazarin : ouverte au public en 1661. Le cardinal la légua au collége de son nom, et la transporta dans son local actuel (le palais de l'Institut). Jusqu'au 7 mai 1791, cette bibliothèque demeura sous la surveillance de la Sorbonne ; depuis lors elle releva du ministre de l'intérieur. — *Personnel*, un bibliothécaire administrateur, trois sous-bibliothécaires, six conservateurs.

Bibliothèque de l'Institut. Occupe le même local que la précédente, avec laquelle on l'avait réunie par ordonnance du 16 décembre 1819; elle en fut séparée de nouveau le 16 décembre 1821 ; elle contient 95,000 volumes, presque tous ouvrages modernes très précieux, affectés aux membres de l'institut. On peut y être admis sur la présentation d'un académicien. — *Personnel*, un bibliothécaire, deux sous - bibliothécaires.

BIBLIOTHÈQUE SAINTE-GENEVIÈVE. Ouverte tous les jours non fériés, depuis dix jusqu'à deux heures. Vacances depuis le 1er septembre jusqu'au 2 novembre. Cette bibliothèque, dépendante de l'ancienne abbaye de Sainte-Geneviève, est une des plus importantes de Paris ; elle est composée de 115,000 volumes et 2000 manuscrits; elle a pour fondateurs les PP. Fronhau et Lallemand. Son accroissement rapide est dû au legs de M. Letellier, archevêque de Reims. En 1789, elle possédait déjà 80,000 volumes; elle avait une collection d'antiques, de médailles qui furent réunis au cabinet de la bibliothèque nationale; elle était aussi ornée de bustes en marbre, parmi lesquels on voyait ceux de Colbert, de Louvois, de Mansard, de Jules Hardouin, etc., exécutés par Coustou, Girardon, Coisevox, etc. —*Personnel*, un bibliothécaire administrateur, un sous-bibliothécaire, un premier conservateur, deux seconds conservateurs, un troisième conservateur, un quatrième conservateur, un conservateur adjoint.

BIBLIOTHÈQUE DE LA VILLE. Ouverte les jours non fériés, excepté le mercredi, de midi à quatre heures. Vacances du 1er septembre au 15 octobre. Cette bibliothèque provient d'un legs fait en 1759, à la ville, par M. Moreau, procureur du roi en la juridiction de Paris, de toute sa bibliothèque, à condition qu'elle serait rendue publique. Elle se composait de 14,000 volumes et 2000 manuscrits. A défaut de local à l'Hôtel-de-Ville, les prévôts des marchands et les échevins secondèrent les vues du testateur, l'hôtel de Lamoignon, rue Pavée, au Marais, fut affecté par eux à cet établissement. Confiée aux soins de M. Bonamy, cette bibliothèque ne fit qu'acquérir; elle fut ouverte au public le 13 avril 1765; elle fut ensuite transportée dans la maison de Saint-Louis (aujourd'hui le collége Charlemagne), en 1778; elle y resta jusqu'en 1793, où elle prit le nom de Bibliothèque de la commune; de là elle fut transportée à l'Institut, d'où, en l'an XIII, on la transporta hôtel des Vivres, rue Saint-Antoine. A cette époque elle était à recréer, une partie des livres s'étaient perdus; il ne restait rien du legs de M. Moreau. Ce fut en 1817 que le préfet

Chabrol la fit transporter à l'Hôtel-de-Ville, et il affecta des fonds à son accroissement. Elle possède aujourd'hui près de 47,000 volumes. — *Personnel*, un bibliothécaire, un sous-bibliothécaire et un employé.

On compte encore à Paris les bibliothèques des Avocats, ouverte pour la première fois le 6 mai 1772, contenant 6000 volumes; — des Invalides, fondée par Louis XIV, 20,000 volumes : le public y est admis tous les jours, depuis neuf jusqu'à trois heures;— de Droit, affectée aux étudians, fondée en 1804, 8200 volumes;—du Jardin des plantes, ouverte les mardis et vendredis, de dix à quatre heures, spécialement composée d'ouvrages qui traitent de l'histoire naturelle, 11,000 volumes;—de l'Ecole des ponts et chaussées, 8000 volumes;—de l'Ecole des mines, 4600 volumes;—du Conseil d'état, 37,000 vol.;—de l'École polytechnique, 50,000 volumes;—de la Faculté de médecine, 27,000 vol.;—du Collége Louis-le-Grand, 31,000;—du Collége de France, 6000;—du Conservatoire des arts, 12,500 vol.;—du Dépôt de la guerre, 15,000 vol;—de la Cour de cassation, 37,200 volumes;—du Tribunal de première instance, 25,400 volumes;—du Ministère des affaires étrangères,

14,200 volumes ; — de LA CHAMBRE DES DÉPU-
TÉS , 57,500 volumes ; — de LA COUR DES
COMPTES , 7000 volumes ; — du DÉPÔT DE LA
MARINE , 15,000 volumes.

Table alphabétique des villes de France qui possèdent une bibliothèque et le nombre de volumes qu'elle contient.

Abbeville.	14,200	Bourg. (quelquesmanuscrits)	22000
Agen.	12,100	Bourges.	16,000
Aix.	80,000	Bourmont.	2,000
Ajaccio.	13,000	Brest.	21,000
Ajen.	12,500	Brignoles.	2,000
Alais.	4,000	Brioude.	13,000
Albi.	15,000	Brives.	2200
Alençon.	8,700	Caen.	42000
Amiens. (1500 manuscrits)	42,000	Cahors.	12,000
Angers.	28,000	Cambrai.	31,000
Angoulême.	1,5000	Carcassonne.	16,000
Arles.	12,100	Carpentras.	15,000
Arras.	37,000	Castres.	8,000
Auch.	9,200	Châlons (Marne).	20,500
Autun.	4,000	Charleville.	25000
Auxerre.	16,300	Chartres. et 1000 manuscrits	31,000
Auxonne.	3,200	Chateaudun.	6300
Avignon.	29,000	Chateau-Gonthier.	5200
Avranches.	4000	Chateauroux.	4300
Barre-le-Duc.	6,300	Chatillon. (Seine)	5000
Bastia.	4,000	Chaumont. (Haute-Marne)	35,000
Bayeux.	5,000	Clermont-Ferrand.	31,000
Beaume.	22,100	Clermont.	12,400
Beaune.	20,000	Colmar.	31,000
Beauvais.	12,009	Compiègne.	29,890
Beford.	2500	Confolens.	3,400
Belley.	6200	Corbeil.	6,100
Bergues.	2000	Coutances.	6050
Besançon.	56,000	Dieppe.	5700
Beziers.	11,000	Digne.	4300
Blois.	20,500	Dijon.	42000
Bordeaux.	115,000	Dôle.	8000
Boulogne.	24,7000	Douai.	38050
Bourbon-Vendée.	6100	Draguignan.	8200

Dunkerque.	18480	Neufchateau.	9,000
Epinal.	17000	Neufchatel.	1,100
Evreux.	7400	Nevers.	5,200
Ferté-Renard (la)	3000	Niort.	24,700
Flèche. (la)	22700	Nismes.	15,000
Foix.	6100	Nogent-le-Rotrou.	1,000
Forcalquier.	3600	Orange.	2,500
Gap.	4630	Orléans.	26,000
Gournay.	2000	Ornans.	2,500
Grasse.	5600	Pau.	15,000
Gray.	6700	Périgueux.	12,600
Grenoble.	44000	Perpignan.	14,200
Gueret.	1600	Poitiers.	22,000
Hâvre. (le)	24000	Pont-de-Vaux.	3,600
Hazebroucke.	5000	Pontarlier.	5,400
Lamballe.	1000	Pontivy.	3,100
Langres.	4000	Pontoise.	5,600
Laon.	17,200	Privas.	2,600
Laval.	2000	Provins.	12,000
Lavaur.	4,300	Puy. (le)	6,000
Libourne.	5600	Quimper.	8,100
Lille.	22000	Ramberviller.	10,000
Limoges.	12600	Raouletape.	7,000
Lons-le-Saulnier.	10000	Remiremont.	6,000
Lyon.	120,000	Rennes.	17,000
Mans, (le)	44700	Reims.	34,500
Mantes.	4000	Rhodez.	16,700
Marmande.	1100	Roanne.	4,100
Marseille.	84900	Rochefort.	2,700
Mayenne.	2600	Rochefoucauld. (la)	1,200
Meaux.	18,000	Rochelle. (la)	21,000
Melun.	10,200	Rouen.	55,000
Mende.	7650	Sables-d'Olonnes. (les)	1,000
Metz.	37,200	Saint-Brieux.	24,100
Mezières.	27,600	Saint-Cyr.	3,900
Mericourt.	8000	Saint-Denis.	5,400
Monistrol.	3,600	Saint-Dié.	9,000
Montauban.	12,100	Saint-Étienne.	8,400
Montbelliard.	3,400	Saint-Flour.	4,700
Montbrison.	14,000	Saint-Germain-en-Laye.	4,200
Mont-de-Marsan.	15,000	Saint-Lô.	5,000
Montélimart.	4,500	Saint-Maximin	4,400
Montpellier.	46,000	Saint-Mihiel.	4,500
Montreuil.	4,500	Saint-Omer.	18,200
Moulins.	21,000	Saint-Quentin.	24,900
Nancy.	35,000	Saintes.	24,000
Nantes.	24,700	Semur.	6,000
Nantua.	4,000	Senlis,	5,000
Nemours.	1,500	Sens.	7,000

Soissons.	19,400	Valenciennes.	31,000
Strasbourg.	66,700	Valognes.	2,900
Tarascon.	34,400	Vannes.	10,500
Tarbes.	4,500	Vendôme.	10,700
Toulon.	51,900	Verdun.	14,800
Toulouse.	34,400	Versailles.	42,500
Tours.	4,900	Vesoul.	21,200
Trévoux.	4,500	Vienne.	1,4000
Troyes.	55,700	Villefranche.	9,000
Tulle.	6,000	Villeneuve-les-Avignon.	8,000
Valence.	15,000	Vire.	3,200

Plusieurs de ces bibliothèques contiennent des livres rares et précieux, ainsi à Lille, on voit le fameux *Art au morier*, le premier livre imprimé en France; à Douai le livre d'heures de Marie Stuart *; à Rouen un Missel in-folio du 11e siècle, un Bénédictionnaire du même temps dans lequel se trouve le couronnement des rois anglo-saxons. Strasbourg, Lyon, Marseilles, possèdent des manuscrits curieux.

Bibliothèques étrangères.

ANGLETERRE. *La bibliothéque d'Oxford,* fondée sous le règne d'Elisabeth, est une des plus riches de ce pays, et en même temps une des plus curieuses d'Europe.

* Elle donna ce livre, au moment de monter à l'échafaud, à Elisabeth Carle, une de ses dames d'honneur; celle-ci vint après s'établir en France, à Cambrai, le donna à un couvent de religieux écossais qui était à Douai. Vendu avec tant d'autres lors de la révolution, il a été racheté et mis dans la bibliothèque.

Chaque année elle fait des achats considérables, à l'aide de son revenu annuel, qui est de 75,000 fr.; elle contient aujourd'hui 600,000 volumes et 80,000 manuscrits, parmi lesquels il en est de très rares. Après celle-ci se distinguent les bibliothèques du Muséum, 3,600 volumes; la bibliothèque du collége de la Trinité à Cambridge, 520,000 volumes; celles de l'université d'Edimbourg, 70,000 vol., 2,000 manuscrits; de l'université de Glascow, 40,000, presque tous ouvrages grecs et latins; et enfin la bibliothèque du collége de Dublin, 65,000 volumes et 1,200 manuscrits.

AUTRICHE. Les plus considérables sont celles de Francfort-sur-l'Oder, de Leipsick, de Dresde, d'Augsbourg et de Vienne : cette dernière est la plus curieuse. Fondée par l'empereur Maximilien en 1480, elle renferme 400,000 volumes, un nombre prodigieux de manuscrits grecs, arabes, hébraïques, turcs et latins; elle possède un très beau cabinet d'antiques, parmi lesquelles se trouvent des choses infiniment curieuses.

BAVIÈRE. La bibliothèque de Munich, 45,000 volumes, 120,000 discours et dissertations académiques, 6,000 manuscrits. Après celle-ci viennent les bibliothèques de Stuttgard, de Wolfenbuttel et d'Augsbourg.

PRUSSE. Berlin possède sept bibliothèques : celle du roi, fondée par Frédéric-Guillaume, est la plus riche; elle contient 280,000 volumes, un certain nombre de manuscrits, parmi lesquels on en remarque plusieurs, ornés d'or et de pierreries, du temps de Charlemagne : on peut citer aussi les bibliothèques de Magdebourg, Breslaw et Hambourg.

Suède. Ce pays possède quelques bibliothèques; la plus belle est celle de Stockholm, fondée par Christine. On y voit une des plus belles copies du Koran; quelques auteurs prétendent que c'est l'original. Elle contient 500,000 volumes et 5,000 manuscrits. Après cette bibliothèque on cite celle de l'université d'Upsal, où l'on admire une traduction des quatre évangiles en langue des Goths; ce manuscrit est sur vélin en magnifiques lettres d'or gothiques.

Russie. La bibliothèque de l'académie de Saint-Pétersbourg, fondée par Pierre-le-Grand, n'est pas la plus considérable, mais elle contient le meilleur choix d'ouvrages et une collection de manuscrits assez estimés. La bibliothèque impériale, placée à l'Hermitage, est riche en volumes (540,000); elle renferme les bibliothèques particulières de quelques hommes célèbres du siècle dernier, tels que Voltaire, Diderot, d'Alembert et Bushing.

Hollande. La bibliothèque d'Amsterdam est riche en volumes (210,000); on regrette que cette collection, d'ailleurs assez précieuse, ne soit pas cataloguée avec soin. Leyde possède une importante bibliothèque. On y voit la fameuse Bible complatensienne donnée par Philippe II au prince d'Orange, qui en fit présent à l'université de cette ville.

Belgique. Le bibliothèque de Bruxelles, jusqu'alors de médiocre importance, s'accroît annuellement; elle compte aujourd'hui 70,000 volumes : celles d'Anvers et de Gand sont assez estimées.

Suisse. La bibliothèque de Bâle est assez importante; c'est là que se trouve le curieux manuscrit du Nouveau-Testament dont se servit Erasme pour corriger ce livre saint. Les bibliothèques de Schaffhouse et de Bâle méritent d'être citées. Nous mentionnerons ici un exemple qui devrait être répandu par toute l'Europe, et que donne un petit village du canton de S.-Gall:là,de vrais philantropes ont formé un établissement dont le but est de répandre les livres propres à améliorer l'esprit du peuple, propager les vertus civiques, et à faire rejeter cette tourbe d'ouvrages licencieux, où le vice et la superstition sont préconisés, et trouvent d'autant plus d'accès qu'ils sont colportés à un prix modique.

Italie. Cette terre toute classique est la plus riche en bibliothèques tant publiques que particulières. Berceau des lettres et des arts, l'Italie est encore aujourd'hui la mine la plus féconde que la littérature puisse exploiter ; aussi les bibliothèques de cette contrée sont-elles citées parmi les plus riches en livres rares et en manuscrits précieux. Les bibliothèques de Saint-Marc à Venise, de Padoue, de Ferrare, de Naples, de Saint-Ambroise à Milan, de Florence ; celle-ci surtout, où l'on admire une foule d'antiquités et de manuscrits ; la bibliothèque du roi de Sardaigne à Turin, où se trouve le manuscrit de *Pierre Ligorius* ; enfin, la fameuse bibliothèque du Vatican à Rome, fondée par Sixte-Quint ; elle possède 400,000 volumes et 50,000 manuscrits.

Espagne. La bibliothèque de l'Escurial, remarquable par le luxe déployé dans son intérieur ; les rayons sont en bois des Indes façonné, la porte est d'une sculpture remarquable, le pavé est de marbre. Cette dibliothèque est riche en manuscrits arabes et hébreux. Elle possède 142,000 volumes imprimés. La bibliothèque du roi à Madrid, composée de 240,000 volumes ; la bibliothèque de Cordoue, fondée par le fils de Christophe Colomb.

Pour les bibliothèques chinoises, japonaises, *voyez* les mots CHINE et JAPON.

HENRION.

BICHE. (*Voy*. CERF.)

BIDON, sorte de vase, dont se servent les soldats en campagne pour porter leurs boissons. Cet ustensile, qui n'est pas un des moins utiles à la guerre, a eu plusieurs formes : aujourd'hui il est fait en bois à douves, cerclé en fer, il prend le nom de tonnelet bidon ; il se porte au moyen d'une courroie. Chaque soldat doit en être pourvu ; il fait partie des effets de petit équipement.

BIENS (législation.) On comprend en général sous cette dénomination tout ce qu'un homme possède en meubles ou immeubles, en argent, créances, droits, actions, etc...— On dit aussi les *biens d'une succession, d'une communauté, de l'état, des communes*, etc.

Les *biens* se divisent en *biens meubles* et *biens immeubles* ; — *biens corporels* et *biens incorporels* ; *biens* qui sont *dans le commerce* et *biens* qui sont *hors du commerce*.

On appelle *biens meubles* les objets qui peuvent facilement être transportés d'un lieu dans un autre, soit qu'ils se meuvent par eux-mêmes, comme les animaux, soit qu'ils ne puissent changer de place que par l'action d'une force étrangère, comme les choses inanimées. — Les *biens* sont *meubles* par leur nature ou par la détermination de la loi. — *Voyez* MEUBLES. .

On appelle *biens immeubles* ceux qui ne peuvent être mus, changés de place, comme les terres, les bâtimens. — Les *biens* sont *immeubles* par leur nature, par leur destination ou par l'objet auquel ils s'appliquent. — *Voyez* IMMEUBLES.

On appelle *biens corporels* ceux qui existent sous la forme d'un corps sensible, et *biens incorporels* ceux qui n'ont pas de corps, qui ne peuvent être touchés, tels qu'un droit, une action.

Les *biens* qui sont *dans le commerce* sont ceux dont la loi accorde la libre disposition, qui peuvent être donnés, vendus, échangés, engagés, hypothéqués, et dont peuvent user et jouir d'une manière absolue ceux à qui ils appartiennent, lorsque les lois ou des conventions particulières n'apportent aucune modification à leur usage, à leur jouissance. La propriété de ces sortes de *biens* peut être acquise ou perdue par la prescription; elle se transmet aussi par succession.

Les *biens* qui sont *hors du commerce* sont ceux qui font partie du domaine public, tels que les chemins, routes et rues à la charge de l'état, les fleuves et rivières navigables ou flottables ; les rivages , lais et re-lais de la mer ; les ports, les hâvres , les rades ; les portes, murs, fossés et remparts des places de guerre et des forteresses. — Ils ne peuvent être aliénés ni prescrits pendant tout le temps qu'ils conservent leur destination ; mais lorsque cette destination vient à cesser, leur aliénation peut avoir lieu, en y observant les formes particulières qui sont commandées par des lois spéciales, et ils sont soumis aux mêmes prescriptions que les biens des particuliers. — Les mêmes prohibitions ont lieu pour les biens de la couronne, pour ceux qui composent la liste civile et pour ceux qui sont affectés à des majorats , sauf quelques modifications à l'é-gard de ces sortes de biens , dont chaque espèce est soumise à une législation parti-culière. — *Voy*. DOMAINE PUBLIC, DOMAINE DE LA COURONNE, LISTE CIVILE , MAJORATS.

Les *biens* qui sont *dans le commerce* peuvent non-seulement changer de mains, et devenir successivement la propriété de plusieurs, par la vente, par échange avec d'autres biens, par la prescription, par la donation qui en est faite, par leur trans-mission à titre de succession ; mais encore il peut être acquis sur ceux dont la propriété appartient à d'autres , un simple droit de jouissance ; on peut y prétendre des services fonciers, y obtenir un droit de gage, une hypothèque. — *Voy*. Bail, Donation, Gage, Hypothèque, Prescription, Propriété, Servitudes, Succession, Testament, Usage, Usufruit, Vente.

Les rapports des biens avec ceux à qui ils appartiennent ne sont donc pas toujours uniformes ; ils sont sujets à des variations ; ils sont modifiés par les lois ou par les conventions ; et ces modifications dérivent ou de la nature même des biens ou de l'état de ceux qui en ont la propriété. L'usage a fait introduire une nomenclature spéciale, pour désigner les biens dont le régime et l'administration sont soumis à des règles particulières : il suffira d'indiquer ici leur différente dénomination ; les règles seront exposées chacune en son lieu.

Les *biens des absens* devaient exciter la juste sollicitude du législateur. Celui qui quitte ses foyers peut en rester éloigné pendant un temps plus ou moins long ; il a pourvu à l'administration de ses biens avant son départ, ou bien il a négligé ce soin, ou la procuration qu'il avait laissée a cessé : dans le premier cas, celui à qui il en a donné le mandat les administre en son nom ; dans le second, la loi devait y pourvoir, et c'est ce qu'elle a fait. — *Voy*. Absence, Absent.

Les *biens des enfans mineurs* ne pouvaient être raisonnablement administrés par eux ; il était naturel que l'administration en fût confiée à ceux à qui la loi confie le soin de leur personne : ainsi, pendant le mariage, elle est exercée par le père de famille, qui en a la jouissance jusqu'à ce que ses enfans aient dix-huit ans accomplis, ou jusqu'à leur émancipation ; et après sa dissolution, par leur tuteur légal ou par celui qui leur est donné par le conseil de famille. — *Voy*. PUISSANCE PATERNELLE, TUTELLE, TUTEUR.

Les *biens des interdits* sont assimilés, quant à leur administration, aux biens des mineurs pendant la durée de l'interdiction. — *Voy*. INTERDICTION, INTERDIT.

Les *biens vacans* et sans maîtres, ceux des personnes qui décèdent sans héritiers, ou dont les successions sont abandonnées, ne devaient pas rester inoccupées : la loi en attribue la propriété au domaine public ; elle règle le mode de leur administration particulière. — *Voy*. DOMAINE PUBLIC, SUCCESSION VACANTE.

Les *biens de la communauté entre époux* sont régis par les conventions qui règlent les conditions de l'association conjugale, et, à défaut, par la loi qui, en l'absence de toutes conventions, détermine les effets de cette communauté. — *Voy*. COMMUNAUTÉ.

Les *biens dotaux*; qui sont ceux que la femme apporte à son mari pour l'aider à supporter les charges du mariage, méritaient d'être placés sous la protection immédiate de la loi, parce que, suivant le langage du droit romain, dont nous avons emprunté les règles du régime dotal, *interest rei publicæ dotes mulierum salvas fieri* : ils sont inaliénables, sauf dans certains cas d'exception ; le mari les administre et en fait les fruits siens, lorsqu'il n'est pas dérogé par les conventions matrimoniales à ce droit que la loi lui accorde. — *Voy*. Dot, Régime dotal.

Les *biens paraphernaux* forment une classe particulière de biens, dont la femme mariée sous le régime dotal s'est réservée l'administration et la jouissance par le contrat de mariage. L'aliénation n'en est pas interdite comme des biens dotaux. Le mari peut aussi les administrer avec la procuration de sa femme. Lorsqu'il en a joui, avec ou sans le consentement de celle-ci, il est tenu de diverses obligations qui seront expliquées au mot Régime dotal.

Les *biens des faillis*, dont la valeur est légalement affectée au paiement de leurs dettes, devaient nécessairement être soumis à un régime particulier à dater du jour de la faillite. La loi n'en ôte point la propriété au failli, parce qu'il peut encore trouver les moyens de remplir ses obligations; mais, dans l'intérêt des créanciers, elle lui en interdit l'administration et la confie à ceux-ci, qui l'exercent par des syndics de leur choix; elle établit les règles qui doivent y être observées, et le mode à suivre dans la vente des biens du failli. — *V.* FAILLITE.

Les *biens des condamnés par contumace* sont considérés et régis comme les biens des absens. *Voy.* CONTUMACE.

Les *biens communaux*, les *biens des hospices et des bureaux de bienfaisance*, ceux des *fabriques*, sont soumis à un régime spécial, et administrés par des administrateurs particuliers. Ces sortes de biens sont sujets aux mêmes prescriptions que ceux des particuliers. — *Voy.* COMMUNES; HOSPICES, BUREAUX DE BIENFAISANCE, FABRIQUES.

Les *biens nationaux* sont ceux qui furent confisqués d'autorité et au profit de la nation, à l'époque de la révolution de 1789, et qui provenaient de l'ancien domaine du roi, du clergé, des corporations civiles et religieuses, des émigrés et des condamnés révolutionnairement. La charte de 1814, art. 9, et celle de 1830, art. 8, en ont déclaré la propriété inviolable, dans l'intérêt de ceux qui les ont acquis. — *Voy.* BIENS DU CLERGÉ, DOMAINES NATIONAUX, EMIGRÉS.

J.-L. CRIVELLI.

BIÈRE. Parmi les boissons spiritueuses ou alcooliques, c'est-à-dire qui sont le résultat d'une fermentation développée par le concours du sucre, du ferment, de l'eau et d'une température de 15 à 30° au-dessus de zéro, la bière est une de celles dont l'usage est le plus fréquent, et sans contredit un des plus anciens. L'on a écrit que l'art de brasser ou de faire la bière a été inventé en Egypte, pour suppléer au vin, dont cette contrée manquait. Les Gaulois s'en sont servi, et depuis long-temps en France, elle était très répandue et connue sous le nom de *cervoise*.

Là bière contient moins d'alcool que le cidre et le vin, et par conséquent n'enivre pas aussi aisément qu'eux. Elle jouit de propriétés rafraîchissantes et nourrisantes, ce qui la rend très salutaire dans les pays chauds, où le corps fatigué par des transpirations abondantes a besoin de réparer ses pertes, en même temps que l'ardeur du climat rend impérieux pour lui l'emploi de rafraîchissemens réitérés. La bière est encore antiseptique et elle pousse aussi par les urines. Lorsque Sydenham était attaqué de la goutte, cette boisson unie à l'eau était la seule substance qu'il se permît de prendre ; mais pour qu'elle jouisse de toutes ses propriétés, il faut qu'elle ait été préparée dans des conditions convenables. Toutes les saisons ne sont pas également favorables à la confection de la bière. Dans les grandes chaleurs, ils est difficile que sa fermentation soit restreinte autant qu'elle doit l'être. Elle a souvent lieu outre mesure. Le contraire arrive dans l'hiver. Elle demeure incomplète, et la boisson qui en est le résultat, est moins bonne et plus facile à se détériorer.

Le printemps et l'automne sont donc les époques préférables, pour obtenir une bière agréable au goût et que l'on conserve longtemps. De là la grande réputation de la *bière de mars*, mois où les brasseurs font leur bière de *garde*. En même temps que nous énonçons que la bière doit être brassée dans un temps qui n'est ni trop chaud, ni trop froid, il est juste de tenir compte de la bonne qualité des substances qui entrent dans sa fabrication, et des pays où elle se confectionne.

Tout le monde sait que l'âge de la bière n'est pas moins important à noter. Lorsqu'elle est trop jeune, la fermentation continuant pour ainsi dire dans l'estomac, donne lieu à des douleurs de ventre, à des diarrhées, à des dysenteries. Son action sur les organes de la génération n'est pas moins à craindre, puisqu'on a vu des ardeurs d'urines et des gonorrhées suivre de près son usage.

L'on prépare la bière avec différentes substances. En Hollande et en Angleterre, on en fabrique avec l'orge, le bled et l'avoine, on peut également l'obtenir par la fermentation du bouleau, des racines de chiendent, et en général de toutes les plantes qui contenant du sucre, peuvent donner naissance à de l'alcool. En France c'est l'orge qui sert à sa confection ; nous allons voir quelle est la manière de procéder. Cela complétera ce que nous avions à dire sur une boisson d'une utilité aussi manifeste.

Préparation de la bière. On plonge l'orge dans l'eau pendant quarante-huit heures, afin de le disposer à la germination. On l'étend ensuite sur un plancher, et au bout de vingt-quatre heures, on le retourne deux fois par jour ; afin qu'il ne s'échauffe pas trop. Vers le cinquième jour, il se manifeste des signes extérieurs de germination que l'on arrête vingt-quatre heures après, de peur que la fermentation acide ne survienne ou que le sucre ne soit entièrement absorbé par les germes. Pour cela on soumet l'orge à une température de $60° + 0$, dans une étuve qu'on appelle *touraille*. Alors les germes qu'on nomme *touraillons* se détachent par le frottement, et l'orge séché et séparé de ses germes prend le nom de *drèche* ou *malt*. La germination que l'on provoque a pour but de détruire la majeure partie de l'hordeine et d'augmenter la quantité de sucre.

L'orge est ensuite grossièrement moulu et mis en contact pendant deux ou trois heures avec de l'eau à 80° + 0, dans une cuve à double fond ; le fond supérieur est percé de petits trous coniques dont la pointe est en haut, afin que la fécule ne les bouche pas. On renouvelle souvent l'eau qui finit par s'emparer du sucre, de l'albumine, d'une matière analogue au ferment, du mucilage de l'amidon modifié, d'un peu de gluten et de tannin.

On concentre la liqueur et on y ajoute du houblon dont le principe amer très soluble retarde la fermentation acide et dont la quantité équivaut en poids 0,002 ou 0,003 de la drèche ou malt. On la fait refroidir promptement, et lorsque sa température est seulement à 12° + 0. On l'introduit dans une grande cuve et on délaye un peu de levure. Bientôt après la fermentation se développe, et aussitôt qu'elle s'apaise, on verse la liqueur dans de petits tonneaux qu'on laisse ouverts pendant plusieurs jours, afin que l'écume qui se forme puisse trouver une issue et l'acide carbonique se dégager.

Lorsque la bière ne donne plus d'eau, on la colle, et trois jours après, lorsque le dépôt est entièrement formé, on la met en bouteilles; mais elle ne mousse qu'au bout de huit à dix jours.　　　H. C., d. m.

BIGAMIE (*Voy*. POLYGAMIE).

BIGORRE (le), ancien pays de France, dépendant autrefois de la Gascogne; c'était un pays d'état. Tarbes était sa capitale. Il est compris actuellement dans le département des Hautes-Pyrénées; la longueur de son territoire est de 20 lieues sur une largeur de 10; il est couvert de montagnes et de vallées délicieuses qui en rendent l'aspect extrêmement pittoresque. On y récolte du vin, de l'orge, du seigle, du maïs, du millet et d'excellens fruits. Les bestiaux font la principale richesse du pays. On trouve dans les rochers, qui avoisinent le pic du midi, l'un des points les plus élevés des Pyrénées, l'amiante, minéral fibreux incombustible.

Tarbes, Antin, Bagnères, Barèges, Couterêts et Vic-de-Bigorre étaient les principales villes du Bigorre; il est arrosé par l'Adour.

Le comte Raymond, qui vivait au milieu du xe siècle, fut le premier et le véritable propriétaire du Bigorre. Il fut, ainsi que ses descendans, vassal des ducs de Bourgogne. A l'extinction de la race de ces princes, leur duché échut en partage aux comtes de Poitiers, ducs d'Aquitaine, dont ceux du Bigorre ne voulurent pas reconnaître la souveraineté. Ils vécurent ainsi libres et indépendans jusqu'en 1062, époque où Bernard, comte du Bigorre se reconnut volontairement vassal de l'évêque du Puy.

Ses successeurs suivirent son exemple. Après avoir été conquis par Édouard III, roi d'Angleterre, ce pays fut restitué à ses légitimes possesseurs par le traité de Brétigny. Charles V le reconquit, et Charles VII le donna en toute propriété au comte de Foix, qui le transmit, à sa mort, à la maison d'Albret ; il passa ensuite à Henri IV, qui le réunit définitivement à la couronne, en 1607. Auguste AMIC.

BIJOUTIER. Aujourd'hui on fabrique des bijoux avec un grand nombre de matières : pour ceux qui véritablement sont d'or ou d'argent, voyez *orfèvre*; pour les diamans et pierres fines *joaillier*, et tout ce qui se fabrique avec l'écaille, l'ivoire, la nacre de perles, le mot *tabletier*. Ici nous ne nous occuperons que de la bijouterie d'acier qui, introduite en 1640, depuis quelque temps est devenue, en France, une branche d'industrie très importante, et rivalise aujourd'hui avec tout ce que nos voisins d'outre-mer fabriquent de plus fin en ce genre.

Nous diviserons cette industrie en deux

parties, les pièces minces pour l'une, et, les grosses pièces pour l'autre; nous partagerons le travail en deux opérations, la *préparation* et le *polissage*. On emploie en général l'acier fondu, ou bien on se sert du meilleur fer, que l'on cémente une fois qu'il a pris la forme que l'on veut lui donner. Pour confectionner les pièces minces, telles que celles qui servent à la marquetterie, bordures, ornemens, etc., on prend des plaques d'acier fondu et laminées que l'on découpe à l'emporte-pièces ; alors les ébarbures sont enlevées à la lime et la pièce est prête à passer au polissage. Il y a des fabricans qui ont trouvé le moyen de ramollir l'acier au point de lui faire prendre sous le balancier toutes les empreintes possibles. Ce procédé ingénieux dispense de la ciselure et donne des résultats très satisfaisans. Les *grosses* pièces, tels que fermoirs de sacs, montures d'épées, boucles, mouchettes, etc., on les moule en fonte de fer douce, et on les cémente ensuite, puis on les trempe et enfin on leur fait subir l'opération du polissage. Les petites pièces à facettes, tels que clous ou brillans d'acier, sont trempés d'abord, puis polis avec une meule de lapidaire. Les outils employés pour la confection des bijoux d'acier, sont : la lime, le tour, le ciseau, le burin et l'appareil pour le polissage, car aujourd'hui le polissage à la main est totalement abandonné.

POLISSAGE (inventé par MM. Toussaint et Raucourt.) Un tambour ou cylindre creux, reçoit un certain nombre de menus objets; on met dans l'appareil une quantité proportionnée d'émeri, de grès, de la brique, du verre, des oxydes de fer broyés, et réduits en pâte molle. L'appareil tourne sur son axe et mis en mouvement par un moteur quelconque. Le mouvement doit être d'abord lent et sa durée de 96 heures sans interruption, on conçoit alors que le frottement des pièces entre elles et les diverses substances auxquelles elles sont mêlées doit contribuer à les polir; cette première opération terminée, on lave chaque objet, puis on les met dans un autre cylindre, avec de la potée d'étain, du rouge d'Angleterre, de l'oxyde noir de fer, on les fait tourner à sec pendant 24 heures, ce qui leur donne un poli brillant. H. BERNARD.

BILAN. Ce mot est dérivé d'un mot italien qui se traduit en français, par *balance*: il est employé spécialement en matière de commerce, pour nommer l'état *balancé* de son actif et de son passif qu'un négociant en faillite est tenu de déposer au greffe du tribunal de commerce du lieu de son domicile, pour faire connaître à ses créanciers la situation de ses affaires. Il doit être apporté dans la rédaction de cet acte une rigoureuse exactitude ; les omissions qui y seraient faites pouvant avoir de graves conséquences.

La loi veut que le *bilan* soit composé de cinq parties distinctes : 1° d'un état détaillé de tous les effets mobiliers et immobiliers du failli, contenant aussi leur évaluation ; 2° d'un état de ses dettes actives et passives, où il doit énoncer les sommes qui lui sont dues et les noms de chacun de ses débiteurs ; les sommes qu'il doit, et les noms de chacun de ses créanciers connus ou présumés ; 3° d'un tableau de ses profits et pertes, qu'il doit y exposer avec fidélité pour qu'on puisse y puiser les renseignemens propres à faire apprécier les causes et les circonstances de sa faillite ; 4° d'un tableau de ses dépenses, pour justifier qu'il n'a point dissipé follement son avoir ; 5° de la balance de son actif et de son passif, pour établir et fixer sa situation. Le *bilan* doit être conforme à ses livres, et embrasser au moins la période de dix ans, pendant laquelle la loi lui impose l'obligation de les conserver : il doit être certifié véritable, daté et signé par le failli ou par son fondé de pouvoirs.

Si le failli n'avait pas préparé son *bilan* avant l'entrée en fonctions des agens nommés à sa faillite, il est tenu d'y procéder en leur présence ou en la présence de la personne qu'ils auront préposée à cet effet, ou d'y faire procéder par un fondé de pouvoirs ; s'il était décédé après l'ouverture de sa faillite, sa veuve ou ses enfans pourraient l'y suppléer : à défaut, les agens y procéderaient eux-mêmes au moyen des livres et papiers du failli, et à l'aide des informations et renseignemens qu'ils pourraient se procurer auprès de sa femme, de ses enfans, de ses commis et autres employés. Tout ce qui concerne la formation du *bilan*, les causes et les circonstances de la faillite, peut faire l'objet des investigations du juge-commissaire chargé par la loi d'en surveiller les opérations ; lequel peut interroger les individus qui viennent d'être désignés, à l'exception de la femme et des enfans du failli.

Lorsqu'il s'élève des soupçons de fraude à l'occasion de la faillite, le procureur du roi peut se transporter au domicile du failli, pour y assister à la rédaction du *bilan* comme aux autres actes de la faillite.

Les syndics qui succèdent aux agens, et qui en définitive représentent la masse des créanciers, peuvent procéder à la vérification du *bilan*, s'ils estiment qu'il s'y soit glissé des erreurs ou des inexactitudes.

J. L. Crivelli.

BILATÉRAL. Cet adjectif qui signifie *de deux côtés*, est employé dans le langage du droit, pour indiquer la nature du contrat par lequel deux ou plusieurs parties s'obligent réciproquement les unes envers les autres. (*Voy*. Contrat Bilatéral.)

J. L. Crivelli.

BILE (Chimie. Sub. fém. *Bilis*, des latins.) La bile est une substance verdâtre plus ou moins consistante, limpide ou trouble, par la matière jaune qu'elle renferme, d'une odeur nauséabonde et assez amère pour que cette propriété ait donné lieu à un proverbe. Le *fiel* n'est pas autre chose que la bile ou son extrait. L'on obtient celui-ci par la dessication. La bile est soluble dans l'eau, l'alcool, la potasse, la soude et l'ammoniaque. Traitée par les acides, elle précipite une portion de sa matière jaune, unie à un peu de résine verte. Sa composition chimique est très compliquée et varie dans les diverses classes d'animaux. Elle renferme de l'eau, certaines matières animales et des sels à base de soude, de potasse et de chaux, une très petite quantité de fer. On l'emploie comme corps savonneux pour enlever les taches produites par les corps gras. On s'est servi en médecine de son extrait comme tonique et apéritif.

BILE (Médecine.) De toutes les humeurs qui se forment dans le corps vivant, la bile est une de celles dont l'histoire intéresse le plus la physiologie des animaux en général, et celle de l'homme en particulier, tant ses usages sont importans et ses maladies nombreuses.

Un appareil très compliqué se rattache à cette secrétion. Elle est fournie par le *foie*, la plus volumineuse de toutes les glandes, et amené dans une poche ou réservoir appelée *vésicule biliaire*, par deux conduits qui s'unissent dans leur trajet, *le canal hépatique*, qui sort immédiatement du foie, et *le canal cystique*, placé dans l'épaisseur du petit *epiploon*, et s'étendant du col de la vésicule biliaire jusqu'au point de jonction. C'est là que commence le *canal cholédoque* destiné à livrer passage à la bile lorsqu'elle reflue dans la vésicule, ou lorsqu'elle s'écoule pour passer dans l'intestin *duodenum*.

Tel est le système biliaire qui commence presque aux premiers degrés de l'échelle animale. Il est déjà très marqué dans les *gastéropodes*, c'est-à-dire dans un ordre de la classe des mollusques. Dans les animaux supérieurs, il est d'une importance telle que la ligature du canal *cholédoque* sur des chats, ayant entraîné la mort, M. Brodie en avait conclu l'indispensable nécessité du produit qui nous occupe, dans l'acte de la digestion. D'autres expériences ont amené MM. Leuret et Lassaigne à des résultats opposés, et l'ouverture de cadavres humains a prouvé que la sécrétion de la bile a pu ne pas exister, et la *chylification* avoir lieu. D'où l'on doit conclure qu'il ne faut donner aux lésions organiques qu'une *influence conditionnelle*, nous rappelant qu'il est dans le corps vivant une activité propre qui s'oppose à ce qu'on y signale des *causes nécessaires*.

Dans l'état de santé, la bile concourt donc à l'accomplissement de la *digestion*, c'est-à-dire d'une des fonctions les plus générales de l'économie. L'on comprendra facilement, d'après cela, combien l'étude des altérations de cette humeur ou des organes destinés à la produire, à la conserver et à la secréter, offrent de l'importance au médecin. Quoique nous ne partagions pas l'opinion exclusive de certains auteurs dont les doctrines humoristes assignaient le rôle principal à la bile dans presque toutes les maladies, nous désignerons quelques-unes de celles dans lesquelles il est impossible de méconnaître son influence, proclamée par l'*opinion populaire* elle-même.

Il existe un mode d'être de l'organisme indépendant quelquefois de toute autre maladie, mais qui souvent aussi n'est qu'une complication ou qu'un élément de l'affection, principale qu'on appelle vulgairement *état bilieux*. Il est assez facile de le reconnaître, et surtout il se présente assez souvent pour que nous croyions utile de le décrire. Nous mettrons ainsi dans les mains de nos lecteurs des moyens de secours dans le cas où il serait impossible d'appeler un médecin.

L'état bilieux est caractérisé principalement par un sentiment de malaise et de brisement général, la couleur jaune de la peau, de l'enduit qui couvre la langue, de l'urine, des matières rejetées par le vomissement ou excrétées par l'anus. Il y a le plus souvent amertume de la bouche, perte de l'appétit, soif intense, mal de tète, constipation ou dévoiement, urines jaunâtres ou claires.

La *fievre biliaire* offre à peu près les mêmes symptômes exagérés et accompagnés de fréquence dans le pouls, d'élévation de la chaleur, etc.

Ces affections se développent sous l'influence d'une atmosphère chaude et humide, d'alimens malsains, de la privation des fruits et des végétaux dans l'été. Cette saison, le tempérament bilieux, l'âge adulte, les passions tristes, etc., ont aussi été regardés comme *ses causes prédisposantes*.

4 *

La durée de l'état bilieux varie depuis quelques jours jusqu'à plusieurs semaines. Lorsqu'il est simple, il se termine naturellement, soit par la diminution progressive des symptômes, soit par d'abondantes évacuations de bile par en haut et par en bas. Lorsqu'il se transforme, au contraire, en *fièvre bilieuse*, en s'exaspérant, l'art vient au secours de la nature, et l'on prescrit les acidules en boisson. Voici une formule dont on peut faire usage.

Vinaigre. . . 3 onces.
Miel. . . . . 2 onces.
Eau. . . . . 4 livres.

Les fomentations et les lavemens émolliens avec la mauve, la graine de lin, etc., sont également indiqués. On rend quelquefois ces derniers légèrement purgatifs par l'addition d'une once de sel de Glauber; mais c'est surtout aux purgatifs et aux vomitifs directs que l'on a recours. Le plus ordinairement l'on fait vomir avec un à quatre grains de tartre stibié plongés dans deux verres d'eau tiède, qu'on donne par demi-verre tous les quarts d'heure, ou avec quinze à trente grains d'ipécacuanha en poudre, administrés dans un demi-verre d'eau tiède. Ces deux substances deviennent des évacuans, lorsqu'on diminue ou qu'on fractionne les doses. Dans ce dernier but, l'on peut ordonner aussi une demi-once à deux onces d'huile de Ricin, ou trois onces de Manne dissoute dans deux onces d'eau.

Quant aux moyens hygiéniques, ils consistent dans un air frais, souvent renouvelé, dans l'abstinence de matières animales, dans le repos physique et moral, et une diète plus ou moins sévère.

Lorsqu'il se développe dans un temps donné et sous l'influence de variations atmosphériques déterminées, un grand nombre de maladies analogues à celles que nous venons de décrire, on dit que la *constitution* est *bilieuse*.

Au premier rang des affections dans lesquelles on observe *l'état bilieux* comme élément ou complication, se trouve la *jaunisse*, vulgairement dénommée *bile répandue*. L'art a confirmé la validité de cette dénomination, en démontrant par l'analyse des humeurs, ce que l'instinct populaire avait deviné. La bile joue aussi un rôle dans une foule d'autres maladies, dans le choléra-morbus, par exemple.

Certains sujets sont prédisposés plutôt que certains autres aux maladies bilieuses. Les habitudes extérieures elles-mêmes dénotent qu'il existe un *tempérament bilieux*. Ceux qui en sont doués sont plus particulièrement portés à la colère et aux passions tristes.

Nous pourrions nous étendre long-temps encore sur l'histoire de la sécrétion biliaire ; mais nous ne devions dire de l'importance de ses usages et de ses altérations, que ce qui amène à des résultats pratiques et journaliers. Nous croyons avoir rempli ce but, qui est incontestablement celui de tout livre élémentaire.   H. COMBES, d.-m.

BILL. Mot anglais qui signifie *loi*, mais qui est presque devenu français. Un bill se propose, se discute et se vote en Angleterre dans la chambre des communes et dans celle des lords, comme nos lois en France.

BILLARD, dérive du mot bille, qui vient lui-même du latin *pila*, globe. Ce jeu est fort ancien ; aujourd'hui il est très répandu, et grace à la découverte *des queues à procédés*, sa théorie est si compliquée qu'elle est devenue une profession quasi artistique. C'est une spécialité dans laquelle des noms sont devenus fameux ; ce n'est qu'avec une vénération profonde, que se proclament au milieu de la fumée des cigares, ces hauts faits de notabilités d'estaminet, vainqueurs des vainqueurs, dont la seule mission dans ce monde est de faire faire aux admirateurs de leur précieux talent les frais du

tapis, et la fortune du limonadier. Le billard est un quadrilatère, large de la moitié
de sa longueur, terminé par quatre rebords
rembourrés également et de quatre pouces
de hauteur; le fond doit être un plan parfaitement horizontal, des ouvertures sont
faites aux quatre coins et une au milieu de
chaque grands côtés, on les appelle *blouses;*
elles doivent être justes pour le passage de
la bille. Les billes sont d'ivoire. La partie
française se joue à trois billes, deux *blanches* et une *rouge*; la partie russe à cinq
billes, deux de plus, une *bleue* et une *jaune.*
A la partie française, on distingue le *même*
ou la *partie simple* et le *doublé*; le même
consiste à pousser dans une des blousés la
bille de son adversaire par le choc de la
bille du joueur, à laquelle on imprime un
mouvement de rotation avec la *queue* (*voy.*
ce mot); il en est de même pour la rouge.
Le doublé diffère en ce que la bille avant
d'entrer dans la blouse doit toucher une des
bandes. La théorie de ce jeu repose sur une
loi de physique que nous développerons à
l'article *choc* (des corps). Les billards ont
subi de grandes modifications; leur construction exige un bois très sec. Malgré toutes
les précautions, il est rare d'en trouver dont
la position soit parfaitement juste, le bois
travaille toujours en raison de ses qualités

hydrométriques ; on avait proposé de faire le fond en marbre, mais une table de dimension ordinaire eût été d'un poids trop incommode. En Angleterre on en a vu un dont le plan intérieur était de fer coulé d'une seule pièce et poli avec un instrument exprès. La forme des billards est généralement quadrilatérale ; il en est de circulaire, mais ils sont rares, tous sont recouverts d'un tapis vert. Il y en a dont les blouses sont garnies d'une tête de lion, dont la mâchoire inférieure bascule et s'ouvre pour présenter la bille, ce qui évite d'introduire la main dans l'intérieur ; d'autres sont à musique, et jouent un air lorsque la bille arrive dans l'intérieur. Ces derniers, comme on le pense, sont peu communs : en somme, ce jeu est élégant, très sain, puisqu'il procure un exercice modéré, et ne frise le ridicule, pour ne pas dire, plus que quand on le considère sous le point de vue de *profession* ; c'est encore moins, selon nous, que l'honorable diplôme de maître d'escrime.

H. Bernard.

BILLET, du mot latin *libellos*, petit écrit ; *billet de commerce*. C'est une des plus grandes facultés apportée dans les transactions commerciales que de pouvoir représenter sur la foi d'une signature qui a cours jusqu'à l'échéance et se négocie comme comptant, déduction faite de l'escompte à l'intérêt légal (*voy*. ESCOMPTE.) une valeur en numéraire. Les billets de commerce sont de deux sortes, les lettres de change (*voy*. CHANGE) et les billets à ordre. Le billet à ordre diffère de la lettre de change, en ce qu'il énonce que la somme qu'il représente peut être payée dans le lieu même où il a été souscrit. La durée d'un billet à ordre est fixée le plus souvent à 90 jours à partir de la date de sa création. Le défaut de paiement n'entraîne la contrainte par corps maintenant, que pour une somme excédant deux cents francs, et encore faut-il que le créateur de l'effet soit négociant. (*Voy*. PROTÊT, PRESCRIPTION.)

BILOBÉ, *bilobatus* ou *bilobus*; on nomme ainsi les parties des végétaux, qui ont deux lobes, c'est-à-dire dans les feuilles ou les pétales, des découpures séparées par une division en sinus obtus. Quand on applique le mot bilobé à la graine, c'est dire que la plante est dicotyledone.

BILLON (Agriculture), s'emploie pour la culture de la vigne (*voy*. ce mot); il s'emploie aussi en agriculture dans les terrains humides, et en général dans tous ceux qui ont peu de profondeur. L'opération du billonage consiste à ouvrir la terre avec une charrue à deux versoirs, qui rejettent la terre à droite et à gauche et forment une rainure profonde que l'on nomme billon : le terrain est ainsi décomposé en une suite d'ados sur lesquels sont semées les céréales. Cette rainure ou rigole n'est que pour parer à la submersion. Cette méthode ne vaut jamais le labourage à plat ; ainsi, il n'entrera jamais dans l'idée de la considérer comme améliorante. Son but est de faciliter l'écoulement des eaux. Voici pour le billonage des terres legères ce qu'en dit M. Sageret dans son mémoire sur l'agriculture du Loiret. Le champ étant disposé en billons d'un pied de large, avec des raies intermédiaires de même largeur, la charrue attaque au premier labour un des côtés du billon parallèlement à sa longueur, puis au second labour, elle attaque le second dans le même sens, et enfin au troisième elle ouvre le milieu, après quoi on égalise avec la herse. Lorsque le semeur a répandu la semence sur cette surface plate, on fait tracer par la charrue à deux versoirs une raie de deux pieds en deux pieds, et qui forme des billons. On doit dire que plus la pente est rapide et plus le terrain est humide ; la longueur du billon doit être de 75 toises au plus, l'eau en parcourant une longueur plus grande entraînerait à la fin la terre et les engrais. Le billonage est une opération des plus importantes dans bien des localités, et il est tel, que sans lui, on né pourrait jamais y cultiver le blé, la première de toutes les céréales.

BILLON (Monnaie de). Menue monnaie d'un titre inférieur à l'argent et supérieur au cuivre. Cette monnaie est composée d'un mélange métallique ; les seules pièces de ce genre, ayant cours encore aujourd'hui, sont les petites pièces de dix centimes, fabriquées sous le consulat et l'empire. Cette fabrication n'a plus lieu depuis long-temps : c'est dans les pays du Nord que la circulation du numéraire est encombrée de petite monnaie de billon, dont la valeur change souvent suivant même les localités. Grâce au système monétaire établi en France, système que plusieurs pays ont déjà adopté, les transactions commerciales s'opèrent avec la plus grande facilité. H. BERNARD.

BIMANES (*Zool.*) Quoique l'échelle animale forme une série continue, de telle sorte qu'il n'existe point d'hyatus entre les différens êtres qui la constituent, les naturalistes ont été obligés d'établir des divisions fondées sur les analogies et les dissemblances. Ils ont créé des *classes*, des *familles*, des *ordres*, des *genres*, etc.

La classe la plus importante, sans contredit, est celle des mammifères, dont le caractère principal est de porter des mamelles. Elle renferme tous les animaux supérieurs partagés en quatorze familles, dont la première est celle des mammifères à deux mains ou *bimanes*. L'homme seul et ses variétés la composent. L'on comprend d'avance que nous n'avons à nous occuper de lui qu'en zoologiste, c'est-à-dire à le considérer seulement comme le premier anneau de la grande chaîne des êtres.

L'homme est le seul animal qui puisse opposer aux autres doigts les pouces de ses mains et non de ses pieds. C'est pour cela qu'on l'a appelé *bimane*. Aucun autre n'a comme lui des dents incisives verticales à la mâchoire inférieure et le menton saillant. Seul il est destiné à se tenir debout dans une position verticale sur ses deux extrémités inférieures ; s'il voulait marcher sur les quatre membres, les hanches seraient trop élevées, les pieds ne pourraient porter entièrement sur la plante sans une gêne extrême. Les poignets seraient trop étendus et la tête trop inclinée. La bouche ne pourrait aller au devant des alimens.

L'homme a seul une voix articulée, l'angle facial qui se rapproche le plus de 80 degrés ou de l'angle droit et son cerveau est très volumineux relativement à sa tête et à sa face en particulier. Il habite tous les climats du monde et mange à la fois des matières végétales et animales. Par son organisation même, il est *omnivore*. L'homme accomplit pendant neuf mois dans le sein de sa mère sa vie *fœtale* ou *embryonnaire*. Au bout de ce temps, il vient au monde très faible et avec une sensibilité très obtuse. Il a alors environ 18 pouces de long et pèse de 5 à 8 kilogrammes.

Vers le sixième ou le septième mois, la dentition commence. Les dents incisives inférieures se développent les premières ; celles du haut viennent ensuite et successivement jusqu'à un an, les deux incisives latérales, et les *canines* ou *laniaires*. A la fin de la seconde année, *trois molaires* ou *grosses dents* se développent successivement de chaque côté, ce qui fait en tout 24 dents. A 6 ou 7 ans, les *premieres dents* ou *dents de lait* tombent ; elles sont remplacées par d'autres plus fortes. Il naît aussi quatre autres molaires. Vers l'âge de 20 ou 26 ans, il paraît encore une autre molaire, ce qui fait en tout 32 dents, dont 8 incisives, 4 laniaires et 20 molaires.

L'enfant ne commence à marcher qu'à l'âge de 15 à 18 mois, et à parler qu'à deux ans et demi.

Cinq variétés ou *races* partagent les divers individus de la famille humaine. Voici leurs caractères principaux :

1° *Race caucasique* ou *arabe européenne.* Elle présente un visage ovale dans le sens vertical, un nez long, un crâne saillant, des cheveux longs et ordinairement plats, une peau plus ou moins blanche. Les peuples de la Suède, de la Finlande et de la Pologne forment comme le prototype de cette race, qui comprend non seulement les habitans de l'Europe, mais encore ceux de l'Egypte, de l'Arabie, de la Syrie et de la Barbarie.

2° *Race negre.* L'applatissement du front, la petitesse du crâne, l'obliquité de la ligne qui mesure la hauteur de la face, l'épaisseur des lèvres, la saillie des pommettes, la noirceur, l'onctuosité et une plus grande épaisseur de la peau, des cheveux plus courts, plus fins, frisés et cotonneux sont les signes distinctifs de la race *negre* ou *éthiopienne.*

3° *Race mongole.* Elle se distingue par l'aplatissement du front, par un crâne peu proéminent. Les yeux regardent un peu en dehors, les joues sont saillantes, et l'ovale que présente le visage au lieu d'aller du front au menton, se dessine d'une pommette à l'autre. Les Chinois, les Tartares, les Indiens, les Japonnais composent cette race plus nombreuse que toutes les autres.

4° *Race hyperboréenne*. Placée au voisinage des cercles polaires, formée par les Lapons, les Ostiaques, les Samoïedes et les Groenlandais, elle est caractérisée par un visage plat, un corps trapu et une taille très courte.

5° *Race américaine*. A l'exception des peuples du Nord de leur continent, les Américains ont en général le visage large, triangulaire, les cheveux noirs, plats, longs et gros. Ils n'ont que peu ou point de barbe. Leur peau est basanée, d'un brun rouge, comme cuivreux. Cette race se confond de jour en jour avec l'*arabe européenne*.

L'individu provenant du croisement d'une race blanche avec une race noire, prend le nom de *mulâtre*.

L'on peut faire encore une foule de subdivisions dans les cinq variétés humaines que l'on vient de signaler. Non seulement il existe des différences entre les hommes des divers points du globe ; mais même dans les individus d'une seule nation, il est facile de saisir des propriétés distinctives. La France, au besoin, nous servirait d'exemple. Les habitans de chacune de ses provinces présentent des traits qui leur sont propres.

Nous avons indiqué les cinq races primitives ; mais il est utile de remarquer que les relations industrielles et morales, prenant un essor de plus en plus grand, semblent devoir affaiblir, sinon effacer toute originalité physique, comme il est permis d'espérer qu'elles réuniront un jour, sans les confondre, peuples et pays, dans une vaste association d'idées, de sentimens et d'actes.

BIMANES. (Erpétologie.) Genre de reptiles de l'ordre des sauriens, de la famille des urobènes, caractérisé par l'absence des pattes postérieures.   H. C., doct. méd.

BIMBELOTIER (Technal). Cet art, qui en résume une infinité d'autres, est originaire de l'Allemagne. Ce sont les habitans de la Forêt-Noire qui, pendant long-temps ont été en possession d'exploiter ce genre d'industrie ; aujourd'hui, il est tellement répandu en France que ce serait une mauvaise spéculation que de tirer de l'étranger les objets qui se fabriquent sous nos yeux à des prix on ne peut plus minimes. La bimbeloterie, comprend les jouets d'enfans ; leurs formes, comme on sait, varient à l'infini, chevaux, carrosses, meubles, poupées, armées en plomb de mauvais aloi, ustensiles de ménage, etc., dont l'énumération serait trop longue. La plus importante manufacture de bimbeloterie est celle de Valenciennes, le petit village de St-Claude (Jura) produit considérablement de ces petits objets, dont le débouché, à certaines époques de l'année, est très considérable.

H. Bernard.

BINAGE (orticulture). Le labour qui améliore toujours une terre en la maintenant muable et poreuse, en y agrégeant les engrais de l'art et de la nature, doit être suppléé pendant la végétation d'un grand nombre de plantes. Plus d'ailleurs la terre est remuée à propos, plus elle est fertile ; elle s'améliore d'autant par l'introduction des sels, nitres, etc. que l'air dépose incessamment sur la surface. On remplace le labour par le binage au moyen duquel on divise légèrement la terre autour des plantes : elles n'en prospèrent que mieux, quand on ne laisse point trop long-temps le sol plombé par les racines qui le resserrent et interceptent aux racines les douces influences des météores. On ne fait conséquemment cette opération que quand ces influences sont favorables : ce serait une faute d'ouvrir le sol et de le rendre plus poreux lorsque les vents sont froids, que l'eau de l'atmosphère au printemps tombe en neige, gresils, grêles, etc. Le binage sert aussi à couper entre deux terres les racines des plantes nuisibles, quand elles sont trop nombreuses pour qu'on puisse *faire mieux*, c'est-à-dire les arracher à la main. Pour biner, on se sert d'un instrument que l'on nomme suivant les pays, tantôt *houette*, tantôt *raclette*. Cet instrument si utile se reproduit encore partout sous différens modèles : celui qui nous parait le meilleur et le plus commode est la *houette* des pays Messin. C'est tout simplement une petite bêche courbe qui se termine par une douille en col de cygne, dans laquelle s'adapte un manche de bêche ordinaire ; il faut encore que le fer de cet instrument, toutes proportions gardées d'ailleurs, soit sur deux à trois largeurs terminales. On conçoit qu'une binette à pommes-de-terre serait trop large pour une plate bande de jacinthes ou de renoncules. On bine encore à la main lorsque la terre n'est pas trop compacte : alors on la remue avec les doigts et on en retourne la superficie, on écrase les motillons agglomérés par les pluies ou arrosemens, et on enlève en même temps les plantes inutiles, ce qui rend à la terre un double service. Cette opération se fait dans les cultures délicates, où les plantes en semis ou en lignes sont trop rapprochées pour y donner des soins sans danger autrement qu'avec les doigts. (*Voy.* EHERBER.)   V. PIROLLE.

BINOCLE. (*Voy.* BÉSICLES.)

BINOME (Mathématiques), de *bis*, deux et *nomos*, terme. On appelle binôme toute expression algébrique formée de deux parties séparées par un signe — ou — (*Voy.* ALGÈBRE) : 3 *b* 4 *c* Sin C. —   Log. *b* —

Log. *c* : sont des binômes. (*Voy*. COMBI-
NAISON.)   LEFÈVRE.

BIOGRAPHIE. Du grec *bios* , vie, et
graphein, j'écris. La biographie a pour
objet d'exposer avec plus ou moins de détails l'histoire individuelle des hommes qui,
à un titre ou à un autre, se sont acquis
quelque célébrité : les *Dictionnaires histo-*
riques, réunissant un grand nombre de
vies particulières, sont d'invention assez
moderne. Les premiers essais dans ce genre
ne contenaient d'ordinaire que de courtes
et maigres notes sur les personnages les
plus marquans de l'histoire générale ; une
foule d'artistes, d'écrivains, de guerriers,
de criminels, d'hommes enfin curieux à
connaître pour leurs bonnes ou pour leurs
mauvaises actions, y étaient oubliés ou né-
gligés. Ce n'est guère que de nos jours
qu'on a eu l'heureuse idée de réunir, par
ordre alphabétique, en de vastes répér-
toires d'érudition, les vies particulières de
tous les hommes qui ont appelé sur eux,
n'importe comment, l'attention de leurs
contemporains.

Les *vies des hommes illustres* de Plu-
tarque sont d'admirables biographies. Cor-
nelius Nepos, Tacite, dans la vie d'Agricola,
Quinte-Curce et Suétone entre les anciens,
nous ont encore laissé de fort beaux monu-

mens en ce genre ; mais on ne saurait dire que leurs ouvrages fussent conçus sur le même plan que nos biographies modernes. Ces écrivains ne composaient la vie que de certains héros de choix qu'ils offraient en quelque sorte en exemple au reste des hommes.

Voltaire, en plus d'un lieu de ses immortelles œuvres, a touché quelques points de la vie de plusieurs hommes célèbres, sans parler des brèves notes qu'il a consacrées, en tête de son siècle de Louis XIV, aux personnages qui ont fait parler d'eux pendant cette brillante époque de notre gloire nationale.

Depuis un demi-siècle, les biographies spéciales et générales sont devenues si nombreuses qu'il serait fort difficile de mentionner toutes celles qui ont été publiées. La plus complète jusqu'ici, et pour ainsi dire la plus monumentale, c'est sans contredit encore celle connue sous le titre de *Biographie Universelle*, des frères Michaud. Elle fut commencée sous l'influence d'un esprit de réaction anti-philosophique et contre-révolutionnaire, qui ne put tenir long-temps contre la marche ascendante du siècle. Il fallut, bon gré malgré, subir cette loi du temps ; de telle sorte que, contrairement à l'esprit de ses fondateurs, elle s'est trouvée prodigieusement mêlée d'appréciations contraires, et, au demeurant, moins mauvaise qu'ils ne l'eussent voulu faire s'ils l'avaient pu ; si, par la nature même de ce grand ouvrage, ils n'eussent été forcés de recourir à la collaboration d'écrivains nombreux, appartenant aux diverses écoles philosophiques, politiques et littéraires qui se sont partagées le commencement de notre dix-neuvième siècle. La biographie universelle des frères Michaud reproduit même, jusqu'à un certain point, la divergence d'opinions, l'anarchie intellectuelle et morale dont fut travaillé le premier quart de ce siècle. La critique aurait du reste énormément à reprendre dans cette biographie. Les erreurs y sont parfois grossières ; il y en a de dates, de faits et surtout d'appréciation plus qu'on ne saurait dire. A tout prendre néanmoins, ces quarante-cinq volumes de vies si étrangement diverses, sont restés un ouvrage utile, et qui peut être consulté avec fruit en d'innombrables occasions, pour peu qu'on y apporte quelque discernement.

On n'en peut pas dire autant de la *Biographie des hommes vivans* des mêmes frères Michaud. C'est manifestement un livre de parti, écrit tout entier, écrit dans l'intérêt de la cause royaliste contre l'esprit et les principes de la révolution française. Les plus beaux caractères y sont dénaturés ; les calomnies, les mensonges, les sottes préventions y abondent, et c'est avec une incroyable intrépidité de haine qu'on y fait le procès à tous les héros de cette terrible, mais glorieuse époque, et qu'on s'y joue de la vraisemblance et de la raison. Ce serait enfin la plus méprisable des biographies sur les hommes de la génération qui nous a précédés, si MM. Arnaud, Jouy, Jay et Norvins ne s'étaient ingérés, par spéculation, de la publication de la *Biographie nouvelle des contemporains*. Vivans et morts y sont compris, mais tous également jugés avec l'élévation d'esprit comme du vieux libéralisme ; c'est une pauvre et plate compilation, aussi mal écrite, la plupart du temps, que mal pensée, où fourmillent d'ailleurs les plus inconcevables erreurs. Il est juste de dire toutefois que MM. Arnault, Jouy, Jay et Norvins étant un peu comme ces chanoines dont parle Boileau,

> . . . . . . Qui laissaient en leur lieu
> A dès chantres gagés le soin de louer Dieu,

et ne lisant pas eux-mêmes, la plupart du temps, l'ouvrage qu'ils signaient, on ne saurait raisonnablement leur imputer ces erreurs. Ils en sont en vérité aussi innocens que des bonnes choses qui çà et là s'y rencontrent. Il y a une ignorance *acquise*, pire cent fois que l'ignorance naturelle; c'est celle qui nous vient des colléges et des livres. La biographie en question est sans contredit un des livres où l'on peut le plus largement *acquérir* ce genre d'ignorance. Il faut vous en méfier, et ne l'aborder qu'avec des précautions infinies et l'intention formelle de ne rien croire de ce qu'on y lira avant de l'avoir soi-même vérifié avec soin ailleurs.

L'exactitude la plus scrupuleuse, un style pur et correct, une grande hardiesse d'aperçus et surtout beaucoup de netteté dans les détails, sont ce qui distingue éminemment une publication biographique fort recommandable, et cependant assez peu connue; nous voulons parler de la *Biographie universelle des contemporains* qui s'est publiée par livraisons, il y a quelques années, et que rédigeaint presque à eux seuls feu Viehl de Bois-Jolin et Alphonse Rabbe. Ce livre a un notable défaut à notre sens, c'est d'être d'un prix trop élevé.

Disons, en finissant, qu'il serait bien à désirer qu'une société d'écrivains de conscience et de talens se formât, et entreprît la publication d'une biographie vraiment universelle, dût-elle aller à cent volumes, non seulement conçue sur un plus vaste plan que toutes celles qui ont été publiées jusqu'ici, mais encore exécutée avec science et maturité, *sans haine*, *sans crainte*, de manière à rester comme monument qui fit à ce siècle un honneur analogue à celui que la grande Encyclopédie fit au siècle passé.

ROMEY.

BIPÈDE. Employé par les naturalistes pour désigner les animaux à deux pieds.

BIPINNÉ ou BIPENNÉ, feuilles ailées, qui ont un des pétioles secondaires à ailes eux-mêmes.

BIRÈME, *birimis*, de *bis* deux et *ramus* rame, vaisseau à deux rangs de rame, placées l'un sur l'autre de chaque côté du bâtiment; on en voit encore la figure sur la colonne Trajane à Rome.

BIRMANS (Empire des.) Géographie. Cet état, situé dans la presqu'île au-delà du Gange, est compris entre 9° et 27' de latitude nord, et entre 89° 30' et 98° 40' de longitude est. Il est borné au nord par le Thibet, au sud, par le golfe de Bengale et de Siam, à l'ouest, par le golfe de Bengale, et à l'est, par la Chine et le territoire de Siam.

Cet empire est formé de trois royaumes: ces royaumes sont ceux d'Ava, au nord; d'Aracan, au milieu; et de Pégu, au sud.

Sa longueur est de 500 lieues , et sa largeur de 200.

Fleuves et rivières. Les principales sont l'*Aracan*, qui, après avoir baigné les murs de la ville de ce nom , se jette dans le golfe du Bengale ; l'*Irraouaddy*, ou la grande rivière d'*Ava*, qui prend sa source dans le Thibet, et arrive dans le même golfe par plusieurs embouchures , et le *Kiu-Duem*, qui coule du nord-ouest jusqu'aux confins de l'empire Birman.

Climat , sol et productions. L'air y est généralement salubre, et les saisons très régulières. Le sol des parties méridionales est d'une grande fertilité, et produit autant de riz que le Bengale. Les provinces du nord sont moins riches en moissons, parce que c'est un pays irrégulier et montueux ; mais la fertilité est la même dans les plaines et les vallées. Le froment, des légumes, des cannes à sucre, l'indigo, le coton, le tabac de qualité supérieure, et tous les fruits des tropiques se trouvent en abondance dans ce délicieux pays. Le teck, arbre dont le bois est excellent pour la construction des vaisseaux, remplit toutes les forêts ; mais les Birmans ne s'en servent point, parce qu'ils le trouvent trop pesant. Il y a de fort beaux sapins dans les montagnes qui sont à quatre journées au nord de la capitale.

Animaux. De nombreux troupeaux couvrent les campagnes ; mais dans le voisinage des forêts ils sont exposés aux fréquens ravages des tigres, qui infestent ces contrées. Il y a des éléphans dans toutes les parties de l'empire, surtout à Pégu, qui paraît être leur séjour favori. L'un des titres du roi est celui de seigneur de l'éléphant blanc et de tous les éléphans du monde.

Métaux et minéraux. Les productions minérales consistent en or, argent, rubis, saphirs, améthystes, grenats, chrysolites, jaspe, et pierres d'aimant qu'on trouve dans plusieurs parties de l'empire. Le fer, le plomb, l'étain, l'antimoine, l'arsenic, l'ambre et le marbre y abondent.

Population. On ne peut évaluer que d'une manière approximative la population de l'empire Birman. Il paraît toutefois que l'opinion qui porte à 10,000,000 d'ames la totalité des habitans, se rapproche le plus de la vérité.

Mœurs et caractere des habitans. Les Birmans ont beaucoup de ressemblance avec les Chinois sous le rapport de la figure et de la taille ; mais leur caractère diffère essentiellement ; ils sont curieux, vifs, actifs, impatiens ; leur taille est médiocre, mais ils sont robustes et pleins d'ardeur ; ils conservent long-temps un air de jeunesse ;

parce qu'au lieu de se raser, ils ont l'habitude de s'épiler la barbe ; ils se tatouent les bras, les cuisses dans la persuasion que les figures bizarres qu'ils impriment sur leurs membres sont un charme capable de neutraliser l'effet des armes de leurs ennemis.

Le caractère des Birmans offre un mélange de férocité et de douceur, de barbarie et d'humanité, qu'on retrouve chez tous les peuples primitifs. Ils se vengent d'une manière atroce de leurs ennemis. Quand ils envahissent un pays, ils y portent la désolation et la mort; enfans, femmes, vieillards, ils immolent tout à leurs ressentimens; mais chez eux, ils sont bons, généreux, hospitaliers.

La mendicité, cette plaie de notre civilisation, est inconnue dans l'empire Birman. Tout le monde est sûr de pouvoir suffire à ses besoins. Quand un homme se trouve dans l'impossibilité de gagner sa vie, ses compatriotes prennent soin de lui. Les vieillards sont l'objet de la vénération publique. La piété filiale y est regardée comme un précepte sacré, et il y est religieusement observé.

L'année birmane se divise en douze mois lunaires. Le jour de vingt-quatre heures, en commençant à midi, est divisé en huit parties, de trois heures chacune. Pour les annoncer on frappe sur un tambour oblong, toujours placé près de la demeure du premier magistrat.

Les Birmans ont conservé la liberté aux femmes, qui ne sont point renfermées comme dans les autres parties de l'Asie. Les relations qui existent entre les deux sexes sont aussi libres que dans les états européens. Toutefois la loi interdit aux femmes de témoigner en justice, et le *Rhoum*, lieu où elle se rend, leur est formellement interdit; il ne leur est pas même permis d'en monter les marches. Quand elles sont obligées de faire des dépositions, elles les font toujours hors de son enceinte.

Les Birmans des dernières classes de la société vendent leurs femmes aux étrangers, mais cette coutume est moins l'effet d'un acte volontaire que la conséquence d'un grand besoin d'argent. Cet usage, quoiqu'il ne soit point général, n'a rien de déshonorant pour celles qui en sont l'objet.

Les femmes birmanes, surtout celles des provinces septentrionales, sont bien faites, potelées et ont le teint d'une extrême blancheur. Elles sont actives, laborieuses, généralement esclaves de leurs devoirs. On trouverait étrange qu'une femme de qualité ne s'occupât pas essentiellement de détails

domestiques, qu'elle n'exerçât pas une surveillance assidue sur ses servantes, dont les
principaux soins consistent à filer ou à tisser
des étoffes de soie ou de coton, destinées
à la consommation de leurs maîtres.

Costumes. Les ouvriers n'ont pour tout
vêtement qu'un pantalon court ; dans les
temps froids , ils ont une veste ou une ca-
pote de drap d'Europe ; les hommes de distinction se ceignent les reins d'une espèce de
pagne de soie, et portent habituellement
une veste étroite à manches longues, en
mousseline ou en très beau nankin fabriqué
par des indigènes. Dans les jours de cérémonie ils mettent un manteau léger par
dessus une longue robe de velours ou de satin
surmontée d'un collet ouvert ; leur coiffure
consiste en un grand bonnet de velours tout
uni ou enrichi de broderies parsemées de
fleurs d'or.

Les hommes, comme les femmes, portent
des boucles d'oreilles de formes diverses,
plus ou moins riches, suivant le rang des
personnages.

Les femmes du peuple ont pour vêtement
une espèce de grande chemise traînante ,
qui se croise sur le sein qu'elle dissimule à
peine. Les femmes d'un haut rang ont habituellement une chemise qui descend jusqu'à
la hanche, et qu'elles serrent avec des cor-

dons pour soutenir la gorge; elles ceignent leurs reins d'une toile de coton ou d'étoffe de soie qui fait deux fois le tour de leur corps en traînant jusqu'à terre. Quand elles ont des visites à rendre, leurs vêtemens se composent d'étoffes précieuses; elles tressent artistement leurs cheveux sur le haut de la tête, qu'elles entourent d'un bandeau brodé et remarquable par ses ornemens. Le suc d'une plante leur sert à teindre en rouge leurs ongles et le dedans de leurs mains; elles sèment aussi sur leur sein de la poudre de bois de Sandal ou de Sonneka, écorce d'une espèce d'arbre; quelques-unes s'en frottent le visage.

Nourriture et divertissemens. Les Birmans sont sobres, mais ils ont peu de propreté dans la manière de préparer leurs alimens. A l'exception des animaux domestiques qu'ils conservent avec soin, ils ne se font aucun scrupule de tuer les animaux en général, en dépit des préceptes de leur religion. Les dernières classes ne vivent que de lézards, de *guanas* et de serpens; mais les gens riches, tout en se nourrissant de mets plus délicats, conservent la plus grande simplicité dans leurs repas.

Les fêtes des Birmans ont toujours lieu à la fin ou au commencement de chaque année; elles durent plusieurs jours. La lutte, le

pugilat, des jeux scéniques, des illumina-
tions, des feux d'artifices mieux ordonnés
que ceux des Chinois, composent l'ensemble
de ces divertissemens, qui ont tout à la fois
un caractère civil et religieux.

Mariages. Le mariage, chez les Birmans,
étant un acte purement civil, n'est précédé
ni suivi d'aucune cérémonie religieuse.
Quand un jeune homme témoigne le désir
de se marier, sa mère ou une de ses pa-
rentes se rend chez les parens de la jeune
personne qui a fixé son choix pour en faire
la demande. Si la proposition est accueillie,
on convient de la dot qu'elle doit avoir, et
le matin du jour de la noce, le jeune homme
envoie à sa future trois pièces d'étoffes qui
tiennent lieu de jupon, trois ceintures,
trois pièces de mousseline, avec des boucles
d'oreilles, des bracelets et plusieurs joyaux,
suivant son rang et sa fortune. Le contrat
de mariage se passe chez les parens de la
femme, où l'on donne un grand festin. Les
nouveaux époux mangent du même plat.
Le mari et la femme s'offrent alternativement du thé mariné, qu'ils acceptent l'un
et l'autre. Telles sont les principales dispositions de cette cérémonie.

La polygamie est défendue par les lois de
l'empire, qui ne reconnaissent qu'une femme,
portant le titre de *mica*. Cependant les con-

cubines sont tolérées, et on peut en avoir un nombre illimité.

Funérailles. Les funérailles se font avec beaucoup de solennité chez les Birmans. On dépose le corps dans un cercueil, et des hommes le portent sur leurs épaules. Des femmes précèdent le corps en chantant des hymnes funèbres, et les parens du défunt viennent immédiatement après en habits de deuil. On brûle tous les corps morts à l'exception de ceux des pauvres, qu'on enterre ou qu'on jette dans la rivière, parce que la cérémonie du bûcher est trop dispendieuse. Lorsqu'un maywoun, un membre de la famille royale vient à mourir, on embaume son corps, on l'expose pendant deux mois dans un édifice religieux ou dans un magnifique salon destiné à cette pieuse cérémonie, puis on le place pompeusement sur le bûcher funéraire.

Langue, sciences, arts et poésie. La langue birmane a quelque analogie avec le tibétain, dont plusieurs racines lui sont communes; elle contient trente-trois sons simples, que l'alphabet représente par un nombre égal de caractères distincts. Les Birmans écrivent de droite à gauche.

Quoi qu'ils ne soient pas très avancés dans les sciences et les arts, en raison des guerres longues et sanglantes qu'ils ont eu à soutenir avec leurs voisins, la connaissance des lettres est pourtant si généralement répandue parmi eux, que les artisans, la plupart des paysans, et même des matelots (classe qui est ordinairement la plus ignorante), savent lire et écrire la langue vulgaire.

La musique est plus cultivée dans toute l'étendue de l'empire birman qu'elle ne l'est en général dans l'Inde. La harpe, le *turr* ou violon, le flageolet, la guitare et la flûte de pan sont les principaux instrumens dont on se sert dans le pays.

La sculpture a fait peu de progrès, car parmi les statuaires, il y a peu de bons artistes.

Le peuple birman n'a pas une grande prédilection pour la peinture, mais il aime beaucoup la poésie; il y a eu des poètes très remarquables qui ont laissé des poèmes épiques d'une grande beauté.

Agriculture. Les Birmans ne s'occupent pas beaucoup de l'agriculture. Ils cultivent les plaines, où la terre est très fertile; mais ils laissent en friche la plus grande partie des collines. Ils se servent d'un singulier expédient pour procurer des pâturages à leurs troupeaux, c'est de brûler tous les ans les grandes herbes qui croissent en abondance dans le pays. Le sol qu'ils habitent est d'une grande fécondité, aussi les paysans birmans se donnent peu de peine et laissent presque exclusivement à la nature le soin de pourvoir libéralement à leurs besoins. Ils élèvent des chèvres et jamais de brebis, parce que les premières donnent beaucoup plus de lait. Mais pour labourer comme pour traîner les charettes et les voitures, les bœufs sont les seuls animaux dont ils se servent

Commerce et manufactures. Le commerce qui se fait entre l'empire Birman et la Chine est fort considérable. Les principaux articles que les Birmans expédient dans ce pays sont du bétel, des nids d'hirondelles, apportés de l'Archipel oriental, du coton, de l'ivoire, et des pierres précieuses, objets qu'ils échangent contre des soies écrues, des soies travaillées, des velours, quelques articles de quincaillerie, des feuilles d'or, du papier et des confitures. Les marchandises étrangères les plus recherchées dans l'empire Birman consistent en draps d'Europe, glaces, porcelaines, mouchoirs de soie de Cossembouzar et grosses mousselines du Bengale.

Lois et religion. Une secte de la religion des Hindous a donné naissance à celle des Birmans. Les uns adorent *Brahma* et les autres *Boudha*, sous le nom de *Gaudma*. Voyez les articles *Boudhisme* et *Brahmanisme*.

Les Birmans ont un nombre prodigieux de prêtres ou rhahaans, consacrés au service de leur dieu. Les rhahaans restent toujours étrangers aux affaires de l'état et ne sont point intolérans ; aussi jouissent-ils de l'estime, de la considération publique, et d'une grande liberté dans toute l'étendue de l'empire.

L'origine commune qui existe entre la religion des Birmans et celle des Hindous est la même que celle que l'on remarque entre leurs lois, dont les différentes spécialités se rapportent à presque tous les genres de crimes. Dans le code birman, rempli de la plus saine morale, on trouve à côté des nombreux exemples de ces crimes, les décisions des législateurs, afin de guider l'inexpérience, en cas de difficulté. On sévit avec la plus grande rigueur contre quiconque est convaincu d'avoir voulu usurper le pouvoir ou de s'être rendu coupable de quelque crime impliquant haute-trahison. Lorsqu'un homme vole pour la première fois, on imprime un cercle sur chaque joue du coupable avec une aiguille et de la poudre, à laquelle on met le feu, et on lui grave de la même manière sur la poitrine le mot *voleur*, avec le nom de la chose qu'il a prise. Au cas de récidive, on le prive d'un bras ; et enfin, lorsqu'il vole une troisième fois, le bourreau lui tranche la tête.

Dans les affaires qui entraînent la peine capitale, le conseil d'état examine soigneusement toutes les pièces de la procédure, en fait le rapport à l'empereur, qui fait grace au coupable ou ordonne son châtiment. Les affaires civiles peuvent être également portées au conseil d'état.

Constitution et gouvernement. Comme tous les peuples de l'Asie, les Birmans professent le respect le plus profond pour leurs souverains, qu'ils regardent comme les plus grands monarques de la terre. Le prince exerce le déspotisme le plus absolu et son pouvoir est illimité.

Il n'y a ni emplois, ni dignités héréditaires sous le gouvernement birman. A la mort des titulaires, ils retournent à la couronne.

Nul habitant ne peut se soustraire à la réquisition pour le service militaire, qu'on regarde d'ailleurs comme la profession la plus honorable. L'armée n'est pourtant pas considérable ; elle ne se compose que de la garde du roi et du nombre de troupes nécessaires pour la police de la capitale.

Les levées sont toujours proportionnées

à la population. Le gouvernement rend les parens de chaque conscrit responsables de sa bonne conduite : aussi sont-ils l'objet de la surveillance la plus rigoureuse dans les lieux de leur résidence. Au cas de désertion ou de trahison, l'épouse innocente, les enfans et les parens du coupable sont impitoyablement traînés au supplice. Cette loi atroce s'exécute toujours avec la plus grande rigueur.

La marine des Birmans est sans contredit la partie la plus respectable de leurs forces militaires. Elle se compose d'un grand nombre de chaloupes. L'empereur peut, en très-peu de temps, en rassembler cinq cents. Les plus grandes ont depuis 80 jusqu'à 100 pieds de long ; mais elles n'ont guère que 8 pieds de large. Elles contiennent depuis 50 jusqu'à 60 rameurs, qui font usage d'une courte rame sur un pivot.

Revenus, monnaies, poids et mesures. — On n'a pu, jusqu'à ce jour, se procurer des renseignemens assez exacts pour pouvoir apprécier les revenus de l'empire Birman. Tout ce qu'on sait de plus positif, c'est que le gouvernement a le droit de prélever en nature le dixième sur tous les produits du pays. Le dixième de toutes les marchandises étrangères qui entrent dans l'empire, appartient de droit à l'empereur. On en vend une partie, et le reste est distribué, comme il a été reçu, et devient le salaire des gens employés par la cour.

On ne se sert de l'argent du trésor impérial que dans des occasions extraordinaires et tout-à-fait indispensables. Le seul traitement qu'on alloue aux employés, consiste dans les émolumens de leurs places, ou dans la jouissance de certains droits qu'on leur permet de percevoir. Les princes du sang, les grands officiers de la couronne, les gouverneurs de province, reçoivent en apanage des provinces, des cités, des villages pour soutenir leur rang, et ils jouissent entièrement des revenus de ces biens.

Les Birmans, comme les Chinois, n'ont pas de monnaie frappée. L'argent et le plomb en lingots sont, chez eux, les signes représentatifs des valeurs. En conséquence, c'est le poids et la pureté du métal qui en font le prix, et les naturels sont très habiles à en faire l'estimation.

Provinces, villes et autres lieux remarquables. — ARACAN. — L'Aracan ou Yée-Kéin, car tel est le véritable nom de ce royaume, s'étend jusqu'au cap Négrais, lieu où commençait l'ancien empire du Pégu. Il est situé au sud-sud-est de la rivière de Naff, qui le sépare du territoire de la compagnie des Indes anglaises. Les îles de Chéduba et

de Ramrée, qui sont grandes et bien cultivées, forment, avec l'Aracan propre et le
Sandercy, les quatre provinces connues
sous le nom de royaume d'Aracan. Le sol de
ce pays est d'une grande fécondité ; l'air en
est très salubre, et le terrain agréablement
coupé par des lacs, des étangs et des rivières. Quoique heureusement situé, le commerce de l'Aracan n'a jamais été considérable. On y trouve des bois de toute espèce.
Une multitude innombrable de bestiaux,
couvre les campagnes et les collines, fertiles
en excellens pâturages. On y recueille en
quantité des fruits délicieux, tels que des
bananes, des citrons, des mangos, des oran-
ges, des cédrats d'une prodigieuse grosseur
et si pleins de suc, que d'un seul on en tire
souvent de quoi remplir un vase. Le *Batan*,
arbre qui est aussi commun dans l'Aracan
que dans le royaume de Siam, produit un
fruit nommé *Durion*, qui est de la grosseur
d'un melon, dont la chair est blanche et
d'un goût exquis. Comme les chevaux sont
rares dans ce pays, on emploie des éléphans,
des chameaux et des buffles pour tranporter
les fardeaux.

ARACAN, capitale du royaume de ce nom,
est située au milieu d'une enceinte de montagnes, et défendue par un fort. Les places
et les marchés de cette ville sont très spa-

cieux, mais les maisons en sont très basses. On y compte six cents pagodes. Ce qu'on voyait de plus remarquable, c'était le palais du roi, situé vers le milieu de la ville, avec son triple rang de murailles, et renfermant, suivant la tradition, des richesses inouïes.

AVA.— Les Européens ont donné généralement le nom d'Ava, qui est celui de l'ancienne capitale des Birmans, à tout le pays que les indigènes nomment *Miamma*. Au nord-ouest, la rivière de Kiu-Duem, sépare le royaume d'Ava de celui de Cassay; des montagnes et quelques petits états indépendans, le bornent au nord; il est limitrophe de la Chine et du royaume de Siam, au nord-est et à l'est. Enfin, ses limites ont subi tant de variations du côté du sud, qu'il est difficile de les indiquer avec précision.

Ummerapoura, bâtie par l'empereur régnant, qui y fait sa résidence, est la capitale actuelle de l'empire Birman. On s'est servi des débris de l'ancienne capitale pour construire la nouvelle. Cette ville est située au bord d'un lac, dans une péninsule de la province, à peu de distance de l'ancienne Ava. Elle est actuellement une des plus belles et des plus florissantes villes de lOrient; sa population s'est accrue d'une manière prodigieuse, et l'on y remarque une infinité d'édifices dont les ornemens intérieurs excitent

surtout l'admiration. Ummerapoura possède
une fort belle forteresse bâtie à la manière
asiatique. Ses rues sont en général larges,
régulières et bâties en brique, mais les maisons sont basses, construites en bois et cou-
vertes en tuiles. On voit dans plusieurs rues
des allées d'arbres, distantes de cinq à six
pieds des maisons, pour garantir les passans
de l'ardenr du soleil. Les sommets des toits,
dans toutes les rues, sont couverts d'une
quantité de pots de terre remplis d'eau, que
l'on brise au cas d'incendie.

Le palais de l'empereur à Ummerapoura,
étonne l'imagination par l'immensité de ses
bâtimens. Il est construit en brique, et précédé de plusieurs cours spacieuses. La dernière où se trouve le *lotou*, ou la grande
salle du conseil et d'audience, est soutenue
par soixante dix-sept colonnes, distribuées
en onze rangs de sept chacune, et à douze
pieds environ de distance les unes des autres.
Au fond de la salle, il y a une haute jalousie
dorée qui prend toute la largeur de l'édifice;
et au centre de cette jalousie est une porte
dorée, qui, lorsqu'elle est ouverte, découvre le trône. L'étendard impérial est blanc,
et les parasols sont de la même couleur et
richement dorés. Les princes de la famille
impériale ont aussi leurs palais, mais ils sont
moins richement décorés. Après le palais

impérial, le plus riche, le plus somptueux, est sans contredit celui, où le grand-prêtre de l'empire fait habituellement sa résidence.

AVA. Il n'existe plus aujourd'hui que des ruines de cette ancienne capitale de l'empire Birman.

Les villes les plus remarquables après *Ummerapoura* sont : Chagaing, qui fut aussi autrefois une résidence impériale; *Denoubieu*, célèbre par un beau temple, et par les nattes qu'on y fabrique; *Mehamon*, sur la rive occidentale de la rivière d'Ava, et environnée de palmiers; *Sembieu-Ghieun*, située sur la rivière orientale de l'Irrouaddy, importante par sa position, qui la rend l'entrepôt de toutes les marchandises du Bengale, que le royaume d'Ava reçoit par la voie d'Aracan, et qu'on embarque sur l'Irrouaddy; *Summeï-Kioum*, où l'on trouve une manufacture de salpêtre et de poudre à feu, la plus considérable de l'empire Birman; *Nioudoh*, héritière de tout le commerce qui se faisait autrefois à *Pagahm*; *Pagahm*, apanage d'un prince de la famille impériale; *Sillah-Mion*, florissante par ses anciennes manufactures de soieries, et quelques autres villes que nous nous abstiendrons de citer.

Le *Pégu* ou *Pégou*, devenu province de

l'empire Birman par les conquêtes d'Alompra.

Pégu. La capitale de cette province est
une nouvelle ville. Le nombre de ses habitans ne s'élève pas au-delà de 17,000, et
encore la majeure partie est-elle composée
de rhahaans, employés au service des temples ou des officiers du vice-roi. Les ruines
des fossés qui environnent la ville actuelle,
montrent encore ce que doit être l'ancienne,
sous le rapport de son importance comme
capitale. La nouvelle ville du Pégu occupe
la moitié environ de l'espace de l'ancienne;
les rues sont larges, pavées en briques; de
chaque côté se trouve un petit canal pour
l'écoulement des eaux. Les maisons sont
presque toutes construites en planches, sou-
tenues par des poteaux de bois, et dont la
hauteur varie suivant le rang du propriétaire. La brique est défendue pour les constructions particulières. Le gouvernement
craint que sous le prétexte de bâtir des
maisons, l'on élève des forteresses qui pourraient servir dans l'intérieur au cas de ré-
bellion. L'aspect architectural de Pégu est
nul par suite de cette disposition. Le palais
du vice-roi, le temple Schoë-Madore (dieu
d'or) est assez curieux sous le rapport de sa
bizarre architecture ; il forme une pyramide
de brique et de mortier sans vide ni ouver-

ture ; il repose sur une base octogone ; chaque face de l'octogone a 162 pieds de large ; à six pieds de hauteur règne un grand avancement sur lequel sont posées à égale distance 53 colonnes pyramidales de 27 pieds de haut sur 40 de circonférence ; au-dessus est un autre avancement qui porte un pareil rang de colonnes, et de même dimension. Tout l'ensemble de l'édifice est orné de moulures en forme de cercles ; on voit à la corniche d'autres ornemens bizarres qui approchent de la fleur de lis ; plus des sculptures en stuc imitant le feuillage des chapitaux corinthiens ; le tout est surmonté d'une aiguille et d'une girouette d'orée. Ce temple est élevé sur une double terrasse ; on y arrive par de grands escaliers en pierre ; autour du temple sont les habitations modestes des rahahaans, élevées de 4 à 5 pieds au-dessus du sol.

Rangoun. Une des villes les plus commerçantes et des plus riches de l'empire Birman ; elle compte 30,000 âmes de population. C'est le refuge ordinaire des débiteurs insolvables de l'Inde ; on y trouve des étrangers de toutes les nations, même européennes, bien accueillis par les Birmans, ils s'y livrent presque tous au commerce. La ville de Rangoun est fort bien pavée ; elle est très propre. Son aspect est riant, il y a plusieurs ponts en bois, et surtout elle possède une magnifique chaussée, sur laquelle les vaisseaux viennent décharger leurs marchandises. La rivière de Rangoun, son attérage en pente douce, la marée qui s'y élève jusqu'à 25 pieds, tout concourt à en faire un port sûr et favorable au commerce maritime. On cite la douane comme un beau bâtiment ; elle est bâtie en briques et couverte en tuiles.

Dalla, capitale de la province de ce nom, située sur la rive occidentale du Bockier, était jadis très florissante ; elle a été ruinée par les guerres qui ont troublé l'empire Birman.

Maindou, résidence du gouverneur de Dalla, située de l'autre côté de la rivière, vis-à-vis Rangoun ; elle se compose d'une seule et longue rue, à l'extrémité orientale de laquelle est une crique qui a jusqu'à 12 pieds de fond dans les hautes marées.

Histoire. Ce n'est que depuis que les Portugais, guidés par le génie aventureux de leur roi Emmanuel, ont osé doubler le cap de Bonne-Espérance, que le voile qui pesait sur ces contrées a pu être soulevé ; c'est donc d'après les historiens de cette nation que nous écrivons cet exposé, car jusqu'alors rien n'était connu sur les peuples qui habitaient au-delà du Gange, et ce n'est que du

milieu du seizième siècle que date cet
aperçu historique. A cette époque, le pays
situé entre le sud-est de la partie de l'Inde,
appartenant aujourd'hui aux Anglais, la province chinoise de Yunan et la mer orientale
était partagée en quatre grandes souve-
rainetés, sous les noms de Pégu, d'Arracan,
d'Ava et de Siam. Depuis long-temps les
Birmans étaient soumis aux Péguans; ce n'est
que depuis l'arrivée des Portugais, et aidés
par eux, qu'ils tentèrent de secouer le joug,
et qu'ils les réduisirent à leur tour. Les
Péguans restèrent soumis jusqu'en 1751, où
leur roi Dalla, appuyé par les européens qui
fréquentaient ses ports, battit les Péguans;
puis encouragé par le succès, il alla assiéger
Ava, s'en empara, fit prisonnier *Dionipdie*,
dernier roi d'une race birmane. Voulant
ensuite assurer la conquête, il exigea des
Birmans soumis, un serment de fidélité,
donna à son frère Apporaza le gouvernement d'Ava, le chargeant de soumettre les
mécontens. L'empire de Dalla eut après
cette conquête une apparence de solidité et
de calme, jusqu'à ce qu'un Birman, nommé
Alompra, et qui était chef d'un petit village
appelé Monchabou, à 12 milles de la rivière
d'Ava, entreprit d'affranchir son pays. Les
circonstances servirent son projet, autant
que l'orgueil du vainqueur et le méconten-

tement des vaincus, à l'aide d'un petit nombre d'amis sûrs , il attaque les cinquante soldats péguans qui gardaient Monchabou, les
égorge, puis écrit à Dalla, pour lui présenter
ce fait comme la suite d'une rixe de peu
d'importance. Ce dernier, sans défiance sur
l'influence et le caractère d'Alompra, envoie
un faible détachement pour remplacer ses
soldats morts à Monchabou, avec l'ordre de
tenir Alompra dans une étroite prison. C'est
alors que le caractère d'Alompra se développe ; il marche suivi des siens à la rencontre de ce faible corps, le taille en pièces,
puis se dirige sur Ava, gouvernée alors
par un neveu d'Apporaza, surprend la ville,
massacre la garnison ; le gouverneur s'é-
chappe avec un petit nombre des siens.
Alompra donne à un de ses fils le gouvernement d'Ava, et se charge de tenir la campagne. Dalla apprenant cet échec, équipa
une flotte, en donna le commandement à
son frère, et lui intima l'ordre de reprendre
Ava. Arrivé avec la flotte devant cette ville,
il éprouva une résistance inattendue. Ne
voulant pas se consumer dans les lenteurs
d'un siége et laissant Ava derrière lui, il
alla présenter la bataille à Alompra. Une
rencontre eut lieu , le combat fut des plus
acharnés ; la victoire était indécise, lorsque le bruit se répandit que le fils d'Alom-

pra venait à la tête de la garnison d'Ava tomber sur les derrières des Péguans, alors ce ne fut plus qu'une déroute complète ; les péguans furent taillés en pièces. Irrités d'un aussi honteux échec, Dalla fit massacrer tous les Birmans qui se trouvaient sous sa domination. Les Birmans usèrent de représailles. La guerre était loin d'être terminée. Dalla et Apporaza levèrent une nouvelle armée et se dirigèrent sur Prôme, Alompra équipa une flotte et fit voile contre les Péguans, il les battit d'abord par mer et ensuite par terre sous les murs de Prôme. Voulant profiter de sa victoire, Alompra s'empara de Lounzai, puis il envoya une ambassade à M. Brooke, résidant à Negrais, et chef de toutes les factoreries anglaises, pour l'engager dans son parti. Les Anglais embrassèrent sa cause, puis l'abandonnèrent ensuite, pour soutenir les Péguans. Alompra s'en vengea, en ordonnant le massacre de tous les colons anglais, après quoi il entra en campagne contre Dalla, et le 21 avril 1754, il remporta à Apporaza une victoire décisive, après laquelle Syriam tomba au pouvoir d'Alompra. Vainqueur sur tous les points, Alompra s'avança jusque sur les murs de Pégu ; Dalla réduit par famine entre en pour-parler. Alompra exige la main de la fille du roi pour gage de bonne foi ; elle lui est donnée, et

il l'épouse dans son camp ; au moment de
mettre le traité à exécution, Alompra élude
les conditions qu'il avait lui même proposées.
Les hostilités recommencent, mais accablés
par les privations, les Péguans se rendent
à discrétion. Pégu est mise au pillage, leur
roi fait prisonnier, Alompra s'empare du
trône, et soumet pour jamais le royaume de
Pégu ; après avoir dompté tous ses ennemis,
il règne paisiblement jusqu'en 1760, où
voulant aller châtier les Siamois qui avaient
suscité des troubles dans ses états, il mourut le 15 mai, à deux journées de Marta-
ban.

Nandogie-Praw, l'aîné des fils d'Alompra,
succède à son père ; son règne ne fut qu'une
suite de guerre et de troubles ; il mourut de
la même maladie que son père, laissant
pour successeur un fils en bas âge. A peine
eut-il fermé les yeux, que son frère Schem-
buan s'empara du trône, fit la guerre avec
succès aux Chinois et aux Siamois ; il désho-
nora son règne en faisant mourir le roi
de Pégu, prisonnier par la main du bourreau, pour se venger d'une sédition des
Péguans. Son fils, Chianguza, monta paisiblement sur le trône, il ne fut troublé par
aucune guerre ; prince voluptueux et effé-
miné, il fut détrôné, et assassiné par un de
ses officiers. Momien, monta sur le trône ;

cet usurpateur n'était qu'un instrument dont on s'était servi pour faire arriver au pouvoir Miderragée-Praw , quatrième fils d'Alompra. Momien régna onze jours, il fut déclaré incapable , et mis à mort en 1782, et Miderragée-Praw le remplaça et régnait encore sur le Birman en 1802. Celui-ci fit beaucoup pour l'empire Birman, le gouverna avec sagesse et consolida une autorité qui jusque là n'avait été que chancelante. DUMONT.

BISCUITS (de mer). Sorte de pain applati, de forme ronde ou carrée qui, préparé d'une certaine manière, conserve ses qualités nutritives plus de deux ans après sa fabrication ; principalement en usage dans la marine, ce qui fait que par rapport à l'arrimage on lui donne la forme ronde comme la plus convenable ; le poids de chaque biscuit est de six onces et forme la ration d'un matelot pour chaque repas. Vulgairement on croit que cette espèce de pain est appelée biscuit parce qu'il est cuit deux fois. Voici son mode de fabrication : pâte très forte, manutentionnée avec soin, parfaitement pétrie , puis decoupée et pesée, on lui donne la forme voulue après quoi on la laisse lever le temps nécessaire pour chauffer le four ; après la cuisson, on les places dans des *soutes* où communique la chaleur des fours, et destinées à cet usage ; là il reste six à sept semaines où il acquiert cette dureté qui le caractérise ; cette dernière opération s'appelle *ressuage*. Ce biscuit demande néanmoins à être tenu à l'abri de toute humidité sans quoi il ne se conserverait que difficilement. H. Bernard.

BISE, *bisa*, *aquilo*, *boreas*. Un des vents cardinaux, qui règne en hiver entre l'est et le nord : ce vent est très dangereux sur la Méditerranée ; il est vif et pénétrant. Il a une action terrible sur les plantes, en dessèche la sève, et gèle la vigne.

BISMUTH. Métal connu autrefois sous le nom *d'étain de glace*. Il est très fragile, d'une structure lamelleuse, d'un blanc jaunâtre et tournant légèrement au violet si on le laisse à l'air. Sa pesanteur spécifique est 9,822.

Le Bismuth est un des métaux les plus fusibles, il donne, en se refroidissant, des cristaux tubiques, groupés de manière à imiter les ornemens appelés *grecques*. Pour obtenir ces cristaux qui sont d'un très joli effet, il faut que le métal soit bien pur et surtout qu'il ne contienne pas d'arsenic ; on le fait fondre dans un creuset à une assez forte chaleur, et on le laisse refroidir ; lorsque la surface est figée et assez solide, on la crève avec un fer rouge, et on fait rouler par cette ouverture le métal qui est encore liquide au centre. En ouvrant la masse solide qui reste, on trouve les cristallisations.

Le Bismuth se dissout facilement dans l'acide nitrique, l'eau décompose cette dissolution et en précipite un oxide ou un sous-nitrate sous la forme de poudre blanche. Le précipité est *le blanc de fard* ou *magister de bismuth*.

Ce métal est assez rare dans la nature, il se trouve à l'état natif ou allié au soufre et quelquefois à l'état d'oxide en Saxe, en Bohême, en Suède, et en France dans la Bretagne et les Pyrénées. C'est principalement de Freyberg, en Saxe, qu'il nous vient.

Il paraît appartenir aux terrains primitifs et ne se trouve guère en filon principal; il accompagne plutôt les autres métaux, tels que le cobalt, l'arsenic, auxquels il est toujours plus ou moins mêlé, l'argent et le zinc sulfurés.

En raison de sa fusibilité, il est facile à extraire : on met des morceaux concassés du minerai qui le contient à l'état natif dans de grands creusets qu'on entoure de bois allumé, le metal fond et se sépare de la *gangue* en coulant au fond; s'il contient de l'arsenic, on l'en sépare en élevant la température assez pour volatiliser ce dernier.

Usages. Le Bismuth entre dans la composition de l'alliage fusible proposé pour prévenir l'explosion des machines à vapeur; il est employé par les soudeurs pour donner à l'étain plus de solidité et lui ôter sa blancheur. Les doreurs sur porcelaine mêlent son oxide à leur or dans la proportion d'un quinzième. Le *blanc de fard* ou sous nitrate de bismuth, obtenu comme nous l'avons dit plus haut, sert comme cosmétique et est un remède puissant contre beaucoup d'affections d'estomac, trop souvent confondues avec les gastrites.   L. V.

BISSEXTILE (Année). Callipe de Cysique et Aristarque de Samos avaient fixé l'année à 365 jours, et divisé les mois en conséquence, en mois de 30 et de 31 jours ; mais comme le soleil met pour revenir au même point de l'écliptique 365 jours, 5 heures, 49 minutes, il s'ensuivait que tous les trois ans, la quatrième année avait un jour de plus, à peu près (23 h. 16 m.) C'est d'après cette observation que l'an 46 avant J.C., Jules-César en qualité de souverain pontife, fit ajouter un jour de plus au mois de février tous les quatre ans ; ce jour était le 24 février que l'on comptait deux fois, et comme à la manière des latins, il était le sixième avant les calendes de mars, *sexto calendas*, en le comptant deux fois on disait, *bis sexto calendas*, d'où l'année en prit le nom de *bissextile*. Cette réforme prit le nom de *style Julien*. César avait calculé sur les 365 jours et six heures ; ce qui faisait bien un jour en quatre ans ; mais le soleil ne mettant pas tout-à-fait ce temps à faire sa révolution annuelle, puisqu'il la fait en 365 jours, 5 heures, 49 minutes, il s'ensuivait un excédant de 11 minutes par an, et 44 minutes en 4 ans. Grégoire XIII corrigea cette erreur, et de là date le style grégorien : il décida que tous les cent ans on retrancherait une année bissextile, excepté tous les quatrièmes siècles, où alors l'erreur n'est plus que d'une heure 20 minutes. Le jour complémentaire des années bissextiles est le 29 février.

LEFÈVRE.

BITUME. Cette substance, qui n'est que le résultat de la décomposition des matières végétales, se subdivise ainsi : *bitume solide* ou *asphalte*, dont l'aspect est le même que celui de la houille, dans les filons de laquelle on le rencontre quelquefois. Chauffé, il répand une odeur de poix ; sa combustion est accompagnée d'une flamme claire et vive, et d'une fumée noire et épaisse. — *Bitume glutineux* (vulgairement poix minérale) ou *pissaphalte ;* même caractère que le précédent. — *Bitume résinite* ou *résinasphalte*, parce qu'il ressemble à la résine. — *Bitume élastique* ou *caout-chouc minéral ;*

mou, sec, dur, sec ou flexible et mou. —
Bitume liquide prend le nom de *naphte*
quand il est d'une teinte d'un blanc jaunâtre, et celui d'*huile de pétrole*, lorsqu'il est
d'un brun noirâtre. Le bitume se rencontre
dans les terrains de seconde ou troisième
formation, principalement dans les contrées
volcaniques. Sa connaissance date des temps
les plus reculés ; les Egyptiens l'employaient
pour l'embaumement de leurs morts ; les
murs de Babylone, selon quelques historiens, étaient faits de briques de bitume.
Les Romains s'en servaient comme enduit
sur leurs statues, pour les préserver des
injures du temps. Aujourd'hui on ne tire
pas encore tout le parti que comporte cette
substance ; elle est employée par les peintres seuls comme siccatif, et il est démontré
qu'elle peut remplacer le goudron avec avantage ; la maçonnerie pourrait l'utiliser, soit
pour mastiquer les joints des conduits d'eau,
soit pour préserver les murs de l'humidité.
On pourrait en fabriquer des ardoises qui
seraient bien supérieures à celles ordinaires,
et d'une durée beaucoup plus longue.

-DAVID.

BIVOUAC, mot dont l'origine est hollandaise. On ne commença à l'employer qu'à
l'époque des siéges faits par Maurice de Nas-
sau. Les Français l'adoptèrent de suite,

mais il ne désignait qu'un service fait par une portion de l'armée assiégeante, une prise d'armes de nuit. Avec les guerres de la révolution disparut cet attirail immense de tentes et de bagages, qui encombraient la marche de l'armée. Le bivouac désigna dès-lors le campement passager, la nuit passée sans abri. Ce fut Hoche, qui à son arrivée à l'armée de la Moselle, supprima les tentes : dès-lors, la mesure fut suivie par tous les généraux. Cette méthode, commandée par une impérieuse nécessité, trouve encore des détracteurs ; on objecte le soin de conserver la vie du soldat, mais alors la France appauvrie par suite des dilapidations royales, entourée d'ennemis de toute part, ne pouvait soumettre aux chances d'une bataille, la perte d'un matériel qu'il lui était impossible de remplacer. Depuis, ce genre de campement a été régularisé, et le soldat est porteur en campagne de moyens d'atténuer les effets délétères du bivouac. *Voy.* CAMP.

Nap. RÉBAUT.

BLAIREAU. (*meles*, Storn) , mammifères appartenant à l'ordre des carnassiers. *Caractères.*—Une seule espèce bien connue, le blaireau d'Europe, appelé aussi *taisson*. Il a la taille d'un chien de proportion médiocre, jambes courtes, poils raz, longs et durs, nuancés dans leur longueur noir, blanc et roux, dont la différence de position et d'étendue, produit les diverses colorations des parties du corps ; ventre grisâtre, tête blanche en dessus, deux taches noires entre l'œil et l'extrémité du museau, oreilles noires, queue courte, une poche située sous la queue d'où se répand une odeur très fétide ; les ongles des pattes de devant très longs. Cet animal passe une partie de sa vie dans son terrier, dont la forme est tortueuse, qu'il a soin de tenir très propre ; ne sort que la nuit, afin de pourvoir à sa nourriture, ou au temps des amours, se réunir à sa femelle, vit de fruits et de viande. La femelle produit en été trois à quatre petits, les dépose dans son terrier ; dès qu'ils cessent de téter, elle pourvoit à leur nourriture avec assiduité. Le blaireau, pris jeune, peut s'apprivoiser : cet animal est peu commun ; cependant on en trouve en France, en Italie, en Angleterre et en Allemagne. Leur chair est peu recherchée, mais leur peau, comme fourrure, est assez estimée. Les poils de blaireau servent à faire les pinceaux connus, dans le commerce, sous le nom de brosses à barbe.

H. DE BEAUMONT.

BLANC (Technol). Le blanc le plus commun et le plus usité, est le blanc dit d'Espagne, qui n'est autre chose qu'une marne blanche très soluble dans l'eau, dont voici la fabrication. On la dépose dans des cuves d'eau, on la remue fortement; on la laisse un instant reposer, pour que les graviers et toutes les matières hétérogènes se précipitent au fond, puis on verse cette eau dans une autre cuve, où elle repose jusqu'à ce qu'elle devienne claire; alors on retire cette eau claire, ayant soin de ne pas troubler la couche blanche qu'elle a déposée au fond de la cuve, et qui est une pâte blanche et liquide; on laisse quelque temps l'humidité s'évaporer, jusqu'à ce que cette pâte ait pris assez de consistance, puis on la fabrique en pains que l'on met sécher à l'air libre. Cette fabrication, très simple, est assez commune dans les environs de Paris.

Blanc de craie. Même fabrication, et de même nature, seulement plus dur et plus compact : on s'en sert comme couleur; alors il prend le nom de *blanc de Troyes*. Cette craie se tire de Villeloup, à 4 lieues de Troyes. Le même blanc se trouve à Cavereau à 9 lieues d'Orléans, et prend le nom de *blanc d'Orléans*; on en tire aussi des environs de Rouen et de la Bourgogne. Toutes ces sortes de blancs ne peuvent être utilisées que pour peindre à la colle ou en détrempe.

Blanc de céruse, ou blanc de plomb, oxide

ou carbonate de plomb, dont voici la fabrication. On enferme entre des lames de plomb roulées en spirales de la chaux, du vinaigre, du marc de raisin ou toute autre matière propre à produire du gaz acide carbonique; on met ces lames de plomb, ainsi roulées, dans des vases que l'on entoure de fumier; après un mois, où ils subissent ainsi 30 à 35 degrés de chaleur, on retire les vases, on déroule les spirales de plomb, et on enlève les croûtes de blanc dont ils sont couverts. On choisit les parcelles qui se détachent en écailles qu'on appelle *blanc d'écailles* ou *blanc d'argent*. Ce blanc est employé comme fard lorsqu'il est broyé et purifié avec soin, on le mêle à l'amidon ou l'eau d'orge pour lui communiquer un glutineux qui le fasse mieux tenir sur le visage, et en même temps atténuer son effet caustique sur la peau; le blanc de Krems est un blanc dont la fabrication est la même que le blanc de céruse, seulement il est purifié avec un soin tout particulier. La céruse est employée dans la peinture à l'huile; les fabricans y mêlent quelquefois du blanc de craie, mais un œil exercé découvre bien vite cette fraude. Le blanc de céruse se fabrique en Hollande; en France, on a essayé cette fabrication : elle a réussi surtout à Clichi, où l'établissement de ce genre que dirige M. Rouard, donne des produits d'un blanc supérieur à celui de la Hollande, mais dont le grain, plus maigre, ne rend pas autant ; car il nécessite trois couches pour masquer tout-à-fait la couleur du bois, et deux suffisent avec la céruse hollandaise. Le procédé employé à Clichi, est plus prompt que le procédé hollandais, il consiste à produire une dissolution sursaturée de protoxide de plomb, que l'on obtient en agitant à froid du vinaigre et de la litharge, et à faire passer dans cette dissolution concentrée au degré convenable, un courant de gaz acide carbonique, qui se combine avec l'oxide de plomb dissous : le précipité est le blanc de céruse lavé, que l'on fait sécher, pour ensuite être livré au commerce. L'inconvénient de cette fabrication, est de causer aux ouvriers des coliques graves, appelées coliques des peintres ; jusqu'à ce jour, la science a été impuissante pour les prévenir.

BLANC DE BISMUTH, ou *blanc de perles*, blanc métallique d'un usage abandonné, en raison du danger qu'offrait la présence de l'arsenic dans sa composition.

Blanc des doreurs sur bois, plâtre broyé, tamisé et mis en pains.

Blanc de baleine, substance qui se trouve dans le cerveau des cétacés, et particulièrement chez les cachalots et les baleines.

Cette substance est d'une fusion facile, et assez constituante, d'un blanc très pur; on en fait des bougies d'une élégante transparence; elles ont la propriété de ne pas occasioner de brûlure, s'il en tombe en fusion sur les mains, et de s'enlever facilement de dessus les vêtemens, sans y laisser la moindre trace.

Blanc d'œuf. — Cette partie glutineuse de l'œuf, qui sert à nourrir le fœtus des ovipares, est composée d'albumine, de chaux et de soufre; c'est la présence de cette dernière substance qui imprime à l'argenterie une teinte noire (que l'on fait disparaître de suite avec du blanc d'Espagne mouillé). Les relieurs se servent de blanc d'œuf; ils en humectent, avec une éponge, les parties sur lesquelles ils veulent appliquer l'or. Les peintres pour sécher un tableau à fond, avant de le vernir, se servent de blanc d'œuf : il est employé pour clarifier les vins, les sucres. Le blanc d'œuf mérite surtout d'être mentionné comme le meilleur remède dans les empoisonnemens par l'oxide de cuivre (vert de gris).

Blanc, était le nom d'une menue monnaie dont la valeur était de cinq deniers, ce qui explique l'expression encore usitée dans les marchés de Paris, de *six blancs*, pour désigner deux sous et demi.

Blanc, marque ou point fait en blanc pour s'exercer au tir ; d'où ce mot est devenu synonime de cible.   H. Bernard.

BLANCHISSEUR (technol.) Blanchir la toile est l'art de lui ôter cette matière colorante, inhérente à la nature du fil. (*Voyez* Toiles.) Blanchir le linge est le dépouiller des substances grasses qui le salissent momentanément. L'art du blanchisseur, dans ce cas, se compose de trois opérations, *le lessivage*, *le lavage* et *le battage* Le lessivage a pour but de dissoudre les corps gras contenus dans le linge, en les saponifiant par les alcalis ; on procède à cette opération première après avoir ce qu'on appelle *échangé* le linge, c'est-à-dire après avoir essayé d'enlever à l'eau seule tout ce qu'il est possible de faire disparaître sans le secours des alcalis, ce qui a l'avantage de salir d'autant moins la lessive ; le linge est *entassé* par couches et par pièces dans un cuvier proportionné, jusqu'à quatre ou cinq pouces de l'ouverture ; le tout est recouvert d'une pièce de toile nommée *cendrier*, sur laquelle on étend de la cendre ; une chaudière, qui contient de l'eau et une certaine quantité de cendre, est placée près du cuveau, et on la chauffe jusqu'à l'ébullition, puis on la verse sur les cendres du cuvier ; les sels solubles des cendres particulière-

ment le sous-carbonate de potasse entraîné
par le liquide, s'infiltre à travers les diverses couches du linge, arrive au fond du cuvier, où est pratiquée une ouverture dans
laquelle est placée un bouchon de paille
longue de huit pouces, et assez espacée
pour donner passage au liquide qui tombe
dans un seau, pour de là être remis dans la
chaudière, et versée encore sur le cendrier :
cette opération doit se renouveler ainsi pendant douze heures. Au sortir du cuvier, le
linge est savonné à l'eau claire, battu, puis
rincé. Lorsqu'il est blanc et bien décrassé,
on le passe dans une eau légèrement colo-
rée d'une dissolution de sulfate d'indigo, ce
qui lui donne une teinte azurée qui pousse
au blanc ; de là on le fait sécher à l'air libre
ou au séchoir ; puis enfin on le repasse ou
on le calendre : cette dernière opération
doit se faire un peu avant que le linge soit
parfaitement sec.

Cette manière de couler la lessive est longue et fatigante ; il est un moyen plus simple
et que ne comprennent pas encore la majeure partie des blanchisseurs, bien qu'il
leur économiserait douze heures de main-
d'œuvre : il consiste à mettre le cuvier et
la chaudière de niveau, les faire communiquer, haut et bas, par des tuyaux ; puis on
verse de la lessive dans la chaudière, jusqu'à

ce qu'il soit de niveau dans les deux vases, on fait en sorte qu'il arrive un peu au-dessous du tuyau supérieur de communication de la chaudière avec le cuvier, on chauffe la chaudière, le liquide se dilate, la partie la plus chaude, par conséquent la plus légère, vient à la surface, se répand par le tuyau sur le linge ; la hauteur du liquide dans le cuvier augmente. Comme ce liquide tend à reprendre son niveau, la même quantité de lessive froide sort du cuvier par le tuyau inférieur de communication pour entrer dans la chaudière, ce qui produit un courant continu. On ajoute seulement de temps à autre la quantité d'eau nécessaire pour remplacer les pertes qu'occasionne l'évaporation. Nous ferons remarquer en passant que les cendres étant très chères, on leur a substitué la potasse, et même aujourd'hui on emploie le plus souvent la soude artificielle, ce qui ne nuit en rien au linge. L'opération la plus funeste est le battage, qui déchire et use rapidement. Les Anglais se servent d'un appareil moins destructif que notre battoir : ce sont deux cylindres de bois, l'un est évidé dans sa longueur, de manière à former cinq rainures circulaires, dans lesquelles l'autre, qui est tout uni, s'emboîte de la profondeur de trois à quatre pouces. Le cylindre évidé est supporté par deux montans ; il est mû par une manivelle adaptée à son axe ; l'autre, qui est plein, et qui est destiné seulement à faire pression, repose sur les montans au moyen de tourillons ; ces tourillons sont contenus dans des échancrures pratiquées à l'extrémité de chaque montant, de sorte que chacune de ces échancrures contient 1° la manivelle qui met le cylindre évidé en mouvement, plus le tourillon ou prolongement de l'axe du cylindre plein ; elle est assez profonde pour que dans le mouvement de rotation les tourillons du cylindre qui fait pression et qui s'élève et s'abaisse, ne puissent pas en sortir. Maintenant on conçoit comment cet appareil fonctionne ; les deux cylindres sont superposés, en tournant la manivelle, celui de dessous balotte celui de dessus, de ses faces saillantes dans ses faces rentrantes ; entr'eux passe les pièces de linge que l'on a joint bout à bout en les faufilant ensemble ; au-dessous des cylindres et entre les montans passe le courant d'eau dans lequel trempe le linge. Quand la dernière pièce arrive près du cylindre, on tourne la manivelle en sens inverse. Ce système de battage uniforme économise le linge au moins du double, et épargne la main-d'œuvre de moitié.

BLANCHISSAGE A LA VAPEUR. Ce mode, pratiqué par les orientaux , a été chez nous indiqué par Chaptal ; il consiste à avoir un cuvier percé d'une ouverture dans le fond , pour y faire passer la vapeur. Le linge est disposé par couches espacées de manière à laisser la vapeur y circuler facilement ; l'orifice supérieur est muni d'un couvercle percé de petits trous pour laisser la vapeur se perdre peu à peu. Au bout d'une heure la lessive est faite. Ce procédé est surtout avantageux pour détruire les miasmes pestilentiels que pourrait contenir le linge ; il est à désirer qu'il soit adopté pour le service des hôpitaux.   H. BERNARD.

BLASON. C'est la science des armoiries. Quelques étymologistes font dériver *blason* du mot allemand *blasen*, qui signifie *sonner du cor*. Voici sur quoi cette opinion est basée. Autrefois, lorsqu'un chevalier voulait prendre part à un tournoi, son écuyer, avant de franchir la barrière du champ clos, annonçait au son du cor l'arrivée du preux. A cet appel, les hérauts s'empressaient d'aller reconnaître ses armes , puis attirant l'attention des spectateurs par une fanfare de trompette, proclamaient le nom et le surnom , ainsi que les exploits du chevalier. Celui qui deux fois avait porté la lance dans un tournoi était réputé suffisamment blasonné.

La science des armoiries, d'abord confuse et mal déterminée, fut plus tard réduite en une espèce de code dont l'étude fut long-temps la base principale de l'éducation de la noblesse. C'est l'ensemble des principes déposés dans ce code qui constitue l'art héraldique.

Aujourd'hui que la noblesse de race à rejoint la chevalerie dans le domaine des antiquaires ; aujourd'hui que chacun peut impunément affubler son nom du titre de comte ou de marquis, on peut considérer l'art héraldique comme parfaitement mort et oublié, ou plutôt comme une de ces reliques du moyen-âge, qui n'attirent plus notre attention qu'à titre de curiosités. Nous croyons donc inutile de faire ici un traité des armoiries. Une définition et l'étymologie du mot blason, telles que nous venons de les donner, voilà tout ce qui convient à une Encyclopédie *des connaissances utiles.*

Au surplus, nous pouvons indiquer à ceux de nos lecteurs qui voudraient en savoir davantage sur cet art, l'ouvrage intitulé *Mémoires pour servir de preuves à l'histoire de Bretagne* par Dom Morice, ainsi que la grande collection de Fontanieu qui se trouve à la bibliothèque du roi.   F. L.

BLÉ ou FROMENT, *triticum* de la famille des graminées. Cette céréale, une des plus précieuses, est pour l'homme d'une importance immense puisqu'elle forme aujourd'hui la base de la nourriture des peuples civilisés, excepté pour ceux dont le climat n'en permet pas la culture et encore tâchent-ils de se le procurer par la voie du commerce.

Caracteres généraux, épilets solitaires sur chaque dent de l'épi et opposés à cet axe, glume à deux valves, renfermant plusieurs fleurs, glumelle ou balle à deux valves, le fruit, appelé vulgairement grain de blé en botanique, se nomme *cariopse.* Cette céréale si précieuse est encore admise avec succès dans les grands carrés des jardins spacieux pour en obtenir les récoltes. Elle a nombre de variétés locales, dont la plupart rentrent, après deux ou trois années, dans celles des pays où elles ont été transportées. On distingue cependant les blés de mars ou de printemps, et les blés d'automne, que l'on sème avant l'hiver. Savoir :

Froment ou blé de mars. Barbes faibles, ballaoles un peu serrées, excellente qualité. Variétés : *blé de Pologne; blé de Crète* ou *d'été,* sans barbes ; *blé du Bengale,* à barbes noires ; *blé du Cap,* barbes, graines blanches qui deviennent jaunes les années suivantes, mais bien farineuses ; *blé de mars.*

sans barbes, très précieux ; *blé de Sicile*, sans barbes, épis courts et carrés, plus hâtif et plus haut que les précédens ; le blé barbes de Sicile ou *trimenia* est encore plus précoce ; le *Blé de Mirade*, à épi rameux et barbes, quoiqu'il dégénère en épi simple, est aussi très bon.

On sème tous ces blés de mars en avril, par plate-bandes de 6 pieds de largeur, espacées d'un pied entre elles. Cette culture est d'autant plus profitable dans les grands carrés, qu'elle peut succéder à des choux récoltés en février et mars, etc., et qu'elle occupe utilement un terrain avec l'économie des frais de culture plus dispendieux et souvent moins profitables.

Froment d'hiver, *triticum hibernum*, sans barbes, grains lourds et très farineux; *blé rouge d'Egypte*, barbes longues, pailles pleines ; épis très beaux, grenus, bonne qualité; *blé Lamas*, précieux, considéré comme très précoce, quoique depuis 1815 qu'il a été envoyé au Jardin des Plantes, il n'ait pas mûri plutôt que le *blé d'hiver*, auquel il ressemble beaucoup ; *blé de Philadelphie*, très bon, il est barbu, l'épi est long, mais peu serré ; *blé de Talavera*, très estimé en Angleterre, et recherché depuis peu en France.

Froment épeautre, *triticum sperta*; on

distingue la grande épautre et la petite. Ces deux variétés se sèment également bien au printemps, viennent dans de très mauvais terrains, sont très rustiques, donnent la meilleure farine, surtout dans les terres sablonneuses, mais le grain est difficile à extraire de sa balle.

Sᴀʀʀᴀsɪɴ ou ʙʟé ɴoɪʀ; *polygonum*. Ce blé que l'on sème en juin à la volée, et qui vient bien dans les terrains pauvres, mais mieux dans les autres, est d'une grande ressource pour les malheureux des contrées ingrates; il présente aussi de grands avantages ailleurs par une abondante récolte succédant en octobre à celle qui se termine en juin. Les hommes, les chevaux, les volailles, etc., tirent partie des ses graines, etc., et, semé fin de juillet, au commencement d'août, pour le retourner à la fleur, c'est encore un engrais excellent. Enfin, fauché alors, il donne un des meilleurs fourrages.

. L'origine du blé se perd dans la nuit des temps, les Egyptiens, les Grecs, les Romains, le cultivaient en grand, les Chinois, dont la civilisation est aussi ancienne que la tradition elle-même, si on peut s'exprimer ainsi, font remonter l'invention de cette culture à Chin-nong, le second des neuf empereurs qui précédèrent les dinasties.

Blé de Turquie, *voy*. Maïs.

Blé de vache, *voy*. Mélampire.

V. Pirolle.

BLENNORRHAGIE ou blennorrhée. (*Voy*. syphilis.)

BLAISOIS. Petit pays, dépendant autrefois de l'ancien Orléanais; il forme aujourd'hui une bonne partie du département de Loir-et-Cher. Blois en était la capitale ; Chambord, Mer, et Romorantin les villes principales. (*Voy*. Orléanais.)

BLESSURE (Méd. chirurg. accouch.) De *plesseis*, frapper. *Læsio*, *vulnus*, *plaga* des Latins. Toutes les fois qu'une violence extérieure amène un désordre local, on dit qu'il y a *blessure*. Celle-ci existe donc dans certain cas, sans que les parties frappées soient divisées. Ainsi les contusions, les luxations, les fractures, les hernies peuvent être des *blessures* ; l'on sait que, lorsqu'elles sont simples, les parties molles ne sont pas mises à nud. Lorsqu'il y a au contraire solution de continuité, la blessure prend le mot de *plaie*. La *plaie* n'est donc qu'une blessure compliquée, produite par une cause externe qui a agi en partageant et en écartant les parties sur lesquelles a porté son action, et assez généralement accompagnée à l'instant même, d'une hémorrhagie plus ou moins abondante. Nous ferons l'histoire de chaque espèce de blessure , en suivant l'ordre alphabétique où elles se présenteront.

Lorsqu'un accident fait craindre , ou produit la mort du fœtus pendant la grossesse, on dit que la mère s'est *blessée*. Vulgairement aussi l'on appelle *blessure* les *pertes de sang*, qui surviennent pendant la grossesse. . H. C., doct. méd.

BLEU (Physique). L'une des sept couleurs primitives. (*Voy*. Couleur.)

BLEU (Chimie et Technologie). Nom donné à diverses substances à cause de leur couleur. Voici les principales.

Bleu anglais, appelé aussi *bleu d'azur* ou *d'empois*. Il se fabrique avec le minerai de cobalt qui est un sulfure, on le grille pour volatiliser le soufre et oxider le métal; puis, après l'avoir pulvérisé et tamisé, on le mêle avec deux ou trois parties de quartz ou de sable ; c'est en vitrifiant ce mélange avec de la potasse que s'obtient le verre d'azur.

L'opération se fait dans de grands creusets; on a soin de remuer de temps en temps avec des crochets de fer pour que le mélange soit fait le plus exactement possible : il faut huit ou dix heures d'une très forte chaleur pour que la matière soit bien vitrifiée. Lorsqu'elle l'est, deux ouvriers puisent ce verre dans les creusets au moyen de cuillères, et le jettent dans l'eau qu'on renouvelle pour qu'elle soit toujours froide. En y tombant, le verre d'azur *s'étonne*, ce qui le rend plus facile à broyer. Le broiement s'opère à sec au moyen des pilons; la poudre qui en résulte est tamisée à travers un crible de fer, délayée avec de l'eau et portée sous les meules d'un moulin. Lorsque la matière est ainsi suffisamment divisée, on l'étend d'une grande quantité d'eau qu'on agite vivement : au moment où l'on cesse d'agiter, la poussière d'azur la plus grossière tombe au fond, et la plus fine reste en suspension dans le liquide, et elle y reste d'autant plus long-temps qu'elle a un plus grand degré de finesse. En soutirant cette eau plus ou moins long-temps après avoir cessé d'agiter, on a un azur plus ou moins fin. C'est par ce procédé ingénieux qu'on parvient à le diviser en plusieurs qualités connues sous le nom de premier, second et troisième *feu*, selon le degré de finesse.

L'azur est ensuite séché, puis tamisé à un tamis de soie, et mis en barils pour être livré au commerce.

Le plus grossier sert à colorer les verres et les émaux pour la faïence; le plus fin est destiné aux peintres, aux blanchisseuses ou apprêteurs de linge, et aux fabricans de papier.

Bleu de cobalt ou de *thénard*. Pour le préparer on verse dans une dissolution bien pure de nitrate de cobalt une dissolution de phosphate de soude ; il se forme immédiatement un précipité violet qui est du sous-phosphate de cobalt. Après avoir recueilli ce précipité sur un filtre, et l'avoir mêlé bien exactement avec huit fois son poids d'alumine en gelée, on fait sécher ce mélange et on le calcine ensuite dans son creuset de terre ; une demi-heure de chaleur rouge-cerise suffit ; en retirant le creuset, il s'y trouve la belle couleur bleue qu'on voulait obtenir. Le bleu de cobalt peut remplacer l'outre-mer.

Bleu d'indigo. Voy. INDIGO.

Bleu de montagne. V. CENDRES BLEUES.

Bleu d'outremer. Très belle couleur qu'on tire d'une pierre connue sous le nom de *la zulite d'outremer*; elle nous vient de Chine et de Perse. Le véritable outremer est extrêmement rare et très recherché par les peintres à cause de la vivacité de son ton et de son extrême solidité. Il se vend de 100 à 150 fr. l'once ; ce prix exorbitant est généralement un obstacle à ce que les artistes puissent l'employer.

Bleu de Prusse. Cette couleur, dont nous faisons maintenant une si grande consommation, ne fut découverte qu'en 1704 par

Diesbach, fabricant de couleurs à Berlin. Son procédé ne fut découvert que vingt ans plus tard.

Le bleu de Prusse est d'une nuance très foncée ; il est insoluble, sans odeur ni saveur ; il subit une chaleur de 150 degrés sans se décomposer ; mais à une température plus élevée il se décompose, laissant pour résidu du carbure de fer. Le bleu de Prusse desséché prend feu à l'approche d'un corps enflammé. L'eau ni l'alcool ne le dissolvent, mais lorsqu'il est en suspension dans un liquide, les dissolutions bouillantes de potasse ou de soude le décomposent, et par conséquent le décolorent. L'acide sulfurique le rend aussi parfaitement incolore ; mais pour faire reparaître sa couleur, il suffit d'ajouter de l'eau.

Préparation. On se procure du bleu de Prusse bien pur en versant une dissolution d'hydro-ferro-cyanate de potasse dans la dissolution d'un peroxide de fer. Il se forme immédiatement et se précipite sous la forme de flocons qu'on recueille sur un filtre. Dans les fabriques on procède d'une autre façon : on fait un mélange de parties égales de potasse du commerce et d'une matière animale, qui de préférence doit être du sang desséché. Ce mélange est calciné jusqu'à ce qu'il devienne pâteux ; il est alors jeté dans

15 fois son poids d'eau, battu avec elle ; cette eau est ensuite filtrée sur une toile, et on y verse en agitant une eau qui contient en dissolution deux parties d'alun sur une partie de sulfate de fer du commerce. Il se forme un précipité abondant d'un brun noirâtre ; ce précipité est lavé à grande eau, et par ce moyen devient successivement de noirâtre, verdâtre, puis bleuâtre ; enfin, la teinte bleue se prononce de plus en plus et devient très intense. Ce n'est qu'après 25 jours de lavage que l'opération est terminée. On fait alors égoutter le produit, on le divise, on le sèche, après quoi il est livré au commerce.

Le bleu de Prusse est extrêmement employé ; il s'en consomme beaucoup pour les papiers peints, pour les bâtimens, les toiles, etc., etc.

Dans les laboratoires de chimie et les pharmacies, on s'en sert pour préparer l'acide prussique et les cyanures.

Bleu Raimond. Voy. TEINTURE.

Bleu de tournesol. Voy. TOURNESOL.

L. VARENNES.

BLEUET. (*Cyanus.*) Syngénésie polygamie de Linnée, cyranocéphales de Juss. Cette plante annuelle, d'un beau bleu d'azur, pousse dans les blés, se sème d'elle-même ; elle est d'autant plus nuisible qu'en grande quantité elle étouffe le blé, ou ne prospère qu'au détriment de ce dernier; le moyen de la détruire, est, après une récolte de céréales, d'alterner la culture par de la luzerne qui étouffe le bleuet à son tour. Cette plante n'a aucune propriété médicinale ; cultivée comme agrément elle est d'un assez bel effet dans les jardins.   P.

BLINDAGE. Assemblage horizontal de bois de charpente ou de troncs d'arbres, recouverts de terre et de gazons, que l'on place sur une batterie pour la mettre à l'abri de la bombe ; on blinde aussi sur les flancs pour préserver du tir à ricochet; alors le blindage se compose de pièces de bois placées verticalement et serrées en forme de palissade.

BLOCUS. Occupation des avenues d'une place forte : 1° pour empêcher les secours en troupes et en vivres d'y entrer, et la prendre par famine ; 2° pour s'opposer à ce que la garnison de la place en sorte et tombe sur les derrières de l'armée qui l'aura dépassée.

On voit d'après cette double définition qu'un blocus, opération inerte et presque défensive diffère essentiellement d'un siége qui consiste à attaquer de vive force les retranchemens qui couvrent l'ennemi.

Les campagnes de Napoléon, général et

empereur, offrent peu d'exemples de la première espèce de blocus. Cependant nous le voyons en 1796 abandonner, à l'arrivée de Wurmser, son artillerie devant Mantoue qu'il assiégeait, et revenu après la bataille de Castiglione devant cette place, se contenter de la tenir étroitement bloquée et la prendre six mois plus tard.

Créateur d'un nouveau mode d'invasion, Napoléon négligeait les places fortes sur son passage, y laissait à peine quelques troupes, courait avec le gros de son armée sur les capitales et s'emparait d'un rayaume en quinze jours. Les alliés en 1814 et 1815 profitèrent de ses leçons.

Un général, en faisant le blocus d'une place veut-il l'affamer, il lui faut assez de troupes pour occuper chacun des points importans, résister aux efforts que fera l'ennemi pour l'en chasser et empêcher ainsi toute communication à l'extérieur. La garnison d'une place ne peut employer aux sorties que le quart de ses forces, il faut donc que le corps consacré au blocus soit assez considérable pour que chacun des points occupés le soit par un détachement au moins égal au quart de la garnison.

Le blocus n'a-t-il pour objet que de s'opposer à ce que les garnisons d'une ou de plusieurs places se réunissent pour nuire aux mouvemens d'une armée qui passe entre elles, peu de troupes sont nécessaires ; il suffit qu'elles ne soient pas assez divisées pour ne pas pouvoir se réunir à une ou deux lieues de la forteresse et arrêter les sorties. On voit que dans ce cas il suffit que la totalité des forces formant le blocus, s'élève un peu au-dessus du quart de la garnison.

On fait aussi le blocus d'un port pour empêcher l'entrée ou la sortie de bâtimens, de vaisseaux ennemis. Après le fameux décret impérial de Berlin (21 novembre 1806), qui déclarait les îles britanniques en état de blocus, l'Angleterre fit la même déclaration à l'égard des ports de France devant lesquels elle n'avait pas même de navires stationnaires. Napoléon, voulant à tout prix ruiner le commerce de notre éternel ennemi, préludait par son décret de Berlin au système continental, projet colossal, gigantésque, bien digne de cet homme extraordinaire. (*Voy*. SYSTEME CONTINENTAL).

BORMANS.

BLOCKHAUS, de l'allemand *haus*, maison et block, bloc tronc d'arbre ; il désigne une redoute, un fortin avancé, fait en bois, percé de meurtrières, et dont l'issue communique à un ouvrage de fortification permanente, par un passage souterrain. Le blockhaus, fut recouvert d'un blindage, aujourd'hui il est fait à ciel ouvert et entouré d'un fossé. En 1807, le siége d'un blockhaus à Dantzig coûta à l'ennemi des pertes considérables. Dans la guerre d'Afrique on se servit de blockhaus avec avantage. A la prise de Bougie nos soldats montèrent sous le feu de l'ennemi des blockhaus, dont la charpente avait été préparée d'avance.

N. Rébaut.

BLUTERIE. BLUTOIR. La bluterie est un appendice à l'établissement d'un meunier ; c'est une chambre ou bien le moulin lui-même où se trouve un blutoir, appareil dont le mécanisme, quoique très simple, est de la plus grande utilité. C'est un cylindre incliné, qui se meut, au moyen d'une manivelle, dans un coffre hermétiquement fermé, et divisé en autant de cases que l'on veut obtenir d'espèces de farine ; ce cylindre est couvert d'une étamine dont la finesse va en diminuant de haut en bas, suivant des intervalles déterminés, le plus ordinairement de cette manière. Le premier, tiers de la longueur est garni d'une étamine très fine, qui ne laisse passer que la fleur de la farine ; le second tiers, l'étamine est moins serrée, ce qui donne la seconde qualité ; le dernier tiers, c'est un canevas très clair qui ne donne que les recoupes ; le son tombe au bout du cylindre. Les Anglais ont substitué à l'étamine une toile métallique, ce qui produit une farine beaucoup plus régulière ; ensuite, comme les mailles sont sujettes à se boucher dans leur appareil, le cylindre est fixe ; seulement une brosse roide et fixée sur l'axe se meut dans le cylindre, projette la farine contre les divers compartimens formés par la différence de finesse des tissus, et l'aide à passer au travers. La vitesse de rotation pour un blutoir est de vingt-cinq tours par minute.

H. Bernard.

BOA, nom que donnaient les anciens Romains à certains gros serpens d'Italie ; selon Pline, ils étaient ainsi appelés parce qu'ils venaient sucer le pis des vaches. Cette opinion erronée, et reconnue fausse, est cependant encore accréditée pour certains reptiles, parmi les habitans de la campagne. Sous la dénomination de boas, on comprend aujourd'hui tous les grands serpens qui n'ont ni éperons ni sonnette à la queue, ni crochets venimeux. Leurs caractères distinctifs sont : mâchoires fortement dilatables ; tête recouverte d'écailles, le plus souvent sur le derrière ; occiput renflé ; langue extensible et fourchue ; un crochet de chaque côté de l'anus ; corps gros et comprimé, renflé dans son milieu ; bandes écailleuses transversales sous le ventre et la queue ; queue flexible ;

habitent les lieux marécageux, et les parties chaudes de l'Amérique. Trois espèces sont bien connues.

Boa constrictor, (Linn. ou Devin). Ce dernier nom lui vient de ce qu'il a été confondu avec un autre reptile, dont les nègres de Juida font leurs fétiches : tête en forme de cœur ; lèvre supérieure bordée d'écailles rangées en dentelures : son signe particulier est une large raie, qui règne sur toute la longueur du dos ; elle est formée alternativement de taches noirâtres tantôt foncées, tantôt pâles, échancrées, irrégulières et héxagonales. Le corps du boa constrictor est varié de gris, de noir, de roux et de blanc.

Boa scytale ou boa murino, (Linn.) ou Lanacondo. Brun, une double chaîne de taches rondes et noires le long du dos ; taches brunes, mouchetées blanc, sur les côtes.

Boa cenchris (Linn, ou Laboma). Couleur fauve, chaines d'anneaux bruns sur le dos ; taches grises et brunâtres sur les côtés.

Quoique les boas soient dépourvus de venin, ils n'en sont pas moins très dangereux, par leur extrème agilité, leur force et leur longueur, qui atteint quelquefois jusqu'à quarante pieds. Ils poursuivent leur proie, et, le plus souvent, l'épient en se cachant dans les hautes herbes ; des voyageurs prétendent qu'ils se tiennent même suspendus aux branches d'arbres, se jettent sur les animaux à leur passage, les enlacent, les brisent dans leurs replis, les enduisent de leur salive, puis les introduisent dans leur gosier qui se dilate au point de leur permettre d'avaler un bœuf, dont les membres ont été brisés et broyés par la contraction de leurs anneaux.

Chez le boa, la déglutition et la digestion sont deux opérations longues et laborieuses; la proie qu'il introduit dans sa gueule, horriblement dilatée, n'arrive que petit à petit dans son estomac; c'est là le moment que l'on prend pour l'attaquer, et il est, en effet, le plus favorable. Cette proie à moitié introduite, ne peut plus sortir; retenue par les dents recourbées, il faut absolument qu'elle suive la direction de l'estomac; retenu par ce poids extérieur, le boa ne peut plus fuir, ni faire usage, pour sa défense, de cette agilité remarquable dont l'a pourvu la nature. Lorsque la proie est entrée entièrement dans l'estomac, le boa se retire dans un lieu solitaire, y reste plongé dans une immobilité absolue; là il achève sa digestion. Cette lenteur à digérer chez un animal aussi redoutable, est un bienfait de la nature; car, le plus souvent, la putréfaction s'empare de ses alimens pendant l'intervalle de la déglutition, et l'odeur fétide qui se répand autour

du boa, qui a consulté avant tout sa voracité, signale sa présence aux habitans du
pays, qui en évitent le danger, ou en profitent pour détruire un ennemi redoutable.

H. DE BEAUMONT.

BOA, sorte de fourrure, en forme de serpent, que les femmes portent autour du cou.
Le boa le plus estimé, est celui fait avec la
martre.

BOCAL. (*Lagena vitrea.*) Vase en verre
cylindrique; ouverture large, avec cou très
court, ou sans cou, alors terminé par un rebord courbé. Il sert à confire des fruits
dans l'eau de vie, ou à conserver des
matières animales dans l'esprit de vin. Le
bocal électrique est un vase de même forme,
garni intérieurement et extérieurement
jusqu'à un pouce du bord, de feuilles d'étain; dans les expériences d'électricité, il
remplace le *caveau magique.* (V. ce mot).
Certains ouvriers appellent bocal, un globe
en verre, rempli d'eau, monté sur un pied,
ou suspendu devant une lumière, pour en
réunir les rayons sur leur ouvrage.

H. BERNARD,

BOEUF (*Bos*, Linné). Genre de mammifère, de l'ordre des ruminans.

Caracteres généraux. — D'une taille élevée, force remarquable, muffle large, un
large replis de la peau pendant sous le cou.

et appelé fanon ; les cornes existent dans les deux sexes, excepté dans les variétés où elles manquent à tous deux, dirigées sur les côtés, retournent sur le haut en forme de croissant, ou en dedans, ou en avant ; dans l'état sauvage vit en troupe, est polygame ; la femelle produit un petit à chaque portée. Il est courageux, résiste aux animaux carnassiers, les combat, leur détache des ruades, les perce de ses cornes ; s'ils sont de taille moyenne, il les enlève, et les rejette au loin d'un coup de tête ; il lutte même avec l'homme. Plusieurs espèces de ce genre sont réduites à la domesticité, et sont d'un produit considérable dans l'exploitation rurale. Toutes les parties du bœuf sont d'une grande utilité : la peau fournit des cuirs excellens, la chair, comme nourriture, est d'une consommation immense ; ses cornes et ses os sont indispensables dans certaines industries. Ce genre contient neuf espèces savoir :

1° Bœuf ordinaire (*Bos taurus*, Linné).

Caractères spécifiques. — Front plat et large, cornes placées sur l'occiput, langue hérissée de crochets pointus, recourbés en arrière, mâchoire à douze dents molaires, six de chaque côté, point de canine, huit incisives à la mâchoire inférieure, dont celles du milieu sont minces et tranchantes, (ces dents deviennent noires à mesure que l'animal vieillit) ; force remarquable , couleur fauve, assez généralement variant du fauve au roux, quelquefois noir, ou blanc, ou pie. Le bœuf vit 14 à 15 ans, son âge se connaît aux dents et aux cornes ; les cornes croissent chaque année ; on y distingue un nœud annulaire qui indique la pousse de l'année, en comptant pour trois ans le bout de la pointe jusqu'au premier anneau, et les autres pour un an. Le bœuf mange très vite, et aussitôt qu'il a pris toute la nourriture qui lui est nécessaire, il digère paisiblement couché ; c'est ce qu'on appelle ruminer. Le bœuf est un animal vif, impétueux, que l'on rend souple et docile par la castration, sans rien détruire de sa force ; c'est à 18 mois, deux ans, qu'on lui fait subir cette opération. La vache porte neuf mois ; elle peut engendrer à dix-huit : le taureau n'est propre à cette fonction qu'à deux ans ; tous deux, au temps des amours, en ressentent les atteintes, au point d'en devenir dangereux. On choisit pour les réunir l'époque où la vache mugit plus fréquemment que dans les autres temps de l'année, où elle s'élance sur les autres vaches , sur les bœufs et même sur le taureau ; elle n'a pas d'époque déterminée, sa chaleur a lieu dans l'intervalle de mai à juillet ; le mâle qu'on lui donne doit être vigoureux, et le plus beau

de son espèce, pas trop âgé, et d'un poil
roux prononcé. La vache a quatre mamelles;
on en voit qui en ont cinq et même six; c'est
une bizarrerie de la nature, et ces mamelles
sont sans aucun usage, car elles sont dépour-
vues de conduits et d'ouvertures. Le bœuf
court assez vite, nage bien, reconnaît facilement l'étable où il a été nourri; il est courageux, résiste aux animaux carnassiers : un
troupeau est-il attaqué par un loup, de suite
il se réunit en cercle; au milieu se placent
les veaux et les jeunes mâles dont la tête
n'est pas encore armée, puis cette phalange
présente à son ennemi un cercle hérissé de
cornes, et le plus souvent un taureau se détache, et court à l'ennemi. Quand deux tau-
reaux se disputent une femelle au temps
des amours, c'est à outrance que se livre le
combat, et la femelle en litige attend pa-
tiemment que la mort de l'un de ses rivaux
lui désigne son maître. Le bœuf est l'animal
domestique le plus utile après le cheval :
dans bien des pays il est employé au labour,
même au charroi; attelé par les cornes, il
tire des poids considérables; son pas est
lent et grave, mais pour la charrue, c'est
une qualité qui rend le labourage plus régulier. Après avoir rendu, dans sa vigueur,
tous les services possibles, son sort est d'aller à la boucherie; on les engraisse à l'âge

de dix ans, en les laissant paître sans leur imposer de fatigues : là, ils acquièrent une force d'embonpoint quelquefois surprenante. Le bœuf, en se léchant, enlève son poil, l'avale ; ce poil forme dans la *caillette*, ou leur quatrième estomac (V. ruminans), une boule dure, formée de mucus et de phosphate de chaux endurcie, et nommée *egagrophile*. Pendant long temps, l'ignorance attribuait à cette substance des propriétés médicinales ; le charlatanisme s'en était avidement emparé ; mais aujourd'hui, la raison et la science ont fait justice de pareilles absurdités. Le bœuf se trouve dans toutes les contrées d'Europe, en Asie, en Afrique et en Amérique : dans cette dernière contrée, où il était inconnu avant que les Européens l'y eussent transporté, il s'y est multiplié à l'infini, en suivant les diverses modifications que lui ont fait subir et le climat, et le mode de domesticité. On distingue aussi une variété de cette espèce, appelée bœuf à bosse, ou *zébus*, ceux qui portent sur les épaules une bosse de graisse : cette variété existe seule exclusivement aux Indes, sur la côte orientale d'Afrique, à Madagascar et au Brésil ; leur taille varie depuis celle de notre taureau ordinaire, jusqu'à celle du porc ; leur couleur varie comme celle du bœuf ordinaire ; les gris cendrés sont assez communs : les uns ont les cornes longues, les autres n'en ont que l'emplacement marqué par une surface cornée peu apparente : à Surate, les zébus ont deux bosses sur les épaules. Cet animal est très utile aux Indes, sa course est rapide, sa force musculaire très grande; il est employé comme bête de somme et de trait : on le dirige au moyen d'un anneau passé dans la cloison des narines, et auquel est fixée une corde. Cet animal se ferre, se harnache comme un cheval.

2° *Aurochs* de l'Allemagne, zabir de Pologne, et bison (*bos urus*) des anciens naturalistes. Cette espèce a été long-temps regardée comme le type de toutes nos bêtes à cornes; aujourd'hui, cette opinion ne serait pas soutenable.

Caractères spécifiques. — Taille très haute, le mâle atteint jusqu'à six pieds, sur une longueur de dix ; la femelle, plus petite, poil brun foncé, front bombé, large, assez étroit, cornes placées un peu au dessous de l'occiput, laine courte et crépue qui entoure le cou, et couvre la tête du mâle, voix qui tient du grognement. L'aurochs était très répandu en Europe ; comme il est d'un caractère très farouche, il a dû diminuer à mesure que la civilisation grandissait : on le trouve aujourd'hui dans les forêts de la Lithuanie, des Krapacs et du Caucase ; il vit

à l'état sauvage , herbivore ; on peut l'apprivoiser, mais il nécessite toujours des précautions ; il est très irritable, la vue du
rouge le met en fureur. Le temps des amours
pour eux a lieu en septembre : les mâles
se livrent alors des combats à mort ; les femelles portent neuf mois ; le petit croît pendant sept ans, vit jusqu'à cinquante, les
femelles jusqu'à quarante. L'aurochs combat
tous les animaux carnassiers, sa force est
remarquable ; en vieillissant il perd ses dents,
et meurt souvent, faute de ne pouvoir plus
broyer sa nourriture ; sa chair est excellente
comme venaison.

3° BISON D'AMÉRIQUE.

Signes spécifiques. — Taille de quatre
pieds, une bosse de grosseur variable sur
les épaules, cornes noires, basses et courtes,
crins sous le cou et sur l'occiput, descendant jusque sur les yeux ; corps couvert
d'une laine noire (que les naturels filent et
emploient à plusieurs ouvrages) : il habite
les parties tempérées de l'Amérique ; les plus
grands se trouvent entre le Missouri et le
Mississipi. Le nombre des femelles surpasse
celui des mâles dans le bison d'Amérique.
A une certaine époque de l'année, ils émi-
grent en troupes innombrables vers le nord ;
quand vient le temps des amours, le mâle
fait sa cour à la femelle , en tournant autour

d'elle, c'est de là que les sauvages ont tiré leur danse qu'ils appellent danse du bison. Les Indiens préparent sa peau, la tannent avec l'écorce du bouleau ; sa chair est savoureuse ; fumée, elle se conserve long-temps, et elle a un goût délicieux. La fiente desséchée de cet animal est une précieuse ressource pour l'habitant des Savanes, elle est un excellent combustible.

4° GYALL, ou bœuf des jongles (*Bos frontalis*, Lambert). Même taille et même proportion que le bœuf ordinaire ; cornes aplaties, poil ras, noir sur le corps, front fauve, jambes blanches, assez commun dans les contrées montagneuses de l'Inde, où il est réduit à la domesticité.

5° YACK OU BUFFLE A QUEUE DE CHEVAL, VACHE GROGNANTE de TARTARIE (*Bos groniens*, Pallas). Espèce peu connue, originaire du Thibet, taille petite, longue crinière sur le dos, queue garnie de crins longs et soyeux, on l'emploie pour faire les étendards turcs ; réduits à la domesticité, en Asie, ils y servent de bêtes de somme ; les femelles y donnent un lait abondant, dont on fait un très bon beurre ; leur chair est assez bonne.

6° BUFFLE (*Bos bubalus*, Linné).

Caractères spécifiques. — Taille du bœuf ordinaire, tête plus grosse, front très bombé, cornes penchées en arrière, aplaties de deux côtés, et striées circulairement, fanon nul, oreilles larges et pointues, queue mince, poitrail très large, corps retréci derrière, jambes courtes et épaisses; chez les femelles, les mamelles sont rangées sur une seule ligne transversale, couleur noirâtre, un bouquet de poil blanc sur la tête, originaire de l'Inde, est très commun en Italie; il est d'une force remarquable, très farouche; sa vue est faible le jour, habite les lieux merécageux, la couleur rouge le rend furieux; sa voix est celle du taureau, son air est stupide; réduit à la domesticité, il est excellent pour le labour; on se sert pour le conduire du même moyen que pour le zébus, en lui passant un anneau à travers la cloison des narines ; sa chair conserve une odeur musquée désagréable; le lait est abondant, et tient aussi de cette même odeur. Le mâle est très ardent en amour; la femelle n'est propre à recevoir le mâle qu'à quatre ans, porte dix mois, cesse d'être féconde à 12 ans; produit tous les deux ans, se repose la troisième. La vie du buffle dure 20 à 25 ans; on coupe à quatre ans les mâles que l'on veut réduire à la domesticité; dans l'Inde, on rencontre une espèce de buffle dont les cornes s'allongent, au point d'atteindre jusqu'à cinq pieds. Le cuir du buffle, épais et imperméable, est très recherché dans le commerce; ses cornes sont employées dans la tabletterie.

7° **Buffle du cap** (*Bos coffer*, Sparmann). Ressemble beaucoup au buffle, corps plus gros, jambes plus courtes et plus robustes, cornes noires, longues, dirigées de côté, et en bas recourbées par le bout, et à leur racine, d'une telle largeur, qu'elles recouvrent le front, cuir très fort, épais, résistant même à la balle du fusil; il est employé par les habitans du pays pour faire des traits et des harnais. Le caractère de ce buffle est féroce, et rend sa chasse très dangereuse; il habite les contrées méridionales de l'Afrique.

8° **Buffle musqué d'Amérique.** Ne se trouve que dans les parties les plus froides de l'Amérique septentrionale, vit dans les forêts; cette espèce n'a pas de muffle, son museau est couvert d'un poil fin jusqu'aux lèvres, comme dans les moutons; c'est ce qui avait porté Blainville à les considérer comme un genre particulier, auquel il a donné le nom *d'ovibos*; son front est très bombé, les cornes sont rapprochées chez les mâles, et très courtes chez les femelles : taille médiocre, queue courte, poils du corps noirs, longs et touffus; en hiver, une laine cendrée très fine vient garnir la racine de ces poils, et tombe en été; cette espèce exhale avec force l'odeur musquée, que l'on remarque plus ou moins chez les bœufs.

H. DE BEAUMONT.

BŒUF MARIN (*Voy*. LAMANTIN).

BOHÊME (R.e de). Bohmen des Allemands, l'un des gouvernemens de l'empire d'Autriche, faisant partie de la Confédération germanique, vaste cratère lozangique de 953 milles allemands d'Aréa; elle est bornée au N. par la Silésie prussienne, à l'O. par la Bavière, au S. par la Basse-Autriche, et à l'E. par la Moravie. L'enceinte continue qui l'isole de ces différens pays est formée par quatre chaînes principales, l'*Ertz-Gebirge*, le *Riesen-Gebirge*, le *Mohrisches-Gebirge* et le *Bohmer-Wald*, à l'extrémité occidentale du talus des *Carpathes*. Les sommités de cette enceinte se trouvent dans le Riesen-Gebirge à 1,600 l. au-dessus du niveau de la mer; elle n'offre qu'une seule gorge assez profonde pour permettre l'écoulement des eaux vers l'Océan. Cette gorge occupe l'angle N. du lozange.

Les eaux de la Bohême forment la partie supérieure du cours de l'*Elbe*; elles descendent dans toutes les directions des montagnes que nous avons nommées, et se réunissent en plusieurs courans dont les principaux sont, l'*Elbe*, proprement dit, la *Moldau* et l'*Eger*. Les vallées où coulent ces fleuves sont séparées les unes des autres par des talus, en général peu élevés, et remarquables par de nombreux pitons isolés d'origine volcanique.

Le climat de la Bohême est celui du N. de la France, mais la forme de la surface y rend la température beaucoup plus variée; elle gît entre les 48ᵉ et 51ᵉ degrés de latit. N., et s'étend du 29ᵉ au 34ᵉ degré de long. E. de Paris.

Ce pays est un des plus riches de l'Europe par la variété de ses productions minérales; l'or, l'argent, l'étain, le cuivre, le plomb, le fer, le zinc, l'arsenic, le mercure sont extraits de différens points de son territoire *. Les exploitations des montagnes du S.-O., si productives au moyen-âge, ont cessé depuis long-temps de rapporter; les plus vastes sont actuellement celles de l'Ertz-Gebirge. La houille est aussi très abondante dans presque toutes les parties de la Bohême. Parmi les pierres précieuses, nous citerons le rubis, le saphyr, l'améthyste, la topaze, le jaspe, la cornaline, etc., etc. Plus utiles que les précédentes, diffé-

---

* Mais de ces métaux le fer est le seul qui soit très abondant, les autres ne se trouvent qu'en quantité médiocre.

rentes pierres à bâtir d'excellente qualité, des marbres, du kaolin pour la porcelaine se trouvent dans plusieurs endroits.

De toutes les productions minérales de la Bohême, ses *eaux* sont depuis long-temps les plus connues. Les plus célèbres établissemens fondés près des sources de ce genre sont ceux de Tœplitz, de Carlsbad et de Sedlitz.

Les règnes végétal et animal ne présentent rien de particulier. Le sol est fertile, surtout dans les plaines, et propre à toutes les cultures qui conviennent à son climat. La vigne, qui, transportée au quatorzième siècle, y prospéra assez pour rendre inutile l'importation des vins étrangers, ne vient depuis long-temps que fort médiocrement. Le houblon est une des plantes les plus remarquables par son abondance et son excellente qualité. Les forêts couvrent une étendue considérable du pays ; aussi le gibier forme-t-il la richesse de quelques unes des parties de la Bohême ; on doit en dire autant du poisson, abondant dans les fleuves et dans les lacs innombrables qui occupent le fond des vallées. La race des chevaux de Bohême passe pour une des meilleures de l'Allemagne.

Trois peuples de souches différentes composent presque exclusivement la population, dont le chiffre s'élève à 3,700,000 habitans; ce sont les Tchekhes (de souche slave), les Allemands et les Juifs.

Les Tchekhes, possesseurs du pays par droit de conquête, y sont encore les plus nombreux (2,365,000); mais la prépondérance que donnent les emplois et les richesses appartient depuis long-temps aux Allemands, véritables étrangers au pays, qui s'y introduisirent d'abord comme importateurs de l'industrie, plus tard comme suivans et favoris des souverains allemands, qui avaient été appelés au trône : leur nombre s'élève à 1,275,000.

Les Juifs, autre nation d'étrangers, livrée entièrement au commerce, en butte à la haine des particuliers et du gouvernement, vivent en Bohême hors la loi commune et dans la condition la plus misérable ; on en compte environ 58,000.

Chacun de ces peuples a conservé la langue qui lui est propre; mais l'allemand est celle du gouvernement et de l'éducation libérale.

Prague (Prag), autrefois la capitale du royaume de Bohême, est encore le siége du gouvernement, des tribunaux et des administrations supérieures. Cette ville, avec son territoire, forme un district particulier, le capitánat de Prague. Tout le reste du pays est administrativement divisé en seize cercles, désignés presque tous par le nom de leur chef-lieu. Ce sont : les cercles de Rakonitz, chef-lieu Schlan ; Beraun ; Kaurzim ; Bunzlau, chef-lieu Zungbunzlau ; Bidschow, chef-lieu Gitschin ; Konigingratz ; Chrudim ; Czaslau ; Tabor ; Budweiss ; Prachin, chef-lieu Pisek ; Klattau ; Pilsen ; Ellbogen ; Scatz et Leitmeritz. Les chefs-lieux des cercles que nous venons de nommer sont en général les villes les plus considérables ; aucune d'elles, cependant, n'atteint une population de 20,000 âmes. Les plus populeuses, après Prague, dont la population est de 100,000 hab., sont Reichenberg (10,000 hab.) ; Pilsen et Eger (8,000 hab.) ; Kuttenberg (7,000 hab.) ; Budweiss et Konigin-Gratz (6,000 hab.), et Leitomischel (5,000 hab.)

Le gouvernement est une monarchie héréditaire et absolue, quoique le pays conserve encore son assemblée des *états*, corps politique autrefois, puissant assez pour contrôler les actes du souverain, mais dont les prérogatives ont été réduites au droit de discuter sur le mode de la mise à exécution des ordres émanés du trône. Cette assemblée se compose de quatre ordres :

1° Le clergé (les prélats seulement) ; 2° la grande noblesse (princes, ducs, comtes,

barons); 5° les députés de la petite noblesse, et 4° ceux des quatre villes royales
de Prague, Budweis, Pilsen et Kuttenberg.

Les états ne peuvent s'assembler que
lorsqu'ils sont convoqués par le roi, et c'est
lui qui nomme leur président.

La division que nous avons vue dans les
états existe aussi dans le corps de la nation,
mais elle ne crée pour les hautes classes
aucun privilége devant la loi.

Depuis le règne de Joseph II, la Bohême
jouit de la liberté des cultes. Le culte catholique est resté celui de la grande ma-
jorité des habitans.

Ses prélats sont, l'archevêque, celui de
Prague, portant le titre de prince du
royaume et de légat du saint-siége ; trois
évêques, ceux de Budweiss, Leitmeritz, et
Konigin-Gratz. Le reste des habitans se
compose de juifs (58,000), de calvinistes
(40,000), de luthériens (13,000).

Depuis le commencement du siècle où
nous sommes, la civilisation a fait de très
grands progrès. Les sources d'instruction
se sont multipliées ; ainsi, outre l'ancienne
université de Prague, les nombreux et importans établissemens scientifiques et littéraires de cette ville, et plusieurs hautes
écoles, le pays renferme plus de 5,000
écoles pour l'enseignement primaire. On

porte à 2,000 le nombre des seules écoles du dimanche.

L'industrie et le commerce ont aussi pris un développement considérable. La culture des céréales, l'éducation des bestiaux, si long-temps négligées, sont devenues une source de richesses. L'industrie manufacturière a, dans certaines branches, atteint le plus haut degré de perfection, particulièrement dans la verrerie et le tissage des toiles : on estime encore dans le commerce les articles de quincaillerie de Carlsbad et de Prague, et l'orfévrerie de cette dernière ville.

Prague est le grand entrepôt du commerce de la Bohême, encore borné par la difficulté des communications, soit entre les différens points de l'intérieur, soit avec les pays limitrophes. Les autres villes les plus commerçantes sont Reichenberg, Budweiss et Pilsen. Les objets d'exportation sont, le blé, le houblon, une immense quantité de bois, les fruits, le gibier, le poisson, divers produits manufacturés, entre autres les glaces, la quincaillerie, la bierre. Le pays reçoit en échange des vins, des sels et tous les produits des contrées méridionales.

Aperçu historique. La Bohême a reçu son nom des *Boïens*, tribus germaines, qui, conduites par Sigovère, vinrent s'y établir à peu près 600 ans avant l'ère vulgaire. Sous les règnes d'Auguste et de Tibère, ces premiers habitans furent expulsés par le plus puissant des peuples de la Germanie, les *Mariomans*, qui conservèrent leurs conquêtes pendant plus de deux siècles. A leur tour, ils furent dépossédés, et à l'époque de la migration générale des peuples du nord et de l'est, la Bohême fut occupée par des peuplades *slaves* sorties de la Pologne et de la Hongrie, et qui reçurent des slaves occidentaux le nom de *Tchekhes*.

L'histoire de ce peuple reste très obscure jusqu'à l'époque de sa conversion au christianisme au neuvième siècle. Sa position géographique l'avait tenu jusque-là presque complètement isolé du reste de l'Allemagne. Leur souverain, qui n'avait que le titre de grand-duc, reçut en 1086, de l'empereur, celui de roi, qu'il a continué à porter. Malgré les efforts de leurs princes pour rendre la couronne héréditaire dans leur famille, elle resta élective jusqu'au seizième siècle. Plus d'une fois elle fut placée sur la tête de l'empereur ; cette circonstance contribua puissamment à la civilisation de la Bohême, et le règne de l'empereur Charles IV est dans l'histoire de ce peuple l'époque la plus brillante de gloire et de prospérité.

Ferdinand II d'Autriche, élu en 1526, réalisa ce que ses prédécesseurs avaient tenté inutilement ; il établit l'hérédité de la couronne dans sa famille, et fonda une domination absolue que la maison d'Autriche a été puissante assez pour maintenir. (V. *Autriche* et *Allemagne*.)

Adrien GUIBERG.

BOHÈMIENS, *voy*. ZINGARIS.

BOIS. Partie dure des végétaux ligneux. Le bois étant une des matières de nécessité absolue dans notre état de société, il mérite une attention sérieuse, d'abord sous le rapport agricole, ensuite dans ses usages ; pour éviter d'être d'une longueur fastidieuse, nous subdiviserons cet article en trois autres. — Au mot construction, nous parlerons des bois de construction ; à l'article forêts, nous ferons connaître les différens modes d'aménagement, et les améliorations qui ont été faites et qui restent encore à apporter dans cette partie de notre administration intérieure. Nous allons ici nous occuper de l'essence des bois, de leur reproduction et de leur exploitation. Sans nous occuper ici de la qualité des différens bois, nous allons donner une rapide nomenclature des arbres suivant leur rang dans la végétation forestière, renvoyant pour la culture de ces arbres et leurs variétés à chacun de leurs articles spéciaux.

Le *chéne*, à la vie séculaire. Cet arbre croît facilement en mauvais terrain ; il ne trace, ni il ne drageonne, il craint la gelée ; le voisinage d'autres arbres suffit pour l'en garantir. Il se reproduit par la grande quantité de ses fruits ; on le fait monter en l'entourant d'un épais taillis qui, en étouffant ses branches inférieures, le force à prendre ce port majestueux qui lui donne le sceptre des forêts *. — Le *frêne* demande un terrain profond et humide, se reproduit par le semis, graines et marcottes, arbre dont la tête s'élève à plus de soixante pieds. La végétation en massif est celle qui lui convient le mieux. Cet arbre est remarquable par l'odeur qu'exhalent les mouches cantharides qu'il a la propriété d'attirer, et dont il est couvert en juin. Son voisinage est même dangereux lorsque ces insectes se décomposent en une poussière fine que l'on avale en respirant. Le frêne ne sympathise qu'avec le tremble et le peuplier ; il trace de grandes racines latérales qui détruisent les bois blancs qui l'entourent. Le bois de frêne est dur et léger ; il est utilisé pour le charronage. — Le *hêtre*, arbre magnifique, qui porte sa cime à plus de cent pieds ; feuillage

---

* Le chêne fournit le meilleur *tan* et un excellent bois de charpente.

variant en automne du vert au rouge, écorce argentée d'un effet pittoresque dans nos bois, se reproduit par semis, demande un sol profond; la tête du hêtre se dessèche à près de quarante pieds, mais il s'en forme une seconde qui s'élève au-dessus de la première. Le fruit du hêtre donne une huile très-estimée. Cet arbre se reproduit par semis.| — L'*orme*, connu de tout le monde : spécialement consacré à l'ornement des grandes routes, bois de charronage précieux. Cet arbre est d'un caractère envahissant; il détruit les bois blancs, il se reproduit de drageons avec une prodigieuse facilité. On doit le rendre rare dans les taillis. —Le *châtaignier*. Cet arbre est d'un excellent rapport placé en plein bois; son tronc acquiert un développement considérable, et ses fruits sont, dans bien des localités, une ressource importante comme aliment. Il aime à croître seul et libre; en taillis il donne d'excellens cercles. Le châtaignier, comme bois de charpente, a sur le chêne l'avantage d'être moins facilement attaqué par les vers. Cet arbre se reproduit par semis. — Le *charme*, très-bon combustible, tige de 40 à 60 pieds, d'un bel effet dans les forêts par le vert brillant de son feuillage, se reproduit de rejetons à l'infini, étouffe même les bois durs; l'orme et l'ypreau sont les seuls qui lui résistent. — Le *bouleau*, à l'écorce blanche et incorruptible. Toutes terres lui conviennent ; il porte sa tige de 40 à 50 pieds, se reproduit de graines, excellent pour rétablir un bois en dépérissement. On en coupe le taillis tous les 20 à 25 ans (1). — L'*ypreau*, ou le peuplier blanc, dont la cime atteint jusqu'à cent pieds ; ce n'est que depuis peu qu'il s'est introduit en plein bois, c'est là et dans les friches, ou bien comme plante d'alignement, qu'il est possible d'en tirer un bon parti. Il se reproduit par une quantité prodigieuse de drageons. — Le *saule*, ou plutôt le *marsaule*, est regardé comme arbre forestier de moyenne taille, s'élève jusqu'à 35 pieds, excellent dans les terreins humides, se reproduit de drageons. — Une espèce de marsaule ne monte pas, elle trace à l'infini ; c'est une lèpre dans les bois. — Le *tilleul* ruine les taillis, aussi doit-on chercher à l'y détruire ; sa présence est plus dangereuse qu'utile ; il est bon comme arbre d'alignement. — Le *tremble*, qui ne dure

* Le bouleau est un bon bois de chauffage pour le four, les branches sont recherchées pour faire les balais, l'écorce supplée à la noix de galle, les feuilles donnent une teinture jaune ; et la sève fournit une liqueur propre au vinaigre et même une boisson vineuse très légère.

que cinquante ans et se reproduit de drageons est d'un bon produit. Toute terre lui
convient; l'orme, le charme et l'ypreau le
font mourir. — Le *peuplier*, à proprement
parler, n'est point un arbre forestier, il est
arbre d'ornement; son bois, très-fragile,
est peu estimé. Nous ne le citons ici que
comme pouvant figurer dans les bois dont
une partie du terrain est composée de marne
ou de glaise. Ses rameaux, coupés à trois
ans, servent dans les potagers à ramer les
plantes légumineuses. — L'aulne, *alnus
communis* ou *glutinosa* (*monœcie tetran-
drie*, Linn., amentacées, Juss.) Arbre dont
le port est élevé, rameaux nombreux et
étalés, écorce lisse, feuilles crénelées, se
multiplie de semences, boutures et drageons, demande un sol humide; l'usage de
son bois est à peu près le même que celui
du peuplier. — *Merisier*, arbre qui s'élève
jusqu'à quarante pieds, un des meilleurs
bois pour la menuiserie. C'est, à proprement
parler, le cerisier des bois; il se reproduit
de semis. — L'*alisier*, arbre de 20 à 25
pieds, d'un effet pittoresque, mais d'un
bois peu estimé. Il se reproduit de graines
et par marcottes, ce qui est plus rapide. —
L'*érable à feuilles de frêne*. Bel arbre des
forêts, bois très-dur, se reproduit de marcottes ou de greffes. — *Cornouiller* à gran-

dès fleurs. Bel arbre de 50 à 55 pieds, se reproduit de marcottes, drageons et semis ; toute terre lui convient. — *Cormier*, grand arbre forestier, s'élève à plus de 50 pieds, se reproduit de semis ; il est à regretter qu'il ne soit pas cultivé et propagé davantage. — Le *pin*, arbre à tige élevée, croît dans les forêts de nos contrées septentrionales, sur les hautes montagnes, se reproduit de semis. Cet arbre, peu difficile sur le choix du terrain, n'est pas assez répandu ; il serait à désirer qu'il le fût sur nos côtes, nos montagnes, encore nues et arides. — *Sapin*, arbre à haute tige, dont le bois est très-utile pour la charpente civile et maritime. On en extrait la thérébentine de Strasbourg ; son écorce sert aux tanneurs. Il se multiplie comme le pin.

Telle est la nomenclature des arbres qui se trouvent le plus communément dans les bois. Il s'y rencontre une foule d'arbustes dont la présence est très-nuisible, et que le cultivateur ne saurait extirper avec trop de soins, soit en raison de leurs racines traçantes, qui détruisent toutes les essences, soit en raison de leur peu de hauteur, de leur feuillage serré qui étouffe les jeunes rejetons qui les environnent, ou mieux encore parce qu'elles appauvrissent le sol destiné à la reproduction des essences de bois dont le produit est calculé d'avance par la règle des aménagemens. Ces arbrisseaux, que nous appellerons gourmands et nuisibles, sont les *néfliers*, l'*aubépine*, l'*épine-vinette*, l'*églantier*, *troëne*, *fusain*, *sureau*, *nerpruns*, *chevrefeuille*, *houx*, *viornes*, *groseillers*, *genévriers*. On y rencontre aussi les pruniers, pommiers, poiriers, guiniers, etc., qui doivent aussi être exclus d'une plantation régulièrement dirigée.

Plantation, semis, exploitation. Quand on a un bon terrain à bois, qui se compose au moins de deux pieds de bonne terre sur un fond d'argile, les arbres que l'on y plante le plus ordinairement sont : le chêne, le frêne, le hêtre mêlé au tremble, le bouleau, le peuplier indigène et le marsaule de choix. La plantation se fait sur une terre préparée par deux ou trois bons labours, et si le terrain est appauvri, il est urgent d'y remédier par l'engrais. On plante en planches sur lesquelles on ouvre des trous dont la profondeur varie suivant la qualité du sol, et dans lesquels on place les individus selon leur degré d'affinité entr'eux. On a soin, si le terrain est argileux, de ne pas laisser l'eau séjourner dans les trous, sans quoi les racines se pourriraient. La plantation a lieu en automne en terre légère, et en hiver en terrain humide. Cette méthode est plus avantageuse en ce qu'elle est beaucoup plus rapide que par semis : au bout de quatre ans on recèpe pour donner plus de force à la plantation. Le principe à suivre est qu'il faut planter en lignes régulières, suffisamment espacées; les plants doivent être âgés au moins de deux ans; il faut rejeter avec soin tous ceux dont les racines sont sèches ou gâtées. La terre doit être foulée, après la plantation, de manière à intercepter tout accès à l'air sur les racines. La plantation doit, pendant trois années, être deux fois labourée, sarclée et butée. — Le semis de graines n'a lieu qu'au printemps; plus tôt les graines risqueraient, si l'hiver est humide, de se pourrir en terre; le terrain doit être rafraîchi par un labour. Toutes les graines, à l'exception de celles du châtaignier et du chêne, à qui il faut quinze lignes de terre, toutes les autres doivent au moins être enfoncées de six lignes. On sème aussi à la volée dans les clairières; il faut saisir l'époque favorable où les graines ne risquent pas d'être étouffées sous le poids des herbes et des feuilles. On sème aussi les glands, les faînes (graine de hêtre) et les graines de bouleau au milieu des broussailles; celles-ci les abritent, et ces semences finissent, en grandissant, par étouffer les plantes gourmandes qui les ont protégées; la végétation de ce semis est très-lente. — C'est ici le lieu d'indiquer les améliorations qu'il y aurait à faire dans le semis des bois. Sous le rapport du produit, on y gagnerait en s'écartant de l'esprit de routine. Le *pin*, le *sapin*, le *cèdre*, le *mélese* y sont presque toujours étrangers, et leur croissance plus ou moins rapide ou leur degré d'utilité respective vont au-delà de toute compensation possible ; mais il est une remarque bien plus positive, c'est que le noyer, dont le bois est si estimé dans les arts, a été de tout temps négligé dans les plantations ou semis de nos bois. — Pour ce qui est de l'exploitation, nous ne pourrons donner ici que quelques conseils généraux ; au mot *forét* nous ferons connaître le mode d'aménagement à suivre même dans l'exploitation particulière. Un propriétaire de bois doit éviter que les animaux ruminans ne viennent paître dans ses cultures : c'est aux jeunes pousses qu'ils s'attachent de préférence, et le préjudice qu'ils portent en est notable. Les bêtes à laine et les chèvres surtout font des dégâts considérables dans les bois. La permission de faucher l'herbe doit être sévèrement refusée, car la faucille ne respecte jamais les rejetons qui sont l'espoir des années à venir. Les bûcherons doivent, quand ils abattent des arbres, n'en pas diriger la chute du côté des jeunes arbres ou sur les taillis. Lorsque le bois est débité sur place, les fagots, les bois équarris, les copeaux doivent être rapidement enlevés ou portés sur les chemins : là, du moins, par leur séjour avant d'être vendus. ils n'occupent qu'un terrain destiné à être inculte. Les voitures ou charrois destinés à l'exploitation doivent suivre les chemins battus et ne s'en jamais créer d'autres. Pendant la coupe et les cinq ans qui la suivent, la récolte des glands, châtaignes, faînes, etc., doit être interdite jusqu'à ce que le taillis ait pris assez de force pour ne plus rendre d'autres semis possibles. La coupe des arbres est une opération qui exige beaucoup de soins; les vieux arbres doivent être coupés horizontalement entre deux terres; ne jamais les couper en *pivot*, c'est-à-dire jusqu'à la naissance des racines, ni en *pot*, c'est-à-dire laisser un creux sur la section, parce que l'eau y séjourne et pourrit les racines et empêche le développement des rejetons; on ne doit pas faire de section en *bec de flûte*, ce qui rend la plaie de l'arbre plus grande et plus difficile à guérir. La coupe entre deux terres offre l'avantage de tenir la blessure de l'arbre à l'abri des injures de l'atmosphère et des ardeurs du soleil; exposé à nu, la pluie pourrit le tronc; la chaleur le gerce, le dessèche, et pompe la sève qui doit servir aux rejetons. Il serait à désirer que les hûcherons employassent, pour cicatriser les plaies faites aux arbres forestiers, le même enduit dont on se sert pour les arbres fruitiers. Si on coupait au moment qui précède la sève du printemps, cette sève viendrait elle-même, en s'extravasant, se coaguler sur la plaie et y apporter remède. La coupe faite l'automne ou l'hiver est mal entendue, elle laisse le collet de l'arbre exposé à des intempéries qui doivent lui porter préjudice. Une fort bonne opération est l'éclaircie des rejetons, et de ne conserver que les deux plus vigoureux sur une même souche.

Bois *de chauffage*. Le hêtre, le charme, l'orme, le châtaignier et le bouleau sont les meilleurs; le chêne ne figure qu'au dernier rang : ce bois, à moins d'être bien sec, brûle d'une manière lente, sombre et répand peu de chaleur; aussi est-il peu estimé pour alimenter l'âtre vif et pétillant de l'opulence. Dans le commerce, on distingue le bois neuf et le bois flotté : le bois neuf est celui qui, débité et vendu, arrive par voie de charrois; l'autre, conduit sur le bord des rivières, arrive, disposé en radeau, en suivant le cours de l'eau. On conçoit facilement la différence qui existe entre ces deux espèces de bois; aussi est-elle très-sensible dans leur valeur commerciale, et bien plus encore dans leur usage domestique. Le bois flotté, ayant plongé plus ou moins long-temps dans l'eau, a éprouvé une déperdition de sève et de sels alcalins, qui diminuent d'autant sa pesanteur spécifique ; il a besoin, après être sorti de l'eau, d'une dessiccation parfaite : alors il se consume avec rapidité, sa flamme est vive et agréable, répand une forte chaleur ; mais son usage est peu avantageux. Il convient principalement aux boulangers et aux rôtisseurs. Le bois le meilleur est le bois neuf, mais parfaitement sec.

BOIS. (Zoologie). Le bois est une substance qui, chez certains animaux, diffère essentiellement des cornes, quoique, comme elles, il soit le prolongement de l'os frontal ; ce qui lui a valu son nom de bois, c'est qu'il s'assimile de lui-même à la végétation, par une chute régulière ; c'est, pour ainsi dire, une végétation animale. Voici, pour sa formation, ce qu'en dit M. Bory de Saint-Vincent : « Les vaisseaux sanguins du front » versent, au lieu où l'os doit se prolonger » en bois, des fluides qui, soulevant la peau, » ne tardent pas à passer à l'état cartaligi-» neux, et qui s'ossifient bientôt ; à mesure » que ce travail s'opère, la peau s'élève, et » couvre les ramifications du bois qui, dans

10*

» son état parfait, finit par se dépouiller.
» L'animal facilite ce dépouillement, en
» frottant son front, désormais armé, con-
» tre le tronc des arbres; trois semaines
» ou un mois suffisent, pour que le bois ait
» atteint toute sa hauteur; cette hauteur
» et le nombre de ramifications varient
» selon l'âge de l'animal : chaque année aug-
» mente ce nombre, ce qu'en termes de
» vénerie on appelle un andouiller. Les
» organes destinés à la reproduction de l'es-
» pèce, dans les animaux qui portent des
» bois, ont une influence considérable sur
» ces bois, qui paraissent même en dépen-
» dre entièrement. Si l'on retranche au cerf,
» par exemple, les attributs de son sexe,
» pendant que son front est dégarni, ce
» front ne revêt plus sa parure : si cette
» opération est faite tandis que le bois dé-
« core la tête, il ne tombe plus, et l'animal
» conserve à jamais, comme caractère de
» son impuissance, ce qui auparavant prou-
» vait en lui le développement des facultés
» génératrices ». Le cerf, l'élan, le daim,
le renne ont la tête armée de bois plus ou
moins développés. *Voy.* ces mots.

BOIS TINCTORIAUX. — *Voy.* TEIN-
TURE.

BOIS D'ÉBÉNISTERIE. — *Voy.* ÉBÉNIS-
TERIE.

BOIS DE SENTEUR. — *Voy*. PARFUMS.

H. BEAUMONT.

BOISSEAU. (*Voy*. MESURES ANCIENNES ET NOUVELLES.

BOISSELIER, (Technologie). L'art du boisselier est peu compliqué; il se borne à la fabrication des mesures en bois, des cribles, tamis et caisses de tambour. Il est nécessaire seulement qu'il connaisse bien la capacité que chacune des mesures doit avoir; le reste n'est plus que l'assemblage du bois, ce qui est très simple. Le bois lui est fourni, tout débité, en planches minces et flexibles; le chêne, le hêtre et le noyer sont les bois les plus propres à cet usage. Comme ces planches sont destinées à être roulées sur des moules ou formes de dimension pour les rendre plus malléables, le boisselier les met au préalable tremper dans l'eau bouillante.

Le mot boisselier vient du mot boisseau, qui est la mesure en bois la plus usitée.

H. BERNARD.

BOISSONS. Toute substance liquide introduite dans notre économie pour aider à la digestion des solides en état de santé, tout médicament ayant pour véhicule l'eau prennent généralement le nom de boissons. En hygiène, on rapporte celles-ci à la classe des *ingesta*, c'est-à-dire des corps qui sont ingérés, comme le mot le porte, dans l'organisme, pour aider à la réparation des pertes auxquelles il est sans cesse exposé. La *soif* est le sentiment par lequel la nature nous annonce le besoin des boissons. De toutes, l'eau est la plus simple, la plus naturelle et aussi la plus employée. Ce n'est pas ici le lieu d'indiquer quelles sont les qualités qu'elle doit avoir pour aider à la dissolution des alimens dans l'estomac, ou pour servir utilement à la confection des médicamens. Il suffit de dire que la plus pure est toujours celle qui convient le mieux. Après celle-ci, les boissons alcooliques ou spiritueuses, telles que le *vin*, la bierre et les cidres, sont les plus usitées. Nous renvoyons nos lecteurs à ces différens mots ; ils y trouveront la description de leurs propriétés et des diverses préparations au moyen desquelles on les obtient.

On distingue les boissons en *boissons froides* et en *boissons chaudes*. Les premières sont toniques, tandis que les secondes sont plus relâchantes et plus adoucissantes. Dans l'un et l'autre cas, il faut éviter que leur température soit portée à l'excès. Toute impression brusque et forte risque de compromettre la santé. Un fluide trop chaud attaque les dents, surtout si peu auparavant elles ont été exposées à l'action d'un liquide froid. Il peut déterminer une véritable brûlure, des ulcérations des parties molles qui revêtissent l'intérieur de la bouche. Introduit dans l'estomac, il risquerait de produire des douleurs très vives et même l'inflammation de ses parois.

En buvant très froid et à la glace, on s'expose à des inconvéniens graves, surtout à la suite de violens exercices, lorsque l'on est en transpiration. La sueur se trouvant brusquement supprimée, il s'établit un mouvement fluxionnaire vers des organes plus ou moins importans, et dont la lésion a souvent occasioné la mort.

Dans ce cas, il est prudent de mêler des alimens solides aux boissons, parce que celles-ci se trouvant en contact avec une moindre surface de la muqueuse gastrique, leur impression est moins vive. Il convient également alors de les laisser tiédir dans la bouche avant de les avaler.

Les sueurs abondantes ayant la propriété de nous affaiblir, l'eau seule ne convient pas lorsqu'elles ont lieu ; il est utile alors d'user de liquides, qui agissent sur nous comme cordiaux et fortifians. C'est pour cela que, dans les climats chauds, ou même en France dans l'été, un mélange d'eau, de vin ou de tout autre spiritueux est préférable à l'eau pure, qui, en favorisant la transpiration, augmenterait encore l'affaiblissement général. L'on explique également de cette manière l'usage des mets épicés chez les peuples méridionaux, tandis que les nations septentrionales ne les emploient que rarement.

Il est des règles d'hygiène à suivre sur les proportions dans lesquelles les boissons doivent être prises. En général, elles doivent varier suivant les tempéramens, l'habitude, et une foule de circonstances propres à chaque individu. L'on conçoit facilement cependant qu'une trop grande quantité de liquide peut délayer le chyle, diminuer les facultés nutritives, et amener par conséquent une débilitation, dont toute l'économie ne tardera pas à se ressentir. L'on a vu quelquefois des hydropisies se manifester à la suite d'excès de ce genre.

La digestion est difficile lorsque l'on boit moins qu'il ne faut. Le bol alimentaire se forme avec lenteur et difficulté ; il en est de même de la séparation du chyle qui se trouve trop visqueux et trop épais ; l'expulsion des matières fécales se fait trop attendre, à cause du temps qu'elles restent à traverser le tube digestif. Les sécrétions qui doivent constamment lubréfier ce dernier sont diminuées ; toute la nutrition, en un mot, est imparfaite ; et si l'on envisage que cette fonction est la plus générale et la plus importante de toutes, on sentira combien il est nécessaire de rétablir au plus tôt l'espèce d'équilibre qui doit exister entre la quantité des alimens solides et celle des boissons.

Sous le rapport médicamenteux, l'on doit considérer les boissons selon la quantité des substances médicinales qui s'y trouvent suspendues, et les diviser en *boissons concentrées* et en *boissons étendues*. Les premières sont celles qui contiennent peu d'eau relativement au médicament qu'elles renferment; les secondes, au contraire, présentent de l'eau en excès et une faible dose de médicament.

Parmi celles-ci l'on doit ranger les tisanes de tous genres, les bouillons végétaux ou animaux, les eaux minérales prises à l'intérieur, l'eau de veau, l'eau de poulet.

Parmi les autres, les bouillons réduits en consommés, les loochs, les potions huileuses, les décoctions de bois de quinquina épaissies, les gelées végétales, etc., etc.

Il ne sera pas inutile de faire observer à nos lecteurs qui auraient l'occasion de soigner des malades, sans pouvoir s'aider des conseils d'un médecin, qu'il faut avoir égard, dans l'administration des boissons médicamenteuses, à la puissance digestive de l'estomac, et surtout à l'état général des forces. Il est méthodique de faire précéder l'emploi des boissons concentrées de celui des boissons étendues, l'usage des secondes servant en quelque sorte de transition à celui des premières, et mettant peu à peu le tube digestif dans des dispositions favorables pour recevoir plus tard des alimens plus substantiels.

Les boissons ont pris différens noms, suivant les propriétés que leur impriment les médicamens qu'elles contiennent, et selon leur action sur l'économie vivante. Ainsi, l'on distingue des boissons *alcalines, aqueuses, mucilagineuses, émulsives, laiteuses, extractives*, etc., etc., lorsque l'on examine leurs propriétés physiques et chimiques. Lorsqu'on les étudie sous le rapport thérapeutique, on les divise en *relâchantes, délayantes, adoucissantes, apéritives, sudorifiques, astringentes, purgatives, toniques*, etc., etc. L'on conçoit aisément que leur mode d'action varie en intensité selon la quantité de liquide qui est ingérée, et surtout selon la quantité de médicament qui en forme la base. H. C., D.-M.

BOITES, du latin *buxus*, formé du grec *puxos*, buis, ce qui annoncerait que les premières boîtes ont été faites avec ce bois. Une boîte est une espace portative, plus ou moins grande, et qui s'ouvre au moyen d'un couvercle. La forme, l'usage des boîtes varient à l'infini; leur fabrication est du ressort de la tabletterie ou de l'ébénisterie; nous renvoyons à ces mots.   H. B.

BOLIVIA (République de).

Position. Longitude, ouest entre le 59° 50' et 75° 28'; latitude, sud entre le 11° et le 24°.

Limites. Au nord, la république du Pérou et l'empire du Brésil. A l'est, la province brésilienne de *Matto-Grosso* et la confédération du Rio de la Plata. Au sud, le dictatorat du Paraguay, le grand Chaco et l'état de Salta (confédération du Rio de la Plata), et la république du Chili, à l'ouest, le grand Océan pacifique et les provinces péruviennes de Cuzco et d'Arequipa.

Dimensions. 340 lieues du nord au sud, 350 de l'est à l'ouest, et 54,360 lieues de superficie.

Fleuves et rivières. C'est des plus hautes contrées du Nouveau-Monde, situées dans Bolivia que partent les grandes eaux destinées à arroser l'Amérique du sud; c'est là qu'on trouve les sources principales du Beni et du Pilcomayo; la pente générale du sol porte la presque totalité de ces eaux à se jeter dans l'Océan atlantique; des rivières beaucoup moins considérables se dé chargent dans le grand lac de *Titicaca*, son seul débouché est *le Desaguadero*, qui se perd par évaporation dans le sol muriatifère de Carengas; enfin, l'étroit littoral de la république sur le grand Océan n'est arrosé que par quelques ruisseaux qui disparaissent dans le désert d'*Atacama*.

Le torrent de *Choqueapo* dans des montagnes neigeuses au nord de la ville de la Paz, forme la source du Beni ou Paro, branche principale de l'Amazone. Cette rivière traverse du sud au nord les républiques de Bolivia et du Pérou, entre dans la Colombie où il fait sa jonction avec le Nouveau-Maragnon et pénètre dans le Brésil qu'il traverse de l'ouest à l'est jusqu'à son embouchure dans l'Atlantique. Ses principaux affluens sur le territoire de Bolivia, sont: le Mapiri, le Coroïco, le Tipuani, la Madeira, le Marmore, le Guepore, le Rio-Grande, le Guapahi, le Parapiti et le Sara.

Le Pilcomayo, ainsi que le Vermejo et un autre Rio-Grande, apporte le tribut de ses eaux au Paraguay, qui se jette dans le Rio de la Plata dont nous avons déjà décrit le cours (*art. Banda orientale*). Le Pilcomayo est grossi par deux grandes rivières, le Paspaya et le Cachamayo.

Comme on le voit, ce sont les eaux de cette république qui alimentent l'Amazone et la Plata , deux des plus grands fleuves du monde.

Lacs. Ils sont nombreux dans la république de Bolivia ; mais le plus considérable de tous ceux de ce pays, et même de l'Amérique du sud, est le Titicaca, qui, malgré sa vaste étendue, dépasse le sommet du pic de Ténériffe ; il est situé sur les territoires de Bolivia et du Pérou ; son bassin est formé des montagnes les plus élevées du Nouveau-Monde; une de ses îles fut le berceau de Manco-Capac, fondateur de l'empire des Incas, et le foyer de la plus grande civilisation indigène. Ce lac n'a aucune communication avec la mer ; sur ses bords s'élèvent des débris de monumens antiques.

Bolivia renferme encore la grande laguna de *Rogagñado* , vaste lac temporaire, dont les bords, dans la saison des pluies, s'étendent à la droite du Beni ou Paro , et qui passe pour être la source du Javary , du Jutay, du Jurna, du Tefa, du Madeira et du Purus, affluens de l'Amazone.

Montagnes. De la haute vallée du Titicaca, que M. Balbi appelle le *Tibet du Nouveau-Monde* , partent deux chaînes principales : la cordillière occcidentale, continuation de la grande chaîne des Andes, et la cordillière orientale qui, se détachant du nœud de Porco, forme le versant de la vallée du Titicaca. C'est dans cette dernière chaîne que se trouvent le Sorata et l'Illimani, points culminans du Nouveau-Monde, dont le premier a 3948 toises, et le second 3755 , tandis que le Chimborazo, si vanté , n'en a que 3350. C'est là encore entre le 14e et le 20e parallèle qu'il convient de placer le noyau du vaste système des Andes, ou système péruvien.

Plateaux. Un tiers de la population de Bolivia vit dans des contrées dont le niveau dépasse les plus hautes montagnes de l'Europe, et au-dessus de la ligne qui dans l'Amérique du nord marque la limite où cesse toute végétation sous une semblable latitude. Ce plateau , dit *Péruvien*, embrasse non seulement toutes les hautes terres de Bolivia , mais encore celles du Pérou et de la Plata , depuis le 6e jusqu'au 26e parallèle. Le bassin du Titicaca , qui en occupe le centre , forme un second plateau sur le plateau péruvien; sa hauteur moyenne est de 1987 à 2100 toises. Les parties les plus élevées du plateau péruvien sont ensuite dans Bolivia , les provinces de la Paz , de Charcas et Potosi. Hauteur générale de ce vaste plateau 600 à 1400 toises.

Volcans. Bolivia renferme plusieurs monts ignivomes , mais ils sont moins nombreux et moins terribles que ceux de la Colombia, de Guatemala, du Pérou, du Chili et du Mexique. On trouve les principaux dans la cordillière d'Atacama, les Sierras Altissimas et les monts Tocsara.

Vallées et plaines. Parmi les plus belles vallées du Nouveau-Monde, il faut encore citer le superbe bassin du Titicaca, qu'on peut regarder comme une vallée aussi remarquable par son élévation que par son étendue. A l'égard des plaines, après celles du Mississipi, la plus vaste de l'Amérique, et même du Globe, vient prendre place celle de l'Amazone, qui comprend la partie septentrionale de Bolivia, la partie orientale du Pérou, le sud-ouest de la Colombie, et plus de la moitié du Brésil. Elle occupe tout le centre de l'Amérique du sud. M. Humboldt évalue sa superficie à 260,000 lieues carrées. Située dans un climat chaud et humide, elle présente dans ses vastes forêts une force de végétation qu'on chercherait envain dans les autres contrées du globe.

Déserts. L'Amérique a des déserts comparables à ceux de l'Afrique et de l'Asie pour l'aridité et le sable, mais qui leur sont bien inférieurs en étendue. Le plus considérable est celui d'Atacama qui, sauf quelques interruptions, court de Tarapaca dans le Pérou à Copiapo dans le Chili, renfer-

mant la bande étroite que Bolivia possède
sur l'Océan pacifique.

Climat. Il est doux et tempéré jusqu'à
une élévation de dix mille pieds, là où
brille encore la plus belle végétation ; mais
à quatorze mille pieds, où commence la limite des neiges, il règne un hiver perpétuel. Le soleil est ardent dans les vastes pâturages appelés *pampas*; une humidité dangereuse règne dans les profondes forêts
voisines des fleuves. Généralement la température de Bolivia est favorable à la santé,
et la vie y est douce et longue.

Minéraux. Les districts montagneux de
cette république abondent tellement en métaux précieux, qu'au rapport du minéralogiste
Helms, si l'exploitation s'en faisait avec une
industrie modérée et quelque connaissance
de la métallurgie, elle produirait au-delà
des besoins du monde entier. On y trouve
de l'or et surtout de l'argent ; les mines de
Potosi ont été long-temps renommées pour
ce dernier métal ; les quatre principales
étaient la Descubridora, nommée plus tard
Centerio, l'Estagno, la Rica et la Mendieta;
on en comptait une multitude de moins importantes ; il y existait, en 1805, plus de
cinq mille ouvertures ; le *Cerro de Potosi*
est percé dans toutes les directions; on y a
travaillé dans quatre-vingt-dix-sept places à.

la fois ; sa hauteur, suivant M. Pentland, est de 4,888 mètres, et le point le plus élevé où travaillent les mineurs est à 4,850, c'est-à-dire au-dessus du Mont-Blanc. On a fort exagéré la masse d'argent tirée de cette montagne ; elle a fourni, suivant M. de Humboldt, depuis 1545, époque de sa découverte, et en ne comptant que les produits qui ont acquitté les droits royaux, pour 5,750 millions de francs, c'est-à-dire deux à trois fois plus d'argent à elle seule que toutes les mines du Mexique ensemble.

Végétaux. Entre autres espèces d'arbres que renferment les forêts de Bolivia, on trouve l'acacia, le manglier, le cèdre, le cotonnier ou *cliba* qui atteint à des dimensions prodigieuses, plusieurs espèces d'ébéniers et de palmiers, le *maria*, arbre d'une grosseur et d'une hauteur extraordinaires, dont le bois est propre à la construction des vaisseaux ; le bois de fer, le cocotier, le choux palmiste, le pin, l'aloès et un grand nombre d'arbres et d'arbustes qui donnent des gommes et résines odoriférantes en usage dans la médecine, telles que la gomme copal, le baume de copahu, le sang de dragon, la casse et la jalap, etc. On recueille dans les parties cultivées du blé, du riz, du maïs, du cacao, du café, du sucre, du coton, du lin, du chanvre, de la noix-muscade, du gimgembre, du poivre, du piment, des fruits et des légumes en grande quantité.

Animaux. Les chameaux sont remplacés dans les contrées froides de Bolivia par le lama, le guanaco, la vigogne et par l'utile et inoffensif alpaca; le jaguar, le couguar, *l'ursus ornatus*, remarquable par ses sourcils fauves, l'ours à fourmis, l'élan, le chinchilla, le zorillo et plusieurs autres animaux errent dans les autres parties; les plaines sont parcourues par des troupes agiles de *nandu*, l'autruche de ces solitudes; sur le sommet des monts vivent ces condors sujets de mille fables populaires; enfin, les forêts sont peuplées d'oiseaux de toute espèce, de toute taille, de toute couleur et en général d'une grande beauté. Là aussi se trouvent la cochenille, le kermès, diverses espèces d'abeilles, dont l'une fournit de la cire d'une éclatante blancheur et l'autre de la cire noire. Les rivières abondent en poissons; mais plusieurs sont infestées d'aligators et de requins d'eau douce.

Population. On évalue la population de Bogota à 1,090,000 habitans tant créoles que métis, mulâtres, nègres et indiens, qui forment la partie la plus nombreuse et la plus industrieuse de la nation.

Ethnographie. Parmi les races américaines ou indigènes, on distingue la grande famille péruvienne ou *Quichua*. Elle comprend *les Péruviens*, qui forment la masse principale de la population de Bolivia, du Pérou et des départemens méridionaux de la Colombie. Quoiqu'ils ignorassent l'écriture alphabétique, et que leurs *guippos* symboliques fussent inférieurs au système graphique des Méxicains, ils étaient, à l'arrivée des Espagnols, dit M. Balbi, la nation la plus policée de l'Amérique méridionale, comme l'attestent leurs institutions politiques et religieuses, leurs bâtimens, leurs forteresses, leurs temples, leurs routes de cinq cents lieues sur la crète des andes, leurs canaux, leurs ports, leurs vases et ustensiles d'or, leurs vêtemens et leurs armes. Outre les Péruviens, la famille Quichua comprend les *Aymaras* qui, très nombreux et subdivisés en plusieurs peuplades, habitent dans Bolivia le territoire de la Paz et une partie de celui de Chiquisaca, et *les Chiquites*, dont nous avons déjà parlé. (Voyez *Banda orientale*.) Les Moxos, Mossi ou Moha, nation nombreuse et indépendante qui occupe une grande partie de la vaste province de leur nom, et dont quelques-uns vivent soumis dans les missions, n'appartiennent pas à la famille péruvienne ou quichua, mais à la famille *Cavere May-*

pure, venue des bords de l'Orénoque. Ces peuples ont la polygamie en horreur.

Les hommes de race étrangère qui dominent à Bolivia sont généralement d'origine espagnole. Ils sont peu nombreux, ainsi que les Africains ou descendans d'Africains, et les races mélangées.

Religion. La religion dominante dans la république est le catholicisme; mais les peuples qui ne reconnaissent pas la dépendance des descendans d'Européens quels qu'ils soient, restent fidèles au culte des indigènes. Celui des Péruviens, basé sur une révélation, a disparu; seulement quelques-unes de leurs pratiques subsistent encore. Il est curieux d'observer dans cet ancien culte les traces du *Trimurti* ou Trinité des Hindoux, et de les voir avant la venue de leur Manco-Capac, offrir sur les bords du Titicaca les cruels sacrifices que les Hindoux font à Brahma sur les bords du Gange. Dans les villages éloignés des grandes villes, les Indiens soumis conservent leurs vieilles idoles à côté de la croix et des saints que les prêtres espagnols leur ont apportés; ils couronnent de fleurs les objets de leur antique adoration, et leur adressent des prières secrètes; on en voit même se prosterner en cachette à l'aspect du soleil levant.

Gouvernement. A l'époque de sa conquête, le florissant empire du Pérou était régi par un despotisme théocratique. Aujourd'hui les Boliviens obéissent à la république implantée chez eux par les descendans des Espagnols, comme au catholicisme que leur ont imposé les prêtres venus de la métropole. Partout où ils peuvent être libres, ils se constituent en petites républiques indiennes avec des chefs tantôt électifs, tantôt héréditaires.

Le gouvernement établi par la race européenne qui a secoué le joug de la mère patrie, est une république démocratique. La souveraineté réside dans le peuple ; elle est exercée par un corps électoral, un corps législatif, un corps exécutif et un corps judiciaire. Le pouvoir exécutif est confié à un président à vie, à un vice-président et à trois secrétaires d'état. Le corps législatif émane directement des colléges électoraux nommés par le peuple. Il se compose de trois chambres, celle des tribuns, celle des sénateurs et celle des censeurs. Chaque chambre est composée de trente membres. Chaque législature dure quatre ans, et chaque session annuelle deux mois. La constitution garantit à tous les citoyens la liberté civile, l'inviolabilité des personnes et des propriétés, l'égalité devant la loi. Tout citoyen a le droit de publier ses pensées sans être astreint à aucune censure préalable ; mais il demeure responsable des abus de cette liberté.

Industrie. Les indigènes Américains non soumis au catholicisme ne sont pas tous sauvages errans, vivans de la pêche et de la chasse, privés d'arts et d'institutions sociales. Qu'on se rappelle les Péruviens à l'époque de la conquête ! qu'on visite les anciens monumens qui existent sur les bords du Titicaca ! qu'on parcoure les plantations de quelques peuplades de Bolivia ! qu'on examine les poteries, les hamacs, les tissus qu'elles fabriquent ! La république des Européens possède aussi d'immenses ressources en tout genre ; mais il reste à son gouvernement la tâche d'en tirer parti. Il doit à cet effet encourager l'agriculture et l'industrie, l'exploitation des richesses minérales aujourd'hui presque abandonnée, établir des communications faciles entre les départemens, ouvrir enfin des voies au commerce, la première base de la prospérité d'un pays.

Commerce. Tout le commerce de Bolivia avec l'étranger se fait par Arica et autres ports intermédiaires qui appartiennent au Pérou : il en résulte des droits onéreux de transit. Pour obvier à cet inconvénient, le gouvernement bolivien a érigé en port franc, sous le nom de *Puerto-Lamar*, la chétive bourgade de Cobize, située dans le désert d'Atacama. Mais tous les encouragemens prodigués à cet unique port de la république n'ont pu suppléer au besoin d'eau douce qui s'y fait sentir, et qui devra nécessairement retarder l'essor de sa population et de son industrie. On peut dire que le commerce de Bolivia est aujourd'hui nul. Aidé par son gouvernement, il pourra introduire dans le pays les marchandises d'Europe, qui n'y arrivent qu'avec difficulté et grevées de frais qui en triplent le prix. L'Europe en retirera en échange de l'or et de l'argent, des drogues médicales, de la laine de vigogne et d'alpaca, des fourrures de loutre et de chinchilla, du cacao et de la cochenille.

Etat social des Américains. Le nouveau continent offre, comme l'ancien, ses foyers de civilisation indigène, des institutions assez semblables à celles des Egyptiens et des Etrusques, trois grands-prêtres ou législateurs barbus et moins basanés, venus de l'orient, réunissant les tribus errantes, enseignent les arts et l'agriculture. La tradition attribue à un peuple inconnu les constructions gigantesques élevées dans les environs du Titicaca, long-temps avant l'apparition de Manco-Capac. Elles entourent le village de Tiahuanacu, qui leur doit sa célébrité. « Le plus admirable de ces chefs-d'œuvre, dit l'inca Garcilasso, est un côteau, un tertre fait de main d'homme, d'une hauteur démesurée, ayant pour fondemens de grandes masses de pierres fort bien cimentées. D'un autre côté, on voit des géans de pierre taillée, portant des habits traînant jusqu'à terre, et la tête couverte d'un bonnet, le tout usé par le temps. On remarque une muraille fort longue, dont les pierres sont si grandes qu'on ne peut comprendre comment des hommes ont eu assez de force pour les transporter ; car il n'y a que bien loin de là des rocs ou des carrières. On distingue en d'autres endroits quantité de bâtimens extraordinaires, de grandes portes intactes, qui n'ont aux quatre coins qu'une seule pierre ; il y en a de trente pieds de long, quinze de large et six de haut. Il n'est pas possible d'imaginer avec quels outils ces masses ont pu être taillées. Ces monumens ont servi de modèle aux incas pour élever la belle forteresse de Cuzco. On voit en outre aux environs de *Tiahuánacu*, ajoute Garcilasso, appuyé du témoignage de deux autres témoins oculaires, une cour de quinze brasses en carré et de deux étages de haut ; à l'un des côtés est une salle de quarante-cinq pieds de long, sur vingt-deux de large ; la place, les murs, la salle, le parquet, le toit et les portes sont d'une seule pièce, prise et taillée dans le roc; les murs ont trois aunes d'épaisseur, et le toit de pierre imite un toit de chaume. Il y a tout près quantité d'autres pierres mises en œuvre, qui représentent des hommes, des femmes faits si au naturel qu'on les croirait vivans. Les uns se tiennent assis, d'autres debout; il y en a qui portent des vases ou semblent vouloir franchir un ruisseau qui traverse le monument; des statues de femmes ont des enfans sur leur sein, à leur côté, ou qui les tiennent par le pan de la robe, etc. »

« Ces monumens, dit M. Pentland, qui vient de les visiter, ont, depuis Garcilasso, éprouvé bien des dégradations. On y reconnaît encore les pierres énormes dont il parle, et dont quelques-unes pèsent quatre-vingts tonneaux, les grandes portes d'un seul bloc de trachyte, les massifs sur lesquels elles reposent, les grandes cours ou quadrilatères placés sur des tertres ou pyramides artificielles en terre, avec des passages souterrains à l'intérieur. Ces quadrilatères, qui ont soixante toises de côté, se composent de blocs énormes de trachyte et de grès rouge. Les sculptures, qui restent en petit nombre, sont grossières, en bas-reliefs, peu saillantes, représentant l'inca, sa femme, le soleil sous plusieurs formes, et la tête d'un oiseau de proie inconnu, et qui n'est pas le condor. Un fait assez remarquable, c'est que le lac de Titicaca, dont les eaux baignaient les murs de ces monumens il y a trois siècles, en est aujourd'hui éloigné de cent pieds. Un fait plus curieux encore, et d'une haute importance pour l'anthropologie, c'est que les crânes trouvés par M. Peutland dans les tombeaux voisins, et dont plusieurs ornent la grande collection cranologique de feu Cuvier, se distinguent de ceux de toutes les autres races connues, par leur extrême dépression et l'avancement extraordinaire des mâchoires. » (M. Adrien Balbi, *Abrégé de géographie*, 1833.)

Division et topographie. Le territoire de Bolivia est divisé en six départemens : Chuquisaca, la Paz, Oruro, Potosi, Cochabamba, Santa-Cruz de la Sierra. Ces six départemens sont subdivisés en provinces et les provinces en districts : il y a de plus la province de Tarija, qui n'a encore été réunie à aucun des six départemens. Détachée en 1809 de Bolivia, pour être jointe à Buenos-Ayres, elle y est revenue non sans de fortes réclamations du gouvernement de la Plata.

Villes principales. Chuquisaca ou *Charca*, dite aussi *la Plata*, une des plus anciennes villes de l'Amérique, fondée en

1538 sur l'emplacement de la ville péruvienne de Chuquisaca. Elle dut plus tard
son nom de la Plata à une riche mine d'argent que les Espagnols découvrirent aux
environs. Chef-lieu du département de
Chuquisaca, elle a été déclarée capitale de
toute la république bolivienne, en atten-
dant la fondation de la ville de *Sucre*, qui
doit être construite en l'honneur du général de ce nom. Elle est située près des
sources d'un des affluens du Cachimago, à
2844 mètres au-dessus du niveau de la mer,
dans une plaine riante et bien cultivée. Bâtie avec goût, elle compte parmi ses édifices
la cathédrale, le collége, plusieurs couvens
et le palais de la présidence. Elle est le siége
d'un archevêché et possède, outre le collége, une université jadis très-fréquentée,
et une bibliothèque assez nombreuse. Sa
population s'élève à douze mille ames.

La Paz d'Ayacucho, autrefois Nuestra
Senora de la Paz, grande ville épiscopale,
possédant un collége et regardée comme la
plus florissante de la république. On lui
donne quarante mille ames. Elle est située
dans une vallée profonde, creusée par le
torrent de Choqueapo, à 3717 mètres au-
dessus du niveau de la mer. Sur son territoire s'élèvent les Nevados de Sorata et
d'Illimani, les deux plus hautes montagnes

du Nouveau-Monde. On y trouve aussi les antiquités de Tiahuanaco et le lac de Titicaca dont nous avons parlé. Ce fut dans un îlot de ce lac que Manco-Capac prétendit avoir reçu sa vocation divine. Les Incas y bâtirent, en l'honneur du Soleil, un temple qu'on dit avoir été recouvert de lames d'or, et où les Péruviens apportaient, chaque année, des offrandes en or, en argent et en pierreries. On assure qu'à l'arrivée des Espagnols ces trésors furent jetés dans le lac.

Oruro, petite ville de quatre à cinq mille ames, célèbre par ses mines d'argent.

Potosi, au pied de la montagne de ce nom, renommé par la prodigieuse masse d'argent qu'on a tirée de ses entrailles. Elle possède un hôtel de monnaie où l'on a frappé des millions de piastres. C'est une des villes les plus hautes du globe ; sa grande place est à 4,058 mètres au-dessus du niveau de la mer, et sa partie la plus élevée à 4,166 ; elle égale la plus haute cîme des Alpes. Ses rues sont étroites, irrégulières, ses maisons mesquines et mal construites. La température y est très variable, l'hiver fort rude ; les rochers qui l'environnent sont dépourvus de toute végétation ; l'on est obligé de faire venir de loin les légumes, les fruits, les fourrages et le bois. Elle est bien déchue de son ancienne splendeur. Sa population, qu'on estimait à cent soixante mille ames au commencement du xviie siècle, ne dépasse pas aujourd'hui dix mille ames.

Cochabamba, environnée de campagnes fertiles, a trente mille habitans.

Santa-Cruz de la Sierra, autrefois San Lorenzo de la Frantera, petite ville épiscopale, mal bâtie, n'en a pas plus de neuf mille. C'est dans le département dont elle est le chef-lieu, que se trouvent les deux provinces des Moxos et des Chiquitos. Vastes pays composés de vingt-trois missions fondées par les jésuites avant leur bannissement en 1750. Quelques peuplades errantes conservent leur indépendance.

Histoire. La plus grande partie du territoire actuel de Bolivia fut colonisée en 1533 par Pizarre. En 1778 il fut détaché de la vice-royauté du Pérou pour faire partie de la nouvelle vice-royauté du Rio de la Plata, et suivit le sort de cette dernière, en s'insurgeant plusieurs fois contre les Espagnols. Une victoire décisive remportée sur le général Olanetta, par les généraux colombiens Bolivar et Sucre, délivra pour jamais le pays de ses oppresseurs. La confédération du Rio de la Plata et la république du Pérou ayant préalablement déclaré qu'elles n'élevaient aucune prétention sur cette contrée, le 6 mai 1825 parut un décret de

Bolivar, invitant les habitans à se réunir en congrès pour adopter le gouvernement qui leur paraîtrait le plus propre à assurer leur bien-être. Le congrès, assemblé à Chuquisaca, se prononça le 6 août pour le système républicain, et déclara l'indépendance du nouvel état ; il fut décidé que le pays prendrait le nom de Bolivar, et la capitale le nom de Sucre. Tout semblait achevé après un succès si complet : la paix paraissait établie sur des bases inébranlables. Il n'en fut rien ; les habitans de la province de Chuquisaca, payant d'ingratitude leurs libérateurs, s'armèrent en 1828 contre l'armée colombienne. Sucre les soumit ; mais ayant été grièvement blessé, un de ses lieutenans fut obligé de signer un traité qui proclamait sa déchéance et la convocation d'un nouveau congrès. L'armée colombienne repassa la frontière, et le général Santa-Cruz fut élu président de Bolivia, avec le général Velasco pour vice-président.

Eugène DE MONGLAVE.

BOMBARDES (Marine), ou GALIOTE A BOMBES. Invention due au père Renaud, et dont Louis XIV sut tirer un si grand parti pour châtier Alger et le doge de Venise. Le fameux Duquesne ne fut d'abord point partisan de cette découverte, qui devait lui procurer de si beaux résultats, et changer la face des siéges maritimes. Les bombardes sont des bâtimens à fonds plats destinés à porter des mortiers ; ce fond plat a pour but de diminuer les coups de roulis qui peuvent amener de la déviation dans le tir, et en même temps diminuer le tirant d'eau, ce qui permet d'approcher de terre, et d'en rendre ainsi l'effet plus efficace. Les bordages des bombardes diffèrent de ceux de toute autre construction maritime ; il faut qu'ils soient à même de porter à la fois un lourd appareil, et que leur élasticité les rende propres à résister à une détonation violente, sans courir les risques de se briser. Dans ce dernier but, la préparation intérieure nécessite des soins tout particuliers. On construit ce qu'on appelle un puits, partant de la cale du navire, jusqu'au pont ; le puits est un prisme rectangulaire formé de pièces de bois à sa base, puis de planches de chêne assez solides pour supporter le poids de l'appareil : on comble son vide intérieur avec des débris de cordages, de câbles et feuillards disposés par couches ; c'est sur cet espace élastique que repose la plate-forme du mortier. Aujourd'hui, on construit de manière à rendre la plate-forme du mortier mobile, de manière à changer la direction du tir, sans faire faire de mouvement à la bombarde. DUVERGER.

BOMBARDEMENT, *Voy.* Siége.

BOMBES, *voy.* Projectiles.

BONDRÉES. (Ornithologie.) Espèce de faucons. (*Voy.* ce mot.) Dans ces derniers, l'espace compris entre l'œil et le bec est sans plumes, et seulement garnis de quelques poils; dans les bondrées, il se trouve couvert de plumes très serrées et découpées en écailles. Le bec des bondrées est faible, semblable à celui du milan, courbé dès sa base, elles ont les tarses réticulés et demi-emplumés vers le haut, queue égale, ailes longues, nichant dans les rochers, sont très courageuses et ont les mêmes mœurs que le faucon (*voy.* ce mot.) : la seule espèce que nous ayons en France est :

La Bondrée commune. D'un brun décidé dessus, mélangé brun et blanc dessous, selon les individus. D'après Buffon, elle est aussi grosse que la *buse*, elle a vingt-deux pouces de longueur depuis le bout du bec jusqu'à l'extrémité de la queue, quatre pieds deux pouces d'envergure. Elle se tient habituellement sur les arbres pour épier sa proie. Elle se nourrit de mulots, grenouilles, lézards, chenilles et autres insectes. Son vol est peu étendu, elle ne va guère que d'arbre en arbre ou de buisson en buisson. Quoique ressemblant au milan, on pourra toujours la distinguer d'avec lui par cela seul, et ensuite par sa queue qui n'est pas fourchue comme celle du milan. L'hiver on tend des piéges à la bondrée, alors elle est très grasse et assez bonne à manger.

H. DE BEAUMONT.

BONDUC, ou chicot du Canada, (*Gymno gladus canadensis*). Arbre magnifique; soixante pieds de haut, tronc proportionné, feuilles bipinées, longues de deux à trois pieds, d'un effet pittoresque l'été, triste et morne l'hiver. Cet arbre, dont le bois est propre aux arts, est assez rare en Europe, quoiqu'il se trouve dans toutes les collections exotiques.

BONNETIER. (Technol). On donne ce nom au marchand dont le commerce consiste à débiter tout ce qui concerne le lainage, et les tricots de quelque genre qu'ils soient. *Voy.* TRICOT.

BONZES. Mot dont l'origine n'est pas connue; il s'applique indifféremment aux prêtres du Japon, de la Chine et de la Cochinchine, sans avoir égard aux nombreuses sectes auxquelles ils appartiennent. Ces différentes sectes reconnaissent un fondateur unique, Xaca.

Novateur hardi, d'un génie puissant, Xaca, selon quelques historiens, puisa en Egypte la base de la foi nouvelle, la propagea dans l'Inde, d'où elle se répandit en

Chine et au Japon. C'est une chose de re-marque, que l'analogie frappante qui existe entre le dogme de Xaca et l'œuvre admira-ble, l'œuvre éternelle de Jésus-Christ. — On y trouve un dieu né d'une vierge, et sauveur des hommes, le symbole de la divi-nité en trois personnes. Après la mort, les récompenses pour la vertu, châtiment et regrets pour le crime.

Les préceptes de ce dogme sont simples. Quatre suffisent pour mériter les joies de la vie future : « ne tuer aucun être vivant ; — ne commettre ni le vol, ni toute autre ac-tion honteuse ; — ne point proférer de men-songes, faire œuvre pie' en donnant aux prêtres ou aux couvens ; — et enfin s'abste-nir de l'usage du vin.

Dans le premier de ces préceptes, on re-trouve une idée de métempsychose, dans le dernier une disposition du Coran. Ce que nous venons de citer compose ce qu'on ap-pelle la doctrine extérieure ; celle intérieure est un matérialisme des plus complets. Heu-reusement que le nombre des initiés est restreint, et qu'un grand nombre de bonzes l'ignorent totalement. Néanmoins, quoique cette doctrine soit peu répandue, elle n'en est pas moins la mère de toute dissidence. On compte trois sectes ainsi divisées d'opi-nion et qui se portent une haine implacable :

la première, celle des Xodoxiens, ou de *Coquexus*, qui suivent avec rigueur les préceptes de la doctrine extérieure de Xaca; les seconds, appelés Negores, forment une secte guerrière très-répandue, habitent des villes entières, dont tout accès est scrupuleusement interdit aux femmes; la troisième, celle des Xenxus, qui professent la doctrine intérieure dans tout son quiétisme, niant la vie future. Quelles que soient, du reste, leurs nuances, ces bonzes mènent une vie pure et toute d'exemple : les uns font des pénitences austères, d'autres prêchent les préceptes de leur maître; le seul reproche à leur faire est une insatiable cupidité.

HENRION.

BORAX. Dans le commerce, on donne ce nom au borate de soude, appellé aussi tinkal ou chrysocalque.

Le borax brut nous vient de l'Inde depuis les temps plus reculés; on l'extrait principalement du lac *Nechal* dans le Thibet. Cette substance est déposée sous la forme de cristaux au fond des lacs dont on fait écouler les eaux pour la recueillir. La surface du borax brut est couverte d'un enduit gras dont l'origine n'est pas bien connue; les uns prétendent qu'il est recueilli dans cet état, d'autres disent que les commerçans le revêtent de graisse pour empêcher les cristaux de s'effleurer.

Pour être employé, le borax a besoin d'être raffiné ; pour cela, il suffit de le calciner ou de le faire bouillir avec de la soude, et de le faire cristalliser de nouveau.

Depuis qu'on a découvert l'acide borique libre dans les lacs de Toscane, d'où il s'extrait facilement, le borax a presque cessé d'être pour nous un objet de commerce avec l'Inde. On a, en effet, plus d'avantage à le fabriquer de toutes pièces, puisque les matières premières se trouvent être chez nous de peu de valeur. M. Payen a établi une manufacture de ce produit, qui peut fournir à tous les besoins du commerce. Depuis cet établissement, le prix du borax est tombé des deux tiers.

Le borax du commerce est blanc, translucide, cristallisé en prismes oxaèdres terminés par une pyramide à quatre faces ; il est efflorescent et d'une saveur alcaline ; la chaleur le fait fondre dans son eau de cristallisation, qui forme la moitié de son poids; il se dessèche et subit la fusion ignée : à cet état il forme un verre blanc altérable à l'air, Lorsqu'il est dissous, il est décomposé par tous les acides un peu forts, et l'acide borique se précipite sous la forme de paillettes.

100 parties de borax contiennent 70 parties d'acide borique et 30 parties de soude.

Usages. Il sert à souder l'or et l'argent, à *braser* la tôle et le fer. Les minéralogistes l'emploient souvent dans les essais de mines. Les médecins le regardent comme astringent et l'emploient souvent contre les aphtes et les salivations excessives. Dans les pharmacies on s'en sert pour préparer l'acide borique connu sous le nom de *sel sédatif*. Enfin, on a récemment découvert une nouvelle *couverte* pour la porcelaine, dans laquelle il entre en forte proportion.

Ces usages sont assez restreints et font désirer qu'on en trouve de nouveaux. La consommation actuelle du borax est de 25,000 kilog. en France; elle pourrait être beaucoup plus forte sans que le prix en soit augmenté, tant cette substance est facile à produire.   L. VARENNES.

BORATES. Genres de sels formés par la combinaison de l'acide borique avec une base. Excepté ceux de soude, de potasse et de lithium, tous les borates connus sont insolubles. Leurs dissolutions, traitées par un acide un peu fort, sont décomposées; l'acide borique se précipite sous la forme de petites écailles blanches.

Dans les borates, l'oxigène de l'acide est

à celui de l'oxide dans le rapport de 8, 6 à 1.

Le borate de soude est le seul qui se trouve dans la nature et le seul employé. Il est plus généralement connu sous le nom de borax. (*Voy.* ce mot.)   L. Varennes.

BORE. Corps simple découvert par Gay-Lussac en 1809. Il est solide, d'un brun noirâtre, sans saveur ni odeur ; du reste, fort peu connu.

Il s'obtient en décomposant l'acide borique par le potassium.

Le bore ne se trouve jamais pur dans la nature, il est toujours uni au moins à l'oxigène.

Il est sans usages.

BOSNIE, *voy.* Turquie.

BOSTON. Jeu de cartes que l'on joue à quatre, quelquefois à trois avec des cartes entières. Il tire son nom de Boston, ville importante des Etats-Unis. Sa découverte ne remonte guère au-delà d'un demi-siècle. Son introduction en France coïncide avec l'arrivée à Paris, en 1778, de Benjamin Franklin, et c'est peut-être cette circonstance qui lui fit donner le nom de *Boston*, patrie du célèbre envoyé anglo-américain.

Sous un pareil patronage, inventé dans un temps où toutes les têtes s'exaltaient au mot magique de liberté, il semblerait que le *Boston* dût dans sa marche, dans ses règles laisser percer une teinte républicaine ; loin de là, il n'y a pas de jeu qui affecte des formes plus aristocratiques. De seize coups différens dont se compose le boston un seul se joue à deux ; dans les *quinze* autres le dé est tenu par un joueur unique.

Ne retrouve t-on pas dans ces diverses combinaisons le gouvernement d'un seul se répétant sous différentes formes, les *quinze* monarchies existantes à cette époque en Europe : la France, l'Espagne, le Portugal, la Sardaigne, les Etats-Romains, Naples, l'Angleterre, la Hollande, le Danemarck, la Suède, la Russie, la Pologne, la Prusse, l'Allemagne et la Turquie ? Ne reconnaît-on pas dans la conduite des trois joueurs, qui, s'efforçant de faire perdre le quatrième, réussissent parfois, échouent plus souvent, ces nombreuses conspirations, ces conjurations d'intérieur de palais qui s'ourdissent dans les Etats absolus, et qui le plus fréquemment sont découvertes avant l'explosion, mais qui se terminent aussi quelquefois par la mort violente d'un czar ou d'un sultan. Le coup unique où deux joueurs coalisés, luttant contre les deux autres, n'est-il pas un peuple s'alliant momentanément à un souverain apportant dans la société une mise double de la sienne, et partageant cependant également avec lui les résultats de la conquête ?

Après nous avoir présenté sous les aspects les plus variés, les plus amusans, le gouvernement d'un seul, l'inventeur du boston a peut-être involontairement donné le dernier coup à son tableau, et la vérité lui est échappée à son insu. Est-il possible de ne pas reconnaître dans la *misère des quatre as*, un congrès de rois dont la réunion fait naître l'indigence et la ruine, dans les *quatres* autres *misères*, dans le *piccolissimo* qui en est une cinquième ; la pauvreté, l'infortune, si universellement répandues dans une autocratie.

Le boston, tout puissant sous l'Empire, perdant petit à petit de sa considération sous la restauration ; enfin, presqu'abandonné depuis trois ans, semble dans ses différentes phases suivre, en sens inverse, la fortune du principe démocratique ; aussi, en supposant que cette opposition continue, il est bien à craindre que cet article ne soit avant peu nécrologique.

Le boston a eu ses novateurs, ses perfectionnemens. On a vu surgir successivement les bostons de Fontainebleau, de Lorient, de Nantes ; le boston russe, etc. De ces variétés, la plus amusante, selon nous, est le *boston de Lorient*. Un des grands désagrémens dont se plaignent les joueurs de boston est de se voir enlever un beau jeu par un joueur peu loyal ou trop entreprenant ; sept levées en cœur, dix levées en cœur, le seront par une grande misère, par une petite misère sur table en pique. Le boston de Lorient a paré à cet inconvénient ; le joueur qui a enlevé un coup à un autre , et qui perd est condamné envers lui à un paiement double ; tout ce qui n'est pas *levées* ne se demande qu'en cœur ; enfin il existe une cinquième couleur appelée les *quatre couleurs* dans six levées aux quatre couleurs les cartes conservent leur valeur réelle et il n'y a pas d'atout.

Nous ne donnerons pas ici les règles du boston et de son paiement. Ceux de nos lecteurs qui ne les connaissent pas les trouveront dans l'*Académie des Jeux*. DE BORMANS.

BOTANIQUE (du mot grec *botané*, plante) ; science qui apprend à connaître les végétaux , à les distinguer et à les classer. La botanique, proprement dite, considère les plantes comme des êtres distincts les uns des autres , qu'il s'agit de décrire et de distribuer en classes ou en familles. La physique végétale étudie les plantes comme êtres orgarnisés et vivans , nous fait connaître leur structure intérieure, le mode d'action propre à chacun de leurs organes, et les altérations qu'elles peuvent éprouver soit dans leur tissu, soit dans leurs fonctions. Enfin, on donne le nom de botanique appliquée à cette partie de la science qui s'occupe des végétaux sous le rapport de leur culture, de leur utilité, ou de leurs usages dans la médecine, les arts, l'économie domestique, etc. Dans cet article nous nous occuperons spécialement de l'organographie, ou de la description des organes; de la physiologie, ou de l'étude des fonctions propres à ces mêmes organes; nous terminerons par quelques considérations sur la pathologie végétale, et en présentant le résumé rapide de l'histoire de la Botanique chez les anciens et les modernes, nous offrirons peut-être à nos lecteurs quelques réflexions affligeantes sur cet esprit d'innovation, cette manie du changement qui tend depuis une vingtaine d'années à faire de la science la plus aimable et la plus facile, sous la discipline des Linné, un véritable chaos.

Dans la botanique, comme dans toutes les autres branches de l'histoire naturelle, on est obligé d'employer un assez grand nombre de termes, qu'il est nécessaire de bien connaître d'abord, si l'on veut concevoir une idée nette des objets.

STRUCTURE DU VÉGÉTAL. Dans l'examen d'une plante la première chose qui frappe les yeux est cette partie tantôt droite, tantôt couchée ou oblique, qu'on nomme *tige*. Souvent elle se divise en *branches* et en *rameaux*; elle est fixée au sol par l'intermédiaire d'un autre corps appelé *racine*; celle-ci est ordinairement enfoncée dans la terre, et terminée par des filamens très-déliés, qu'on nomme *radicelles* ou *chevelu*; c'est par les radicelles que la plante pompe une partie de sa nourriture.

En observant la coupe transversale d'un arbre, on a pu remarquer au centre de la tige un *étui* central où est renfermé la *moëlle*, puis des couches ou zones circulaires qui se recouvrent et s'emboîtent les unes dans les autres comme les tubes d'une lunette d'approche, et constituent le *bois* : ensuite des couches plus tendres qui forment l'*aubier*, et enfin l'*écorce* ou tissu particulier qui enveloppe le tout.

Les *tiges* et leurs divisions sont, au printemps, garnies de *feuilles*, expansions aplaties, membraneuses, d'un vert plus ou moins foncé. Elles sont elles-mêmes produites par les *bourgeons*, petits corps écailleux d'une forme arrondie, ovale, plus ou moins allongés qui naissent dans l'aisselle des feuilles et des rameaux. Toutes ces parties qu'on nomme *Organes de la végétation* sont alimentées par des fluides particuliers, comme la *sève*, le *cambium* et les *sucs propres*, c'est-à-dire appartenant à certaines espèces à l'exclusion des autres.

Les *organes accessoires* qui viennent s'implanter sur les premiers, sont les *poils*, les *glandes*, les *stipules*, les *vrilles*, les *épines*, les *aiguillons*, etc.

La *fleur*, qui se compose ordinairement de deux enveloppes circulaires, l'une extérieure, verte, appelée *calice*; l'autre intérieure, presque toujours peinte des couleurs les plus brillantes, est nommée *corolle*. Ces deux parties sont souvent formées de plusieurs pièces distinctes qui portent le nom de *divisions* ou *sépales* dans le *calice*, et de *pétales* dans la *corolle*.

Au centre de la fleur est l'organe femelle, appelée *pistil*; il se compose d'un corps assez volumineux, l'*ovaire*, qui contient les *ovales* ou rudimens des graines; d'une petite colonne ou *style*, supportant une partie glanduleuse de forme variable, destinée à recevoir l'impression de l'organe mâle; on l'appelle le *stigmate*. Autour du pistil sont rangés les *organes mâles* ou *étamines*, espèces de filamens surmontés d'une petite boîte ou poche membraneuse, *anthère*, dans laquelle est contenu le *pollen* ou la poussière fécondante.

L'ovaire fécondé se développe, se gonfle, et forme l'époque de la maturité, le fruit dans lequel on distingue : 1° le *péricarpe* ou enveloppe tantôt sèche, tantôt charnue, de la graine ; ce n'est que l'ovaire accru et développé ; 2° la *graine*, partie la plus importante du végétal, puisqu'elle est destinée à le reproduire. Elle se compose essentiellement de l'*épisperme* ou tégument propre de la graine, et de l'*amande* ou corps contenu dans l'épisperme.

L'amande renferme l'*embryon*, qui est formé de trois parties : 1° la *radicale*, qui dans la germination donne naissance à la racine ; 2° la *gemuule* ou *plumule*, qui, en se développant, produit la tige ; 3° le corps *cotylédonaire*, qui est simple ou divisé en deux parties, nommées *cotylédon*.

De là, la division des végétaux en deux grandes classes : les *monocotylédons* et les *dicotylédons*, c'est-à-dire ceux dont l'embryon présente deux *cotylédons*.

Telle est l'organisation la plus générale et la plus complète des végétaux ; mais on ne doit pas s'attendre à trouver toujours réunies sur la même plante les diverses parties que nous venons d'énumérer. Ainsi la tige ou la corolle, ou les feuilles, etc., manquent quelquefois. Il est une classe entière de végétaux, tels que les lichens, les mousses, les champignons, les algues, etc., où l'on ne peut découvrir d'organes sexuels : c'est ce qui les a fait nommer *cryptogames*, c'est-à-dire plantes à organes sexuels cachés ou invisibles. Comme ils sont ainsi dépourvus de graines,

et par conséquent d'embryon et de cotylédons, on les appelle encore plantes *acotylé-
dones*. Elles sont très nombreuses et constituent environ la septième partie des 70,000
végétaux aujourd'hui connus. Si l'on a par-
couru les *Prodromes de Candolle* et de
R. Brown, l'immense catalogue de Kunth,
Humbold et Bonpland, le résumé des voyages
des navigateurs modernes, ce nombre ne
paraîtra pas extraordinaire. L'illustre pro-
fesseur de Genève n'a pas balancé lui-même
à porter à 120,000 la totalité des espèces
qui existent à la surface du globe; 60,000
seulement sont décrites dans des ouvrages
spéciaux.

Parties élémentaires des végétaux.
Quand on examine l'organisation intérieure
d'un végétal, on voit qu'il est formé d'un
tissu membraneux, continu, composé de
cellules et de tubes. De là est venue la distinction d'un *tissu cellulaire* et de *tissu tubulaire* ou *vasculaire*.

Le *tissu cellulaire* constitue la moelle,
l'enveloppe herbacée, la partie charnue des
fruits et des feuilles.

Le tissu cellulaire a peu de consistance;
il se déchire facilement, et laisse alors des es-
paces vides ou remplis seulement par de l'air.
On les trouve surtout dans les plantes aquatiques.

Le *tissu tubulaire* est la seconde modification du tissu membraneux. Il se compose de tubes ou de cellules allongées, placées bout à bout et formant des *vaisseaux* ou *canaux* souvent réunis entre eux, et qui distribuent dans le végétal les substances gazeuses ou liquides nécessaires à son entretien.

On distingue plusieurs espèces de vaisseaux : on nomme *ponctués* ou *poreux* ceux qui offrent des séries transversales de points qu'on a considérés comme autant de pores ; en *chapelet*, ceux qui sont comme étranglés de distance en distance ; on les voit à la naissance de la tige, des rameaux, des feuilles, etc.

Les *fausses trachées* ou vaisseaux *fendus*, sont ceux qui sont coupés de fentes transversales au lieu de pores ; ils abondent dans les couches ligneuses des dicotylédons. Les *trachées*, qu'on a comparées à l'organe respiratoire des insectes, sont des tubes dont la lame est roulée sur elle-même en spirale, comme le fil de laiton qui forme l'élastique des bretelles. Les vaisseaux *mixtes*, alternativement poreux, ou fendus, ou roulés, participent de la nature de tous les autres. Les vaisseaux *propres* n'ont ni pores ni fentes, et contiennent un *suc propre* ou particulier à chaque végétal. Ainsi, dans les euphorbes, ils contiennent un suc blanchâtre ;

dans les chélidoines, un suc jaunâtre, etc.

Les tubes simples sont des vaisseaux de volume variable, souvent ramifiés, aboutissant les uns aux autres, et dont les parois ne présentent aucun pore visible. Ces différentes espèces de vaisseaux se réunissent et se soudent souvent entre elles, de manière à former des faisceaux alongés que l'on appelle *fibres*. Ce sont ces fibres que l'on nomme *nervures* dans les feuilles. On appelle *parenchyme* la partie ordinairement molle, composée essentiellement de tissu cellulaire qu'on observe dans les feuilles, les fruits, etc.

C'est en s'unissant et en se combinant de différentes manières, que les tissus parenchymateux et fibreux constituent les divers organes des végétaux.

Les parties organiques de la plante servent : 2° à puiser dans le sein de la terre ou de l'atmosphère les substances nécessaires à la nutrition du végétal ; 2° ou elles servent à la reproduction de l'espèce. Il est nécessaire d'examiner avec plus de détails les caractères que présente chacun des organes en particulier, sous le rapport de la structure, de la position relative, de la fonction qu'il doit remplir, etc. Nous traiterons d'abord des organes de la végétation ou de la nutrition.

La *racine* est la partie du végétal située à son extrémité inférieure, ordinairement cachée en terre , qui croît en sens inverse de la tige , c'est-à-dire tend toujours à descendre perpendiculairement , et ne se colore jamais en vert par l'action de l'air et de la lumière.

Presque tous les végétaux sont pourvus de racines qui servent ou à les fixer au sol , ou à épuiser une partie des substances nutritives nécessaires à leur développement. Dans un petit nombre d'espèces aquatiques, *tremelles* et *conserves* , les racines manquent entièrement ; la racine seule , au contraire , semble constituer toute la truffe.

La partie qui sépare la racine de la tige , c'est-à-dire le point intermédiaire où les fibres commencent d'une part à monter , de l'autre à descendre , s'appelle le *collet*. On le désigne encore sous le nom de *nœud vital*. Au-dessous du collet est le *corps* de la racine d'où partent les *radicelles* ou *fibrelles* plus ou moins déliées, que l'on nomme *chevelu*. Plus le terrain est meuble, plus le chevelu se développe et devient abondant. Quand une racine rencontre un filet d'eau , son extrémité s'alonge et se divise en ramifications capillaires que l'on nomme *queue de renard*.

La durée des racines les a fait distinguer en *annuelles* , *bisannuelles* , *vivaces* et *ligneuses*.

Les racines annuelles sont celles des plantes qui, dans l'espace d'un an, se développent, fructifient et meurent. Les *bisannuelles* demandent deux ans pour leur complet développement; elles poussent des feuilles la première année, et la seconde elles meurent après avoir fleuri et fructifié. Les racines vivaces appartiennent aux végétaux ligneux et à ceux qui produisent des tiges herbacées; mourant tous les ans, tandis que la racine vit un grand nombre d'années. Les racines *ligneuses* ne diffèrent des *vivaces* que par leur consistance plus solide, et par la persistance de la tige qu'elles supportent.

Les racines, relativement à leur structure et à leur forme, se partagent en *pivotantes*, c'est-à-dire s'enfonçant perpendiculairement en terre; elles sont simples ou rameuses, et n'appartiennent qu'aux plantes dicotylédones. Les plantes monocotylédones n'ont que des racines *fibreuses*, c'est-à-dire formées de jets longs et filamenteux, simples ou ramifiés. Les racines *tubéreuses* ou *tubérifères*, constituent des tubercules ou corps charnus et remplis de fécule amilacée; et dans leurs enfoncemens, on voit les turions qui, plus tard, se développeront et reproduiront la plante. La racine *bulbifère* est formée d'une sorte de tubercule mince et aplatie qu'on nomme plateau, dont la partie inférieure produit des radicelles, et dont la partie supérieure porte un ognon ou une bulbe.

Il est encore d'autres variétés de formes que l'on désigne par des termes particuliers ; ainsi l'on dit qu'une racine est *fusiforme*, c'est-à-dire en fuseau ; *napiforme*, ou en toupie ; *conique*, ou en cône renversé, comme la betterave ; *noueuse* ou filipendulée, quand elle offre, à certaine distance, des nœuds ou rénflemens qui la font ressembler à un chapelet ; *grenue* ou *granulée, faciculée, articulée, contournée, dydime*, ou *testiculée, palmée, digitée*, etc.

De la tige. — La tige est la partie du végétal qui, croissant en sens inverse de la racine, tend à s'élever, cherche l'air et la lumière, et sert de support aux feuilles, aux fleurs et aux fruits quand la plante en est pourvue.

On distingue cinq espèces principales de tiges : le *tronc*, le *stipe*, le *chaume*, la *souche*, et la *tige proprement dite*.

Le *tronc* appartient aux arbres dicotylédones ; sa direction est verticale, sa forme alongée et conique. Il est nu inférieurement, et divisé à une certaine hauteur, en branches et rameaux qui portent ordinairement les feuilles et les fleurs. Il est composé intérieurement de couches concentriques, et s'accroît en longueur et en épaisseur par l'addition de nouvelles couches à sa circonférence.

Le *stipe* est particulier aux arbres monocotylédones, et à quelques végétaux dicotylédones, tels que le *Rauléa* et le *Cicas*. Il
est formé par une sorte de colonne cylindrique aussi grosse au sommet qu'à la base,
quelquefois même plus renflée au milieu
qu'aux deux extrémités, rarement ramifiée,
et terminée par un bouquet de feuilles, d'où
partent les pédoncules des fleurs. L'écorce,
quand elle existe, est peu distincte du reste
de la tige. Le stipe croît en hauteur par le
développement de son bourgeon terminal, et
en épaisseur, par la multiplication des vaisseaux situés à sa circonférence.

Le *chaume* est une tige simple, souvent
fistuleuse, ou creuse dans son intérieur, rarement pleine et ramifiée; séparée de distance
en distance par des nœuds ou cloisons, d'où
partent des feuilles alternes et engaînantes,
c'est-à-dire naissant seule à seule, et roulées
en gaîne autour de la tige par leur partie inférieure. Le chaume est propre aux graminés,
aux joncs, etc.

La *souche* ou *rhizome* est la tige souter-
raine et horizontale des plantes vivaces, cachée entièrement, ou en partie, sous terre,
et poussant de son extrémité antérieure de
nouvelles tiges, à mesure que son extrémité
postérieure se détruit : c'est ce qui l'avait
fait nommer *racine progressive*; mais elle se

distingue des véritables racines, en ce qu'elle s'accroît par sa base ou partie la plus rapprochée des feuillés, et qu'on trouve toujours sur quelque point de son étendue les traces des feuilles qui ont paru les années précédentes. Ex. l'iris, le sceau de Salamon, etc.

Les *tiges proprement dites* sont celles qui ne peuvent être rapportées à aucune des quatre espèces que nous venons de mentionner. On ne doit pas confondre avec la véritable tige la *hampe* et le *pédoncule radical*. La hampe est un pédoncule (support) floral, nu ou sans feuilles, partant du collet de la racine, et terminé par une ou plusieurs fleurs, comme dans la jacinthe, le narcisse, etc. Le pédoncule radical se distingue de la hampe, en ce qu'au lieu de naître au centre des feuilles radicales, il sort de l'aisselle de l'une de ces feuilles.

La tige n'existe pas dans tous les végétaux, outre ceux d'un ordre inférieur, tel que les lichen, etc. ; il en est beaucoup où les feuilles et les fleurs naissent de la racine même, comme dans le colchique, la mérendère.

Sous le rapport de la consistance, on dit que les tiges sont *herbacées*, quand elles sont tendres, molles, vertes, et qu'elles meurent tous les ans. Telles sont celles des plantes annuelles, bisannuelles et vivaces. Toutes ces plantes sont nommées, en général, *herbe*.

Elles sont *sous-ligneuses* quand la base est dure et persiste hors de terre un grand nombre d'années. (Ces végétaux prennent le nom de sous-arbrisseaux quand ils n'ont point de bourgeons écailleux); *ligneuses* lorsqu'elles se convertissent en véritable bois.

Les végétaux à tiges ligneuses se divisent en *arbustes*, quand ils se ramifient dès leur base, et ne portent pas de bourgeons : *arbrisseau*, ramifié dès leur base, mais pourvu de bourgeons : *arbre* , quand le tronc est simple et nu inférieurement ; ramifié seulement vers la partie supérieure. Cette division est purement arbitraire, car un arbre de la même espèce peut, suivant la culture ou les expositions, offrir les trois variétés de grandeur. L'ormille et le buis nain, dont on fait, par la taille, des bordures de plates-bandes ne diffèrent point de l'orme et du buis ordinaires.

La *tige* peut être encore *médulcuse*, ou remplie de moëlle ; *spongieuse* ou formée d'un tissu élastique, compressible comme l'éponge; *fistuleuse* ou creuse intérieurement ; *solide* ou *pleine*, sans cavité intérieure. On nomme sarmenteuses les tiges qui s'élèvent sur les corps voisins, au moyen d'appendice, qu'on appelle vrille : *grimpantes*, celles qui montent en s'attachant au moyen de racines particulières;*volubiles*,celles qui s'entortillent en spirale autour des corps environnans ; on dit que la tige est *couchée* lorsqu'elle s'étend sur la terre sans s'y enraciner ; *rempante*, lorsqu'étant couchée elle s'y enracine par tous les points de son étendue ; *traçante* ou *stalonifère*, quand elle pousse du pied principal de petites tiges latérales, grêles, nommées *coulant* qui s'enracinent et produisent de nouveaux pieds.

Quant à la forme, la tige peut être *cylindrique*, *comprimée*, *triangulaire*, *quadrangulaire*, ou *carrée*, *anguleuse*, suivant le nombre ou l'aspect des angles. Elle est articulée, quand elle est formée d'articulations réunies bout à bout ; *géniculée*, quand les articulations font un angle ; *noueuse*, quand, de distance en distance, elle offre des nœuds ou des renflemens.

La tige est *unie* quand sa surface n'a ni aspérité, ni éminence ; *glabée* ou dépourvue de poils ; *rude*, ou offrant au tact des aspérités ; *verrugeuse*, ou chargée de petites excroissances galeuses ; *subéreuse* ou de la nature du liége ; *grevacée*, *striée*, *silonnée*.

On distingue encore la tige *pubescente*, *poilue, velue, laineuse, cotonneuse, soyeuse, tomenteuse, hispide, etc., aiguilonnée, épineuse.*

Le tronc des arbres dicotylédonés est formé de couches concentriques, représentant une suite d'étuis emboîtés les uns dans les autres; coupé en travers, il montre de dedans en dehors trois parties principales; la *moëlle*, le *corps ligneux* et *l'écorce*.

La moëlle est composée presque en totalité d'un tissu cellulaire, lâche et transparent; elle occupe le centre de la tige et des rameaux, et constitue, avec *l'étui* qui l'enveloppe, le *canal médulaire*. Elle communique avec la couche cellulaire et herbacée de l'écorce, par les prolongemens qu'elle envoie à travers le corps ligneux, et qui s'étendent sur la transversale du tronc, du centre à la circonférence, comme les rayons d'une roue : c'est ce qu'on appelle les *prolongemens* ou rayons médullaires.

Le *corps ligneux* se compose de *bois* et d'*aubier*. Les couches les plus extérieures, celles qui touchent à l'écorce, constituent l'aubier, qui ne diffère pas essentiellement du bois proprement dit, mais seulement il est plus jeune et n'a pas encore toute la dureté et la tenacité qu'il doit acquérir plus tard.

Le *bois* est formé des couches les plus intérieures de l'aubier, qui acquièrent successivement plus de dureté, et se convertissent à la fin en véritable bois. A une certaine époque de la vie du végétal, il se forme chaque année une couche de bois et une couche d'aubier, et il s'ajoute une nouvelle zone concentrique à celle qui existait déjà. Une différence importante entre le bois et l'aubier, c'est que celui-ci est dépourvu de vaisseaux, tandis qu'il en existe dans le bois. C'est au moyen de ces vaisseaux que la sève est portée dans l'épaisseur du tronc ; mais avec l'âge, leurs parois se rétrécissent, leur diamètre diminue ; ils finissent par disparaître, et la circulation de la sève est pour jamais interrompue dans le corps ligneux.

L'écorce comprend *l'épiderme*, *l'enveloppe herbacée*, les *couches corticales*, et le *liber*.

L'épiderme est une membrane mince, composée de cellules de formes très variables, offrant au microscope une multitude de pores ; il enveloppe toutes les parties du végétal : enlevé sur une jeune tige, il se régénère assez facilement ; du reste, c'est de toutes les parties du végétal celle qui résiste le plus long-temps à la décomposition.

L'enveloppe herbacée est une lame de tissu cellulaire qui unit l'épiderme aux couches corticales. Son organisation, semblable à celle de la moëlle, l'a fait nommer *médal* externe. Sa fonction la plus importante est de décomposer l'acide carbonique absorbé dans l'air par le végétal ; décomposition qui n'a lieu, qu'autant que la plante est exposée au soleil :

elle retient alors le carbone, et l'oxigène, mis à nu, se dégage.

Les *couches corticales* n'existent pas dans tous les végétaux, ou du moins elles y sont si peu développées qu'on ne les distingue pas du *liber*; elles sont très apparentes dans les bois d'autel (lagelto). Quand on les étend, elles présentent l'aspect d'un tissu qui ressemble à peu près à de la gaze ou à de la dentelle.

Entre les couches corticales et le corps ligneux se trouve le liber, composé de lames séparées les unes des autres par une couche très mince de tissu cellulaire. Quand il a été enlevé de la superficie du corps ligneux et des bords de l'écorce, suinte une humeur visqueuse qui recouvre la plaie, prend de la consistance, devient verte et celluleuse; et reproduit la partie qui a été détachée. Cette substance visqueuse a reçu le nom de cambium ; on conçoit de ce moment son importance pour l'accroissement des tiges.

ORGANISATION DE LA TIGE DES MONOCOTYLÉDONES. — Si l'on examine la coupe transversale du stipe d'un palmier, on n'y voit pas, comme dans le chêne, par exemple, des zones régulières et circulaires de bois, d'aubier et d'écorce, avec la moëlle au centre. Toutes ces parties paraissent confondues les unes avec les autres. Dans le chêne, les couches les plus anciennes et les plus dures sont au centre ; dans le palmier, au contraire, les parties les plus solides se trouvent à l'extérieur. Cette position inverse se conçoit facilement, si l'on considère la manière dont se développe la tige des palmiers. Le stipe ne s'accroît que très peu en épaisseur, parce que la base persistante des feuilles est bientôt assez endurcie pour résister à la pression du bourgeon qui tend à l'élargir : aussi des tiges de palmier de 130 à 140 pieds ont elles à peine un pied de diamètre ; c'est du bourgeon qui termine le stipe que dépend la vie du végétal ; si on le retranche, la végétation cesse, et l'arbre périt.

Hauteur, grosseur, durée des tiges. — Le sol, le climat, l'exposition influent beaucoup sur le développement des plantes. L'arbre qui dans un terrain où il trouve la chaleur et l'humidité convenables, croît avec force et s'élève à une grande hauteur ; transporté dans un sol stérile, sec et froid, il ne prendra qu'un accroissement très faible, et restera toujours maigre et rabougri.

Certains arbres, comme le chêne, n'acquièrent que par une longue suite d'années une hauteur et un diamètre considérables ; d'autres, au contraire, prennent leur accroissement dans un temps bien plus court, par exemple, le peuplier, le sapin. Des plantes sarmenteuses, la vigne, le houblon, etc. se développent rapidement; mais aucune ne s'alonge avec autant de vitesse que *l'agave americana*; dans l'espace de quarante jours, elle pousse une hampe de trente pieds et plus de hauteur. En général, les arbres les plus hauts de nos forêts européennes ne s'élèvent que de 120 à 150 pieds. Dans l'Amérique, les palmiers et d'autres arbres dépassent souvent 150 pieds; des *encalyptus* de la Nouvelle-Hollande atteignent la hauteur énorme de 180 pieds. Cette élévation des tiges est encore surpassée par l'alongement de certaines plantes sarmenteuses : les circonvolutions du rotang ont de 4 à 600 pieds; les fragmens du *fucus* gigantesque ont quelquefois plus de 800 pieds de long.

La grosseur des arbres n'est pas moins variée que leur hauteur, il en est qui acquièrent des dimensions prodigieuses. Les baobabs (*Adansonia digitata*) observés par Adanson aux îles du Cap-Vert, présentaient de 80 à 90 pieds de circonférence; et dans nos climats il n'est pas rare de voir des chênes, des ormes, des tilleuls, des poiriers et des pommiers qui ont jusqu'à 25 et 30 pieds de tour.

Placés dans un terrain et à une exposition convenable, les arbres peuvent vivre des siècles : le chêne, 600 ans; l'olivier, 300 ;

les cèdres du Liban paraissent indestruc-
tibles. Adanson a calculé que les baobabs,
dont nous avons parlé, avaient environ 6,000
ans.

DES BOURGEONS. Sous ce nom général, on
comprend les *bourgeons* , proprement dit ,
petit corps conique ou arrondi, ordinairement entouré d'écailles, naissant sur les branches, dans l'aisselle des feuilles, ou à l'extrémité des rameaux , et renfermant les rudimens des tiges des branches, des feuilles et
des organes de la fructification. Dans les arbres et les arbrisseaux , ils paraissent au
moins un an avant leur épanouissement ;
dans les arbustes et les plantes herbacées ,
ils ne se montrent que l'année même où ils
doivent se développer. Les bourgeons , dans
nos pays tempérés, paraissent en été ; ils
portent alors le nom d'*yeux*, ils s'accroissent
peu durant l'automne et constituent les *boutons*; en hiver leur végétation s'arrête ; au
printemps ils se gonflent , écartent leurs
écailles et se développent complètement :
c'est alors qu'on les appelle proprement
bourgeons. Dans les arbres de nos climats,
les bourgeons sont protégés extérieurement
contre le froid par un enduit visqueux, et à
l'intérieur par une espèce de bourre ou de
coton qui recouvre la jeune pousse ; les enveloppes manquent dans ceux des contrées

méridionales. Les bourgeons non pourvus d'écailles sont *nus* ; les *écailles* elles-mêmes ne sont que des organes imparfaits, qui n'ont point acquis leur entier développement. Ainsi, on divise les bourgeons en *foliacés, pétiolacés, stipulacés* et *fulcracés*, suivant la différence des organes avortés dont leurs écailles sont composés : ce sont des feuilles ou des pétioles, ou des stipules, ou enfin des pétioles garnies de stipules.

Les *bulbes* appartiennent à certaines plantes vivaces, et principalement aux monocotylédones ; dans ce dernier cas on les appelle ognons. C'est au tubercule applati et solide qui sépare la bulbe des radicelles (*plateau*) que sont attachées par leur base les écailles charnues qui forment la bulbe à l'extérieur ; l'intérieur renferme les rudimens de la hampe et des feuilles. Tantôt les écailles sont d'une seule pièce, s'emboîtant et se recouvrant les unes les autres ; la bulbe est dite alors *tuniquée*. Tantôt les écailles sont distinctes et disposées comme les tuiles d'un toit ou *imbriquées*, la bulbe alors est écailleuse ; elle peut être encore *simple, multiple*.

Les *tubercules* ont la plus grande analogie avec les bulbes solides ; ce sont de véritables bourgeons souterrains qu'on a tort de regarder comme des racines. Ils sont ou *simples*, ou *multiples*, ou *composés*, etc.

Les *bulbiles* sont de petits bourgeons solides ou écailleux, naissant dans l'aisselle des feuilles ou à la place des fleurs, et qui, détachés de la plante-mère (dite alors *vivipare*) s'enracinent, se développent et deviennent des végétaux parfaits.

Les racines vivaces portent des bourgeons qui, en se développant, produisent chaque année de nouvelles tiges ; on les appelle *turions*, par exemple, l'asperge comestible.

Des feuilles. Les feuilles sont des expansions ordinairement ouvertes, membraneuses, planes, naissant sur la tige et les rameaux, ou partant immédiatement du collet de la racine. Par les pores nombreux de leurs surfaces elles absorbent ou exhalent les gazes, suivant qu'ils sont nécessaires ou inutiles à la nutrition du végétal ; elles sont formées par l'épanouissement d'un faisceau de fibres provenant de la racine. Le *disque* ou *limbe* est la partie communément plane et verdâtre qui constitue la feuille proprement dite ; la *base* est la partie par laquelle elle est attachée ; *sommet*, le point opposé à la base ; *circonférence*, la ligne qui détermine extérieurement sa surface. Les ramifications du pétiole sur le disque de la feuille portent le nom de *nervures*, de *veines* et de *veinules*, suivant qu'elles sont plus ou moins saillantes et prononcées. Leur disposition sur les feuilles fournit d'excellens caractères pour la distinction des espèces.

Les feuilles n'existent pas dans tous les végétaux : la *cuscute* n'en offre aucune apparence, et dans les *cactus* il est quelquefois impossible de les distinguer.

Les feuilles, du reste, sont *simples* ou *composées*, suivant que leur pétiole est ou n'est pas divisé, ou qu'elles sont formées d'une seule ou de plusieurs expensions nommées alors *folioles*. Relativement au lieu où elles naissent, elles sont *séminales, radicales, caulinaires, florales ;* ces dernières, quand leur forme est très différente de celle des autres feuilles, prennent le nom de *bractées.*

Suivant la manière dont elles sont unies à la tige, les feuilles sont *amplexicaules, semi-amplexicaules, engaînantes, entières ou non-divisées, décurrentes,* etc., *ailées, perfoliées, connées* ou *conjointes.* Quant à leur disposition sur les tiges ou les rameaux, elles sont *opposées, en croix, alternes, verticillées, géminées, digitées, unilatérales, imbriquées, roselées,* etc. Relativement à leur circonscription ou figure, elles sont *orbiculées, ovales, obovales, elliptiques, oblongues, linéaires, subulées, aciculées, capillaires, filiformes, spatulées, cunéiformes,* etc. Échancrées à leur base, elles peuvent être *cordiformes*, *réniformes*, *sagittées*, *hastées*, etc. Si l'on considère le sommet, elles sont *aigües*, *piquantes*, *acuminées*, *mucronées*, *échancrées*, *bifides*, *bilobés*, etc. Elles présentent dans leur contour des angles plus ou moins marqués, qui leur donnent des figures particulières; elles sont *rhomboïdales*, *deltoïdes*, *trapézoïdes*. Les feuilles simples ont des incisions plus ou moins profondes, sans être considérées comme composées; elles sont *trifides*, *multifides*, *bilobées*, *trilobées*, *bipartites*, *multipartites*, *lacinées*, *palmées*, *auriculées*, *sinueuses*, *pinnatifides*, *pertinées*, *lyrées*, *roncinées*, etc. Quant à leur contour et à leur bord, les feuilles sont *entières*, *crénelées*, *dentées*, *dentées en scie*, *épineuses*, *rongées*, *ciliées*, etc. Relativement à leur expansion, les feuilles sont *onduleuses*, *striées*, *convexes*, *concaves*, *planes*; à leur superficie, *unies*, *glabres*, *scabres*, *glanduleuses*, *glutineuses*, *pertuses*, *cancellées*, etc. Quant à la consistance et au tissu, elles sont *membraneuses*, *scarieuses*, *coriaces*, etc., etc.

Irritabilité des feuilles. Dans certaines circonstances, les feuilles exécutent des mouvemens plus ou moins marqués : ce singulier phénomène tient à l'irritabilité dont ces organes sont doués. Si, en palissant un arbre d'espalier, l'on a fixé une branche de manière que la face inférieure de feuilles regardent vers le ciel, on verra ces feuilles se retourner peu à peu et reprendre leur position naturelle. D'autres mouvemens plus curieux se manifestent dans la plupart des plantes quelque temps après le coucher du soleil ; la position que prennent alors les feuilles est si différente de celle qu'elles avaient pendant le jour, qu'il est difficile de reconnaître le végétal. Ces phénomènes sont désignés sous le nom de *sommeil* des plantes : on les attribue généralement à l'influence de la lumière ; on est même parvenu, en plaçant certaines espèces dans un caveau pendant le jour, et en les éclairant fortement pendant la nuit, à changer, pour quelques-unes, les heures de la veille et du sommeil. Mais il est encore d'autres mouvemens d'irritabilité plus extraordinaires, qui ne paraissent pas dépendre uniquement de la lumière. Ainsi la secousse la plus légère, l'air faiblement agité, l'ombre d'un nuage, le fluide électrique, la chaleur, le froid, les acides, les vapeurs irritantes, font éprouver aux folioles de la sensitive (*mimosa pudica*) les impressions les plus singulières. Si l'on en touche une seule, elle se redresse contre celle qui lui est opposée : toutes les folioles de la même feuille suivent ce mouvement, et se couchent les unes sur les autres ; puis la feuille tout entière se fléchit vers la terre. Dans le sainfoin ocillant (*Hedysarum gyrans*) du Bengale, les deux folioles latérales sont agitées d'un mouvement perpétuel de flexion et de torsion sur elle-même, qui paraît indépendant dans chacune d'elle, puisqu'il n'est pas toujours égal dans toutes les deux : il semble même indépendant de la plante-mère ; car il continue dans la foliole qu'on détache de la tige : la nuit ne le suspend pas. L'attrape-mouche (*Dionæa muscipula*) de l'Amérique septentrionale a ses feuilles divisées au sommet en deux lobes réunis par une charnière mitoyenne. Quand un insecte touche un des petits corps glanduleux que l'on remarque sur la face supérieure, ces deux lobes se redressent vivement, se rapprochent et retiennent prisonnier l'animal qui les irritait.

ORGANES ACCESSOIRES, STIPULES, VRILLES, ÉPINES, AIGUILLONS, etc. Les organes qui nous restent à examiner ne sont que d'une importance secondaire, et n'existent pas dans toutes les plantes. Les stipules sont des appendices en forme de feuilles ou d'écailles qu'on trouve à la base des feuilles dans beaucoup de plantes dicotylédones. Elles sont ordinairement au nombre de deux, une de chaque côté du pétiole, et le plus souvent libres et distinctes. Quelquefois il n'en existe qu'une seule. Leur figure varie comme celle même des feuilles : il y en a *d'orbiculaires*, *d'ovales*, de *sagittées*, de *lancéalées*, etc.

Les *vrilles* ou *mains* sont des filets différemment contournés, à l'aide desquels certaines plantes s'élèvent et s'accrochent sur les corps environnans. On appelle *griffes* les racines courtes que certaines espèces sarmenteuses et grimpantes enfoncent dans les corps. Quand les filamens très-déliés de ces racines servent de plus à pomper les sucs nutritifs, on leur donne le nom de *suçoir*.

Les *épines* sont des piquans formés par le tissu interne du végétal ; elles tiennent au corps ligneux, et ne peuvent être enlevées sans laisser sur la plante les traces d'un déchirement apparent. Les *aiguillons* ne proviennent que de la partie la plus extérieure des végétaux, c'est-à-dire de l'épiderme dont on les détache avec la plus grande facilité. Très-souvent les épines ne sont que des rameaux avortés. Aussi se transforment-elles en branches si l'arbre est transplanté dans un bon terrain.

Les *poils* sont des organes mous, flexibles, plus ou moins déliés. Souvent ils naissent sur des glandes, dont ils paraissent les canaux excréteurs ; d'autres fois, ils ne sont que le prolongement d'un pore cortical. Leur forme est extrêmement variée; il en est de simples, de rameux, en alène ou en tête. Suivant les circonstances, ils paraissent absorber ou secréter : plusieurs sont évidemment creux, et donnent passage à une liqueur caustique qui cause une démangeaison brûlante; par exemple, dans l'ortie.

Les *glandes* sont de petits corps globuleux destinés à secréter ou à séparer de la masse totale des humeurs, certains fluides particuliers. On distingue les *glandes miliaires*, *vesciculaires*, *globulaires*, *lenticulaires*, etc. La disposition des glandes peut fournir, comme l'a prouvé Guettard, d'excellens caractères pour la détermination de certains genres.

NUTRITION DES VÉGÉTAUX. Tous les végétaux ont la propriété de s'assimiler ou de convertir en leur propre substance les fluides ou les gazes qu'ils absorbent dans le sein de la terre ou au milieu de l'atmosphère. Cette fonction importante, appelée *nutrition*, s'exerce par les racines, ainsi que nous l'avons déjà indiqué, par les feuilles, et par toutes les parties vertes de la plante exposées à l'air.

La force extraordinaire avec laquelle s'opère l'absorption par les racines, ne peut s'expliquer uniquement par les lois de la physique et de la mécanique; il faut, pour la concevoir, admettre une puissance et une énergie vitale, adhérente au tissu même des végétaux.

C'est surtout par la face inférieure des feuilles, dans les végétaux ligneux, que les vapeurs et les gazes sont absorbés : la face supérieure plus lisse, plus souvent dénuée de poils, moins garnie de pores qui facilitent l'absorption, sert principalement à l'excrétion des fluides inutiles à la nourriture de la plante : c'est là ce qu'on appelle transpiration dans les végétaux.

L'air et l'eau sont les deux principes qui fournissent aux plantes les matériaux essentiels de leur nutrition ; aussi le tissu végétal est-il composé des mêmes substances qui forment l'eau et l'air, c'est-à-dire de carbone, d'oxigène, d'idrogène et d'azote. La chimie nous montre l'affinité du carbone pour l'oxigène : l'acide carbonique, résultat de cette combinaison, est très-répandu dans la nature, et deviendrait même funeste aux êtres animés, s'il n'était à chaque instant décomposé dans le parenchyme des feuilles et dans le tissu herbacé des végétaux. Il se trouve dans le sein de la terre, dans les engrais, le fumier, l'eau, etc. C'est par l'intermédiaire de l'eau que le carbone, à l'état d'acide, est porté à l'intérieur des plantes. Or, exposées à l'action de la lumière, les feuilles et les autres

parties vertes décomposent l'acide carbonique, retiennent le carbone et réjettent l'oxigène, non pas en totalité, mais seulement en
partie. L'air atmosphérique qui circule dans
les végétaux leur cède aussi une portion de
l'oxigène et de l'azote qu'il contient. L'eau,
en se décomposant dans le tissu végétal,
comme l'acide carbonique, lui fournit à la
fois la majeure partie de son oxigène, et l'hy-
drogène qu'il renferme en si grande proportion. Il est encore d'autres substances qui,
sans faire partie de l'organisation des végétaux, s'y trouvent en quantité plus ou moins
considérable, telles sont la chaux, les carbo-
nates de soude, de potasse, etc., déposées
dans le sein de la terre, ou éparses dans l'atmosphère; elles sont dissoutes ou entraînées
par l'eau, qui les charrie et les transporte
dans les différentes parties du tissu végétal.

DE LA SÈVE. — La sève est le liquide incolore, sans saveur marquée, qui contient
en dissolution les principes nutritifs du végétal, et les dépense à son intérieur à mesure
qu'elle en traverse le tissu. On a pensé long-
temps que c'était ou par la moëlle ou par
l'écorce que la sève s'élevait dans la tige. Des
expériences modernes ont prouvé que l'ascension avait lieu à travers les couches ligneuses, et qu'elle était charriée par les
vaisseaux lymphatiques répandus dans le bois

et l'aubier, et principalement par ceux qui sont le plus voisins du canal de la moëlle. La cause de l'ascension de la sève dans les tiges n'est pas encore bien connue ; il faut ici, comme pour la succion opérée par les racines, admettre une force vitale ; d'où, en définitive, dépendent tous les phénomènes de la végétation. Observons néanmoins que certaines causes secondaires, telles que la chaleur, le froid, la lumière, le fluide électrique, peuvent influer sur le mouvement de la sève ; on sait qu'une température chaude facilite singulièrement son cours ; le froid, au contraire, le retarde ; ainsi la sève, épaisse et stagnante en hiver, ne commence à s'élever qu'au retour du printemps. On a observé que sa marche était plus rapide le jour que la nuit. Si l'atmosphère reste long-temps chargé de l'électricité, les végétaux acquièrent un développement considérable ; ce qui prouve que la sève circule avec plus d'activité.

La sève, parvenue vers l'extrémité des branches, se répand dans les feuilles, où elle se débarrasse des principes aqueux ou gazeux devenus inutiles à la nutrition, puis elle redescend des feuilles vers les racines, en traversant le liber et la partie végétante de l'écorce.

On nomme *transpiration* végétale l'acte par lequel, la sève arrivée dans les branches, laisse échapper la quantité d'eau surabondante qu'elle contenait. Cette eau s'exhale d'ordinaire en vapeur que l'air absorbe à mesure qu'elle se forme ; mais si la transpiration est considérable, et la température de l'atmosphère peu élevée, on voit le liquide suinter en goutelettes très fines qui, à la fin, présentent un volume remarquable. Ce phénomène se voit surtout dans une plante de l'Inde, le *nepenthes distillatoria*; la nervure principale des feuilles, prolongée au-delà du sommet en forme de vrille, se termine par une urne surmontée d'un couvercle à charnière : tous les matins on trouve l'urne remplie d'une eau limpide que le couvercle, en s'ouvrant, laisse évaporer en partie pendant le jour. On a cru long-temps que ces goutte-lettes étaient produites par la rosée ; il est prouvé maintenant qu'elles proviennent de la transpiration végétale condensée par la fraîcheur de la nuit.

Nous venons de dire que les racines et les feuilles absorbent ou *aspirent* une certaine quantité d'air ou d'autre gaze, soit pur, soit mélangé avec la sève; la portion de cet air et de ces gazes qui n'a point été décomposée pour servir à la nutrition, est rejetée par les feuilles; c'est ce qu'on appelle exhalation ou expiration. Si ce phénomène avait lieu dans un endroit obscur, les feuilles, au lieu d'oxi-

gène, n'exhaleraient que de l'acide carbonique et de l'azote. Toutes les autres parties
du végétal qui ne sont pas vertes, les racines,
l'écorce, les fleurs, les fruits mûrs, rejettent
toujours de l'acide carbonique, et non de l'oxigène ; c'est ce qui rend dangereuse l'accumu-
lation des fruits dans les serres où l'air n'est
pas fréquemment renouvelé, des fleurs dans
un appartement fermé la nuit, etc.

Certains végétaux, la sensitive même,
soumis à l'influence des rayons solaires, n'ex-
pirent que de l'azote : cette déviation à la loi
générale n'a pas même été expliquée d'une
manière satisfaisante.

Les excrétions végétales sont tantôt des
huiles fixes ou volatiles, des matières rési-
neuses, gommeuses, sucrées, qui souvent se
condensent et se solidifient. (La manne, la
térébenthine, le laudanum.)

ORGANES DE LA REPRODUCTION. — Ils ne
sont pas moins importans que ceux que nous
venons d'étudier, puisque leur action tend à
renouveler et à perpétuer l'espèce. La *fleur*
ne consiste pas uniquement dans ces enveloppes colorées, brillantes, que recherchent
si avidement les fleuristes, aux dépens même
de parties bien plus essentielles. En botanique, il n'y a réellement de fleur, que là où existent les organes sexuels, soit réunis, soit
séparés, puisque le calice et la corole man-

quent très souvent dans les plantes sans que celles-ci soient privées de la faculté de se reproduire. Dans le saule, la fleur mâle consiste seulement en une, deux ou trois étamines attachées sur une petite écaille; la fleur femelle est, par un pistil, aussi accompagnée d'une écaille sans autre partie accessoire ; dans ce cas, la fleur est aussi simple que possible ; elle prend le nom de mâle ou de femelle suivant les organes qui la composent. Le plus ordinairement les fleurs sont protégées par une double enveloppe, l'une extérieure appelée *calice*, l'autre intérieure nommée *corolle* : c'est de la réunion de toutes ces parties que résulte la fleur complète. On donne encore aux enveloppes florales le nom général de *périanthe*. Il est simple ou double ; dans ce dernier cas, l'enveloppe la plus intérieure est la corolle, la plus extérieure le calice ; s'il est simple, comme dans le lis , il retient le nom de calice, quelles que soient sa couleur, sa consistance, etc. Enfin, s'il manque totalement, on dit que la fleur est nue. La fleur peut être fixée de différentes manières sur le végétal. Quelquefois elle est *sessile* ou placée sans aucune partie intermédiaire sur la tige ou les rameaux ; le plus souvent elle est soutenue par un support particulier nommé vulgairement queue, et en botanique *pédoncule* : les ramifications du pédoncule se nomment pédicelles. Celui qui part de l'aisselle d'une feuille radicale s'appelle *pédoncule radical*, et *hampe* s'il part immédiatement d'une touffe de feuilles radicales. Les *bractées* qu'on trouve souvent autour d'une ou de plusieurs fleurs réunies, se distinguent des feuilles florales proprement dites; celles-ci ne diffèrent des autres qu'en ce qu'elles sont plus petites et plus voisines des fleurs.

Quand les bractées ou les feuilles florales sont disposées symétriquement, de manière à former une sorte de collerette autour d'une ou de plusieurs fleurs, on leur donne le nom d'*involucre*. Si le pédoncule est divisé, et qu'à la base de chaque pédicelle se trouve un petit involucre, celui-ci prend le nom d'*involucelle*. L'involucre qui entoure une seule fleur, s'il en est très rapproché et semblable au calice, est dit *calicule*.

La *spathe* est un involucre membraneux, renfermant une ou plusieurs fleurs qu'il recouvre avant leur épanouissement.

Les *graminées* et les *cepéracées* n'ont ni calice, ni corolle : ces parties sont remplacées par des écailles qu'on appelle *bâle, glume* ou *glumelle*.

De l'inflorescence. On appelle *inflorescence* la disposition générale ou l'arrangement des fleurs sur la tige, ou les organes qui les supportent. Nous ne nous arrêterons pas à définir les solitaires, terminales, axillaires, fasciculées, etc.

1° Quand les fleurs sessiles ou pédonculées sont disposées sur un axe commun, simple et non ramifié, elles forment un *épi*; 2° si le pédoncule commun se ramifie plusieurs fois et irrégulièrement, cette disposition prend le nom de *grappe*; 3° quand le pédoncule commun est dressé, que ses ramifications sont courtes, et que les fleurs réunies représentent une pyramide, cet assemblage prend le nom de *thyrse*; on dit que les fleurs sont en *panicule*, quand l'axe commun est ramifié et que ses divisions secondaires sont très alongées et écartées les unes des autres; 4° les fleurs sont en corymbe, si les pédoncules et pédicelles naissent de points différens de la tige, mais arrivent tous à peu près à la même hauteur; 5° on appelle *cyme* la disposition dans laquelle les pédoncules partent d'un même point, les pédicelles de points différens, mais arrivent tous à la même hauteur; 6° les pédoncules partant du même point, et les pédicelles de points différens, mais arrivant tous à la même hauteur, forment la *cyme*; 7° les fleurs sont en ombelle, quand les pédoncules, égaux entre eux, partent d'un même point, s'écartent et se ramifient en pédicelles qui partent tous de la même hauteur, de sorte que l'ensemble des fleurs représente un parasol ouvert. Les pédoncules réunis font une *ombelle*; chaque groupe de pédicelles, une *ombellule*; 8° les fleurs rangées en anneau autour de la tige sont dites *verticillées*; celles des labiées qu'on pourrait croire en *verticille*, ne sont réellement qu'opposées; 9° quelques auteurs nomment *spadice* l'inflorescence dans laquelle le pédoncule commun est couvert de fleurs unisexuées, sessiles, nues ou revêtues d'une *spathe*; 10° si les fleurs sont insérées sur des écailles, cette disposition a reçu le nom de *chaton*; 11° les fleurs sessiles ou pourvues d'un pédicelle très court, réunies sur un réceptacle commun, et entourées d'un involucre particulier à un ou plusieurs rangées de folioles, constituent la *fleur en tête* ou *capitule*.

Du calice. Le calice est la plus extérieure des enveloppes florales; quand il n'y en a qu'une, M. Decandolle l'appelle *périanthe*; M. de Jussieu lui conserve le nom de *calice*. Les pièces qui le composent s'appellent *sépales*. Toutes les fois qu'il est adhérent à l'ovaire, il n'est que d'une seule pièce, ou *monosépale*; de plus il est *persistant*, c'est qu'il subsiste après la fécondation; quelquefois même il s'accroît à mesure qu'il approche de la maturité. Dans le calice, on distingue le *tube*, partie inférieure, ordinairement alongée et rétrécie; le *limbe*, partie supérieure, le plus souvent ouverte et étalée. Il peut être plus ou moins divisé, *denté, bidenté, tridenté; biparti, triparti; bifide, trifide*, etc. Quand il n'a ni dentelures, ni incisions, on dit qu'il est *entier*. Si ses incisions sont parfaitement égales entre elles, il est *régulier; irrégulier*, si les parties correspondantes n'ont ni la même grandeur, ni la même figure. Quant aux modifications de forme, on le dit tubuleux, turbiné, urcéolé, vésiculeux, campanulé, clariforme, comprimé, bilabié, éperonné, prismatique, anguleux, etc. Les *sépales*, ou pièces du calice, peuvent être comme les feuilles, aigus, lancéolés, cordiformes, en cloche, en étoile, etc. La couleur est très variable: ordinairement verte, elle est bleue dans la nigelle, jaune dans la capucine, rouge dans la grenade, etc. Quand il n'y a pas de corolle, le *calice*, suivant l'expression de M. de Jussieu, est peint souvent des couleurs les plus vives et les plus variées; on sait quelle multitude de nuances offrent les lis, les jacinthes, les tulipes, les narcisses, etc. Le calice alors est dit *pétaloïde* ou *corolliforme*.

De la corolle. C'est la plus intérieure des deux enveloppes florales; son éclat et ses formes gracieuses la font, dans la plupart des cas, considérer comme la véritable fleur.

Chacune des pièces qui la composent se nomme *pétale* : de là les corolles *monopétales* ou d'une seule pièce; polypétales ou de plusieurs pièces, etc. Dans les pétales, on doit distinguer *l'onglet*, partie inférieure, plus ou moins rétrécie ou alongée, et la *lame*, partie élargie, deforme très-variée, qui surmonte l'onglet. Comme le calice, la corolle est *régulière* ou *irrégulière*, suivant que ses incisions ou ses parties sont ou ne sont pas égales ou symétriques. Examinée de la base au sommet, une corolle monopétale présente d'abord le *tube*, ensuite l'*orifice* ou la *gorge*, puis le *limbe* qui s'étend depuis l'orifice jusqu'au bord.

On connaît la corolle *campanulée*, ou en cloche; la *tubulée*, à tube très-alongé; *l'infundibuliforme*, ou en entonnoir; *l'hypocratériforme*, en soucoupe; la *rotacée*, en roue; l'*étoilée*, l'*urcéolée*, etc.; la *bilabiée* ou simplement *labiée*, quand le limbe est partagé en deux divisions, supérieures et inférieures, qu'on a composées à deux lèvres écartées; la *personnée* quand les deux lèvres sont rapprochées et simulent un masque ou un muffle d'animal; sous le nom d'*Anomales* on désigne toutes les corolles dont la forme ne rentre point dans celles que nous venons d'indiquer.

Dans la corolle polypétale, les segmens en

nombre variable sont *onguiculés* ou pourvus d'un onglet très-long, réfléchis ou ren-
versés au dehors, dressés, étalés, *galéifor-
mes* ou en casques, *cuculliformes* ou en capuchon; éperonnés, concaves, ondulés, etc.

Les corolles polypétales sont régulières ou
irrégulières; dans la première classe on range
les *rosacées*, composées ordinairement de
cinq pétales à onglet très-court, étalés et disposés en rosace; les *caryophyllées*, de cinq
pétales à onglet fort long, et renfermés dans
un calice tubulé; les *crucifères*, dont les
quatre pétales sont disposés en croix; quelquefois dans cette famille deux pétales sont
plus grands que les autres. Les irrégulières
sont les *papilionacées*, ainsi nommées de
leur prétendue ressemblance avec un papil-
lon; elles sont formées de cinq pétales iné-
gaux; le supérieur redressé, plus grand, et
qui recouvre les quatre autres avant l'épanouissement; c'est l'étendard ou le pavillon :
les deux inférieurs, souvent soudés l'un à l'autre et renfermant presque toujours les organes sexuels, représentent la *carène*, et les
deux latéraux fréquemment munis d'oreillet-
tes à leur base, constituent les *ailes*. Les corolles *anomales*, à pétales tous irréguliers,
sont celles qu'on ne peut rapporter aux papilionacées.

Autrefois on donnait, dans certaines fleurs

le nom de nectaires à des parties bizarres, telles que les cornets de l'ancolie, l'éperon de la linaire, le capuchon de l'aconit, le *labellum* ou pétale inférieure des orchis, la couronne des narcisses, etc. Aujourd'hui on réserve le nom de nectaires à des amas de petites glandes situées d'ordinaire sur le réceptacle et destinées à secréter un liquide mielleux, appelé *nectar*.

La corolle présente des couleurs extrêmement variées : le blanc, le gris, le jaune, l'orangé, l'incarnat, le rouge, le vermillon, le pourpre, le bleu, le brun, et même le noir, avec toutes les nuances intermédiaires. La couleur n'est pas toujours persistante : ainsi, elle passe quelquefois du blanc au jaune, puis au pourpre ; ou bien du vert au rose, ensuite au bleu plus on moins foncé, etc.

DES ORGANES SEXUELS. Ordinairement on trouve les organes mâles et femelles réunis sur la même fleur ; quelquefois on n'y rencontre que l'un de ces deux organes : dans le premier cas, la fleur est *hermaphrodite;* elle est, dans le second, *unisexuée.* La fleur unisexuée est mâle ou femelle, suivant qu'elle renferme les étamines ou le pistil.

Quand les fleurs mâles et les fleurs femelles sont réunies sur le même pied, la plante est dite *monoïque; dioïque,* si ces fleurs sont séparées sur des pieds différens ; *poly-*

game, si les fleurs mâles, femelles, où hermaphrodites existent ensemble sur le même pied ou sur des pieds différens.

L'organe mâle ou *étamine* se compose le plus souvent de trois parties ; 1° l'*Anthère*, petit sac membraneux, divisé en deux loges soudées ensemble, ou écartées l'une de l'autre par un corps intermédiaire appelé connectif ; il est très-apparent dans les sauges ; 2° le *pollen*, poussière séminale, formée de petits grains vésiculeux, qui contiennent les substances nécessaires à la fécondation ; leur couleur est ordinairement jaune, mais quelquefois il y en a de rouges, de bleus, de blancs, etc. ; placés sur l'eau, ils se dilatent, crèvent, et laissent échapper un jet de matière liquide, huileuse, qui s'étend sur l'eau comme un léger nuage; projetés sur un corps enflammé, ils brûlent avec une vive lumière ; on connaît l'usage de la poudre des Lycopodes pour imiter sur le théâtre, les éclairs, les incendies, etc. ; 3° le filet, support de l'anthère, manque dans certaines familles de plantes ; il peut être étroit, alongé, aplati, comprimé, en alène, obtus, aigu, pétaloïde, etc. Quelquefois les filets sont réunis en un seul corps, nommé *Androphore ;* les étamines sont dites alors *monadelphes ;* soudées en deux corps distincts, ou en trois et même davantage, *diadelphes*, ou *polyadelphes*. Un fait bien singulier est la conformité d'odeur qui existe entre le pollen de certaines plantes (épinevinette, châtaignier, etc.) et la liqueur séminale des animaux. Le pollen ne se présente pas toujours sous forme pulvérulente; il se trouve en masses solides, plus ou moins considérables dans quelques familles, telles que les Orchidées, les Asclépiodées, etc.

Le *pistil* ou organe femelle, placé presque toujours au centre de la fleur, comprend l'*ovaire*, le *style* et le *stigmate*. L'ovaire, coupé en travers ou longitudinalement, offre une ou plusieurs *loges* dans lesquelles sont contenus les rudimens des graines ou les *ovules*; de là les noms d'*uniloculaire*, *biloculaire*, etc., suivant qu'il existe une seule loge ou deux, etc.

Une considération importante pour l'étude des familles naturelles, est la situation de l'ovaire dans la fleur. On le dit *libre* ou *supère* lorsqu'il paraît au centre de la fleur, porté sur le réceptacle, au point où s'insèrent également les étamines et la corolle. Il est *adhérent* ou *infère*, lorsqu'il est placé au-dessous du point d'insertion des autres parties, et qu'il fait corps avec le tube du calice, en ne montrant que son sommet au fond de la fleur. Du reste, il est sessile, pedicellé, stipité ou soutenu par un petit support, comme dans les euphorbes, etc.

Le *style* est le prolongement filiforme de l'ovaire qui porte le stigmate ; par fois il manque entièrement, et alors le stigmate est sessile. Le nombre des styles est très variable ; assez souvent il n'en existe qu'un seul pour plusieurs ovaires ; il est terminal, latéral ou basilaire, suivant qu'il part du sommet des côtés ou de la base de l'ovaire ; ce dernier cas est assez rare (l'alchémille.) Il peut être simple ou bifide, trifide, etc. ; tantôt *caduc*, tantôt *persistant*, comme dans les crucifères, où il fait partie du fruit, etc. Le *stigmate* est la glande placée au sommet de l'ovaire ou du style, et destinée à recevoir l'impression de la substance fécondante. Sa surface est d'ordinaire inégale et plus ou moins visqueuse. De même que le style, il peut être simple ou indivis, bifide, trifide, etc. Il en est de plumeux, de pénicilliformes ou en pinceau, de veloutés, de velus, de glabres, etc.

Floraison. Toutes les plantes ne fleurissent pas à la même époque de l'année ; il existe à cet égard des différences remarquables qui tiennent à la nature même de la plante et à l'influence plus ou moins vive de la chaleur et de la lumière. Les *galanthus*, les *leuconium*, les ellébores, les daphnés, développent leurs fleurs quand la terre est encore couverte de neige ; mais ces exemples sont rares et ne doivent être regardés que comme des exceptions. Dans nos climats tempérés, c'est au printemps, quand une chaleur douce et vivifiante a succédé aux rigueurs de l'hiver, que les fleurs se montrent et s'épanouissent à nos yeux ; les mois de mai et de juin sont ceux où l'on en voit éclore davantage. Suivant la saison où elles fleurissent, on les distingue en printanières, estivales, automnales ou hibernales. La considération de l'époque à laquelle les différens végétaux produisent leurs fleurs, a fait établir ce qu'on appelle le *calendrier* de Flore. Sous le climat de Paris, l'ellébore noir fleurit en janvier, le coudrier, le *mézéreum* ou bois-gentil, en février ; le pêcher, l'abricotier, en mars ; le poirier, les jacinthes, les tulipes, en avril ; les lilas, les pommiers, en mai, etc. D'autres fleurs s'ouvrent et se ferment à des heures déterminées de la journée ; quelques-unes même ne s'épanouissent que la nuit ; de là on distingue les fleurs en *diurnes* et *nocturnes* ; ces dernières sont beaucoup moins nombreuses. La belle-de-nuit, par exemple, n'ouvre ses fleurs que quand le soleil est couché. Certaines fleurs ont l'habitude de s'ouvrir et de se fermer à des momens assez réglés pour déterminer d'après elles à quelle heure on se trouve à peu près. C'est ainsi qu'on a formé une horloge de

Flore, où les plantes sont rangées suivant l'heure à laquelle les fleurs s'épanouissent. L'état de l'atmosphère n'est pas ici sans influence : le souci pluvial ferme sa fleur quand le ciel se couvre de nuages, ou qu'un orage est prêt d'éclater ; le laiteron de Sibérie, au contraire, ne s'épanouit que quand le temps est sombre et le ciel nuageux. La lumière solaire est une des causes qui agissent le plus vivement sur l'épanouissement des fleurs. Nous réservons pour l'article SYSTÈME l'histoire des expériences modernes qui ont décidé la question du sexe des plantes. On sait que Linné, qui passe pour l'inventeur du système sexuel, n'a fait que le renouveler et le rendre plus commode par son ingénieuse classification. Ajoutons à ce que nous venons de dire quelques observations intéressantes, et qui, peut-être, feront penser que l'opinion du grand naturaliste cité un peu plus haut, n'est pas tout-à-fait dénuée de fondement ; nous voulons parler du fameux *natura non facit saltus*. Lorsque l'époque de la fécondation est arrivée, les organes sexuels d'un grand nombre de végétaux exécutent des mouvemens très remarquables. Dans la Rue, les étamines se redressent alternativement pour déposer leur pollen sur les stigmates ; celles de l'épine-vinette, quand on les irrite avec la pointe d'une aiguille, se resserrent et

se rapprochent les unes des autres ; dans la
pariétaire , les étamines infléchies vers le
centre de la fleur et au-dessous du stigmate ,
se redressent avec élasticité , et lancent la
poussière fécondante sur l'organe femelle ;
dans la nigelle , par une sorte d'imitation de
ce qu'on voit dans quelques femelles d'animaux , les styles qui s'élèvent en colonnes
au centre de la fleur , se courbent en arc, et
vont offrir leurs stigmates aux étamines placées au-dessous d'eux ; les styles des épi-
lobes, penchés vers la terre , se redressent ,
écartent leurs quatre stigmates , qui se con-
tournent comme des cornes de bélier, pour
se rapprocher des étamines. Il est des plantes qui développent, au moment de la fécondation , une chaleur très sensible : elle est
de vingt degrés dans le gouet commun , de
quarante dans celui d'Italie. Dans quelques
plantes aquatiques, telles que les nénuphars,
les trèfles d'eau, etc., les boutons à fleurs ,
cachés sous l'eau , montent à la surface peu
à peu, s'y épanouissent, et la fécondation
opérée , redescendent pour mûrir leur fruit.
Le *Vallisnoria* , plante dioïque du Rhône ,
détache ses fleurs mâles qui , flottant sur les
eaux , vont féconder les fleurs femelles qui
déroulent leurs longues spirales, et viennent
à la surface du fleuve attendre le moment où
le but de la nature sera rempli ; elles replient

ensuite leur spire, et vont mûrir leurs semences au fond des eaux. Tout le monde connaît à ce sujet les beaux vers de l'estimable auteur des *Amours des plantes*. Dans celles qui restent toujours submergées (*Ruppia*, *Zanichellia*, etc.), la fécondation s'opère au milieu du liquide, et comment? Le problême est jusqu'ici insoluble.

Les vents sont indispensables aux plantes dioïques pour transporter, souvent à des distances considérables, le pollen qui doit les féconder ; deux dattiers, l'un mâle et l'autre femelle, se sont fécondés d'Otrante à Brindes, en Italie; la distance est de quinze lieues. Deux pistachiers, l'un au Luxembourg et l'autre au jardin des Plantes, à Paris, après avoir été long-tems stériles, à cause de l'éloignement, ont une année surpris le vénérable Bernard de Jussieu, qui parvint à découvrir la cause de cette fécondation quasi-spontanée. C'est par un moyen artificiel du même genre que, dans nos jardins, on obtient de charmantes variétés de roses, de *Magnolia*, etc. en fécondant des espèces voisines les unes par les autres ; on les nomme *hybrides*.

D'après ce que nous venons de dire, il est facile de se rendre compte de plusieurs faits importans pour la culture. Dans une chanvrière on conçoit que si l'on arrachait les

pieds mâles de chanvre avant que les individus femelles eussent été fécondés, il n'y aurait ni graine ni reproduction.

Si les pluies continuent long-tems à l'époque de la floraison de la vigne ou des blés,
ces pluies par leur violence ont emporté la
poussière fécondante ; sera-t-on étonné de la
coulure de la vigne ou du peu d'abondance
de la récolte ?

Dès que la fécondation est terminée, les
enveloppes florales, les organes sexuels se
flétrissent, et sa fleur perd son éclat. En re-
vanche, l'ovaire commence à s'accroître ; les
ovules, d'abord d'une substance aqueuse,
acquièrent peu à peu, plus de consistance ; la
partie qui doit donner la graine parfaite,
c'est-à-dire l'embryon, se développe successivement et bientôt l'ovaire a tous les caractères propres à constituer un fruit.

Du FRUIT. Le fruit n'est donc que l'ovaire
développé et accru ; il se compose essentiellement du *péricarpe* et de la *graine*.

Le péricarpe, formé par les parois mêmes
de l'ovaire contient dans son intérieur une ou
plusieurs graines ; quelquefois il est si peu
apparent qu'il est difficile de le reconnaître,
par exemple dans les labiées (*Gymnosper-
mié* de Linné) ; dans ce cas les graines
étaient dites *nues* ; aujourd'hui il est à peu
près prouvé que le péricarpe ne manque ja-

mais. On y distingue les *valves*, les *loges* et le *placenta*.

Les valves sont des panneaux ou pièces extérieures jointes par une ligne nommée *suture*. Les *cloisons* sont des prolongemens des valves ou du placenta qui partagent le péricarpe en plusieurs cavités, ou loges. Le placenta, autrement dit *trophosperme*, est la partie interne à laquelle sont attachées les semences, soit immédiatement, soit par un petit filet appelé *cordon ombilical* ou *podosperme*, le point par lequel la graine communique avec le péricarpe pour en recevoir sa nourriture et l'*ombilic* ou le *hile*. Le placenta prolongé au-delà de ce point prend le nom d'*arille* : le macis est l'arille de la muscade.

Les péricarpes *déhiscens* s'ouvrent d'eux-mêmes à l'époque de la maturité pour donner passage aux graines; il en est qui ne s'ouvrent pas, et qu'on nomme *indéhiscens*, par exemple dans les graminées. Quelques plantes sont douées d'une force élastique par laquelle elles projettent au loin leurs semences; la balsamine, le sablier sont dans ce cas.

Le péricarpe est quelquefois couronné par les dents du calice, ou surmonté d'une *aigrette* ou d'une petite touffe de poils soyeux; tantôt il est hérissé d'épines, tantôt garni d'appendices membraneux, etc.

De **la graine.** Son caractère essentiel est de contenir un corps organisé qui, placé dans des circonstances favorables, se développe et devient un être parfaitement semblable à celui dont il a tiré son origine : c'est l'*embryon*. La graine se compose de deux parties : 1° l'*épisperme*, formé d'une ou de deux tuniques libres ou adhérentes ; 2° l'*amande* qui toute entière peut être constituée par l'embryon, comme dans le haricot ; souvent elle renferme une autre partie accessoire qu'on appelle *endosperme* ou *perisperme ;* dans le blé, par exemple, c'est un corps charnu, rempli de fécule amylacée, qui sert de nourriture au jeune embryon ; il est corné dans le café, épais et gras dans le ricin, etc.

L'embryon est la plante entière en miniature ; c'est un végétal déjà tout formé, dans lequel existent, mais à l'état rudimentaire seulement, toutes les parties qu'il doit un jour développer.

On distingue dans l'embryon : la *radicule*, le *corps cotylédonaire*, la *gemmule*, la *tigelle*.

La radicule s'échappe la première des enveloppes de la semence ; en se développant elle forme la racine ; elle est à nu ou renfermée dans une sorte de fourreau ; de là la distinction des végétaux *exhorrhizes*.

Si la radicule est soudée avec le périsperme,

comme dans les pins, la plante est dite *sy-norrhise*, dénomination peu usitée.

La gemmule, autrement dite *plumule*, est le rudiment de toutes les parties qui doivent se développer à l'air extérieur. Comme la radicule elle est quelquefois munie d'un fourreau particulier nommé *coléoptile*.

La tigelle n'existe pas toujours d'une manière bien manifeste ; tantôt elle se confond avec la radicule dont elle semble le prolongement, tantôt avec le corps cotylédonaire. Sous ce dernier nom on désigne un ou plusieurs *cotylédons* qui paraissent destinés à favoriser le développement de la plantule en lui fournissant les premiers matériaux de sa nutrition. On connaît la division des végétaux, base de la méthode naturelle, en *monocotylédonés*, *dicotyledonés* et *acotylédonés*, c'est-à-dire sans cotylédons. Ceux-ci quelquefois sortent de terre, et forment les *feuilles séminales ;* leur destruction emporte presque toujours celle de la plante. De tous les organes des végétaux, ce sont les cotylédons qui fournissent les caractères les plus constans. Cependant leur nombre n'est pas aussi déterminé qu'on pourrait le croire ; ainsi, la fumeterre, les renoncules, les *cactus*, rangés dans les dicotylédonées n'en ont réellement qu'un ; on en trouve depuis trois jusqu'à douze dans les conifères.

Classification des fruits. Nous nous bornerons ici à indiquer les variétés de forme, ou les espèces les mieux caractérisées ; malgré les travaux des Mœnch et des *Gaertner*, les auteurs modernes sont loin d'être d'accord, et les bornes de cet article ne nous permettraient pas d'embrasser cette immense synonymie. On appelle fruit *simple* celui qui provient d'un pistil unique renfermé dans une fleur, par exemple, la pêche ; *multiple*, celui que donnent plusieurs pistils distincts contenus dans une même fleur, la fraise ; *composé*, celui qui naît de la réunion ou de la soudure de plusieurs fleurs rapprochées les unes des autres, la mûre.

Suivant la nature de leur péricarpe ; les fruits sont *secs* ou charnus ; ils peuvent rester clos de toutes parts, ou s'ouvrir en plusieurs pièces nommées valves ; de là une autre distinction, celle des fruits *indéhiscens* ou *déhiscens* ; ces derniers, s'ils sont secs, sont dits aussi *capsulaires*.

Parmi les fruits secs et indéhiscens, on remarque : la *cariopse*, monosperme à péricarpe très mince, et confondu avec l'enveloppe propre de la graine ; exemple, le blé et toutes les graminées. L'*akène*, monosperme à péricarpe distinct de l'enveloppe de la graine, les synanthérées. Le *polakène* qui, à la maturité se sépare en deux ou plu-

sieurs loges, comme on le voit dans les om-
bellifères. La *samare*, membraneuse, comprimée, souvent bordée d'*ailes* ou d'appendices élargis : tels sont les fruits des ormes,
des érables, etc. Le *gland*, à une seule loge
monosperme, dont le péricarpe, adhérent à
la graine, est enchassé dans un involucre
écailleux ou foliacé nommé *cupule*, le chêne.
Le *carcérule*, polysperme, à plusieurs loges,
le tilleul.

Dans les fruits simples, secs et déhiscens,
on range : le *follicule*, membraneux, à une
seule loge s'ouvrant par une suture longitu-
dinale, le laurier-rose. La *silique*, alongée,
à deux valves, séparées par une fausse cloison ; les graines y sont attachées aux deux
sutures, la giroflée. La *silicule*, n'est qu'une
silique dont la hauteur ne dépasse pas quatre
fois la largeur. La *gousse* ou *légume*, à deux
valves, et dont les graines sont attachées à
un seul cordon pistillaire qui suit la direction
de la suture supérieure, le haricot. La *pyxide*,
boîte à savonnette, s'ouvrant par une suture
transversale, le mouron. L'*élatérie* se partage en autant de *coques* distinctes et s'ouvrant longitudinalement, qu'elle présente de
loges, les tithymales. Enfin sous le nom de
capsules, on comprend tous les fruits de cette
classe qui ne peuvent rentrer dans les divisions précédentes, le pavot, le muflier, etc.

Les fruits charnus sont indéhiscens. Le *drupe* renferme à son intérieur un noyau, la cerise. La *noix* n'en diffère que par l'épaisseur moindre de son péricarpe, nommé *brou*. La *nuculaine*, renfermant plusieurs noyaux appelés *nucules*, comme on le voit dans le lierre. La *mélonide* à *osselets*, la nèfle ; la mélonide à pépins, la poire. La *balauste* à plusieurs loges, couronnée par les dents du calice, la grenade. La *péponide*, à plusieurs loges éparses dans la pulpe, et dont la partie centrale n'offre qu'une cavité irrégulière formée par le déchirement du parenchyme qui l'occupait avant le développement complet du péricarpe, le melon. L'*hespéridie* est divisée en plusieurs loges par des cloisons membraneuses qui se séparent sans déchirement, l'orange. La *baie* n'est qu'un nom générique, sans lequel sont désignés tous les fruits charnus non compris dans les divisions précédentes, le raisin, la groseille, etc.

Les fruits *multiples* ne présentent que des réunions de fruits simples provenant d'ovaires soudés ; tels sont les framboises, les renoncules, etc. On les a encore nommés *syncarpes*.

Les fruits composés ou agrégés sont : le *cône* ou *strobile*, particulier aux conifères, telles que le pin, le bouleau, à fruits membraneux, cachés dans l'aisselle de bractées très développées, sèches et ligneuses. Le *sorose*, réunion de plusieurs fruits soudés par l'intermédiaire des enveloppes florales, charnues et entregreffées de manière à représenter une baie mamelonnée, l'ananas. Le sycône est formé par une sorte d'involucre d'une seule pièce, charnu à l'intérieur et contenant un grand nombre de petits drupes provenant d'autant de fleurs femelles, la figue.

DISSÉMINATION DES PLANTES. Quand les fruits sont parvenus au dernier degré de maturité, la nature, pour assurer la propagation des espèces, n'a plus qu'à mettre les semences dans des circonstances favorables à leur développement futur.

La dispersion des graines s'opère par une foule de voies différentes. Certains péricarpes s'ouvrent avec élasticité et lancent les semences à des distances plus ou moins considérables ; tels sont ceux de la balsamine, du sablier, etc. beaucoup de graines minces et légères, souvent munies d'aigrettes ou d'ailes membraneuses, sont facilement emportées par les vents. Les fleuves, les eaux de la mer favorisent encore l'émigration lointaine de certains végétaux ; il n'est pas rare de voir aborder sur les côtes de l'ancien continent les longues gousses des casses et des *mimosa* du Nouveau-Monde ; d'autres plantes pourvues de griffes ou de crochets s'attachent aux vêtemens de l'homme, aux toisons des animaux, et voyagent ainsi souvent à de très grandes distances. Il en est qui conservent leur faculté reproductive après avoir passé par le canal digestif des oiseaux ; aux Moluques, le canellier s'est toujours propagé de cette manière malgré les efforts des Hollandais, et chez nous les semences du gui sont ainsi dispersées par les grives.

La fécondité des plantes n'est pas une des causes les moins puissantes de leur reproduction. Un seul pied de maïs peut donner jusqu'à 2,000 graines ; on en a compté 30,000 sur un pavot ; 40,000 sur une massette (*typha*) ; 36,000 sur un pied de tabac, sur un orme 549,000. Qu'on se figure la progression toujours croissante de ce nombre jusqu'à la dixième génération, et l'on sera surpris que la terre entière ne soit pas envahie par les végétaux ; mais les hommes et les animaux en détruisent une prodigieuse quantité, et d'ailleurs, il s'en faut de beaucoup que toutes les plantes soient placées dans des circonstances favorables à leur développement.

Il est des graines qui possèdent long-tems la faculté de germer ; le blé, la sensitive, par exemple, la conservent pendant soixante ans ou même un siècle ; le café, au contraire, la perd après un tems fort court. Quelques-unes gardées à l'abri du contact de l'air et de l'humidité conservent long-tems leur faculté germinative, et cette propriété à suggéré en orticulture l'utile procédé de la stratification. On donne le nom de *germination* à la série de phénomènes par lequel passe une graine qui, parvenu à sa maturité, tend à développer l'embryon qu'elle renferme. Le premier effet apparent de la germination est le gonflement de la graine et le ramollissement des enveloppes qui la recouvrent. L'embryon, dès le moment où il commence à se développer, prend le nom de *plantule*. Ses deux extrémités croissent constamment en sens inverse. La *gemmule* ou *caudex* ascendant, se dirige vers la région de l'air et de la lumière ; la *radicule* ou *caudex* descendant, tend, au contraire, à s'enfoncer dans la terre. La substance des cotylédons et du périsperme se liquéfie pour servir à l'alimentation de la plantule ; la tigelle s'alonge, tandis que la radicule jette en terre ses ramifications déliées ; les petites folioles s'étalent, verdissent et commencent à puiser dans l'atmosphère une partie des fluides qui doivent nourrir la jeune plante : dès-lors la germination est terminée et la seconde époque de la vie du végétal commence. Toutes les graines n'emploient pas un temps égal pour germer. Le cresson alénois germe en deux jours ; le navet en trois jours ; la laitue en quatre ; le melon en cinq ; la plupart des graminées en six où sept ; l'hyssope en un mois ; le pêcher en un an ; le rosier au bout de deux ans seulement, etc. Trois choses sont essentiellement nécessaire à la germination, la chaleur, l'air et l'eau. Au-dessous de zéro du thermomètre, le développement n'a pas lieu ; au-dessus de 45 l'avortement est inévitable ; le degré le plus convenable est entre 20 et 30. Les semences pour lever ne doivent pas être trop enfoncées en terre, ni soustraites aux influences de l'atmosphère. L'eau leur est nécessaire ; on sait que des graines conservées dans de la terre .très sèche, y restent dans un repos absolu ; mais si l'humidité est indispensable, elle ne doit pas être excessive, autrement les semences pourriraient. Quant à la lumière, au lieu de hâter le développement des parties de l'embryon, elle le ralentit très sensiblement.

Ici se termine ce que nous avions à dire sur la physique végétale. Pour l'histoire de la science, on consultera les articles spéciaux, où nous trouverons plus d'espace pour examiner avec quelques détails les découvertes et les progrès immenses qu'a faits la botanique dans ces derniers temps. (*Voy.* CLAS-

sification, Cryptogamie, Histoire naturelle, Méthode, Pathologie, Végétale,
Système.

Dans le cadre étroit où nous étions renfermés, il fallait faire entrer les notions les
plus importantes sur l'organographie et sur
la glossologie végétales, nous réservons pour
un article spécial tout ce qui concerne la
cryptogamie. (*Voyez* ce mot.) On trouvera
aux mots *Classification*, *Méthode* et *Système*, les détails relatifs à l'histoire de la
botanique et aux progrès étonnans qu'a faits
la science depuis un demi-siècle. Le nombre
des plantes connues s'accroît tous les jours.
Dans un ouvrage publié il y a vingt ans environ, un auteur célèbre, malheureusement
perdu pour la France, portait à soixante
mille le nombre des espèces cultivées dans les
jardins ou enfouies dans les herbiers ; mais
depuis, quelle riche moisson n'ont pas recueillie nos naturalistes voyageurs ? Chaque
jour de nouvelles espèces viennent s'inscrire
sur nos catalogues, contraries par fois les systè-
mes admis par les plus grands botanistes ; jusque-là nous ne voyons que rien d'avantageux à
la botanique, dont les conquêtes agrandissent le domaine de l'Histoire naturelle. Honneur donc aux Jussieu, aux Robert Brown,
aux Kunth, aux Decandolle, aux auteurs
de ces classifications savantes qui rendent la

science accessible aux botanistes du second ordre aussi bien qu'aux amateurs. Mais que penser de cette foule d'élèves qui, après avoir suivi en tâtonnant les traces de leurs maîtres, s'érigent en docteurs à leur tour, et prétendent dicter des lois à ceux dont ils ont reçu les leçons. Il n'est si petit auteur d'une Flore de province, de département, voire même de banlieue, qui n'aspire à se signaler par quelque innovation : l'esprit de coterie s'en mêle, et grace à de mutuelles complaisances, on trouve à côté du nom d'un père, d'un fondateur de la botanique, celui d'un explorateur obscur, qui n'aurait pas dû dépasser les limites de son canton. Sans vouloir blesser personne, nous dirons qu'il est déjà cinq cents noms au moins qu'on devrait rayer du catalogue des genres. Nous n'entendons nullement ici parler des ouvrages des grands botanistes : le talent fait pardonner à l'amitié, et surtout au besoin de ménager à la science de puissans appuis, la nécessité d'immortaliser le nom d'un homme qui a soutenu, sinon la botanique, du moins le botaniste. L'abus des dédicaces n'est pas encore le plus criant : le nom est mal choisi : mais le genre subsiste, s'il est bien caractérisé.

La recommandation faite par nos principaux auteurs depuis Linné, d'étudier spécialement les familles et les genres, semblait promettre à la science des observations neuves et des progrès toujours croissans. Aujourd'hui le nombre des genres est tel, que la vie d'un homme ne suffirait peut-être pas pour les étudier tous : que serait-ce s'il fallait comparer et décrire toutes les espèces dans les trois grandes classes de végétaux ? Ne demandons à l'homme rien d'impossible à l'humanité. Adoptons et encourageons les monographies faites avec talent, avec conscience, dans le but d'éclaircir la science et non de l'embrouiller. De ces monographies, il en est un certain nombre que l'on pourrait citer comme modèles; il en est d'autres conçues dans un esprit de systême qui tendrait à bouleverser toutes les idées reçues. On comprend ce qu'était la famille des Composés entre les mains des Tournefort, des Vaillant, des Linné ; des Jussieu ; voyez ce qu'elle est devenue dans celles de nos auteurs modernes ! Cette famille, nous n'en disconvenons pas, est une des plus nombreuses du règne végétal ; mais des coupes savantes et d'heureuses combinaisons en avaient rendu l'étude facile ; le nombre des genres restait en proportions avec celui des autres familles. Eh bien ! voici venir un homme, observateur laborieux s'il en fut, qui, ne tenant compte des sages conseils de la philoosophie botanique, applique sa loupe sur des milliers d'espèces cultivées avec ou sans étiquette dans les jardins, mutilées ou entières dans des herbiers que le tems a moisis et que les mites ont dévorés en partie. Admirez la perspicacité du monographe! dans chaque espèce connue il découvre un genre, dans chaque genre ancien une famille, et souvent il avoue ne pas avoir vu de ses yeux, ne pas avoir reconnu dans les descriptions la plante dont il parle! L'énumération des caractères d'un genre lui coûte une page; la description d'une seule espèce lui en coûtera deux, et toutes entières, écrites en termes nouveaux, mystérieux, énigmatiques pour le vulgaire des botanistes, mais bien formés du grec. Où s'arrêtera cet abus? Que d'autres amateurs aussi intrépides appliquent un pareil talent d'observation aux deux cents familles, aux trois mille genres connus, il en résultera qu'au bout de quelques années la vie de vingt Gaspard Bauhin ne suffira pas pour esquisser seulemement le plan d'un nouveau *Pinax*. Et les traditions de l'antiquité, et la nomenclature des auteurs des deux derniers siècles, que deviendront-elles au milieu de ce chaos? Déjà la synonymie est la partie la plus ardue de la botanique; c'est la plaie de la science. Que de regrets exprimés par tous les véritables botanistes sur cette manie de créer des genres nouveaux, sur cette lé-

gèreté avec laquelle des auteurs , mêmes estimés, admettent, sans vérification préalable,
des genres ou des espèces dont l'existence
est plus que problématique! Puissions-nous
voir bientôt apparaître un nouveau *Species*,
un nouveau *Genera*, devant lesquels s'hu-
milieront toutes ces ambitions subalternes :
Si forte virum quem, conspexere, silent.
Peut-être le moment n'est-il pas éloigné où
ce vœu sera réalisé ; jusque là cependant, ne
désespérons pas de la Botanique , de cette
science si utile par ses applications dans l'é-
conomie domestique , si recommandable par
les innocentes jouissances qu'elle procure à
ceux qui la cultivent pour elle-même.

Douy.

BOUCANIER. L'étymologie la plus probable est celle de (*buccus*) bouc; ce qui viendrait à l'appui est le vieux mot français
boucanier, pour désigner celui qui hantait
les lieux de prostitution , dont l'odeur infecte
est devenue proverbiale. Dans cette acception
il est totalement rayé de notre langue, et il
est venu s'y régénérer à une époque plus
récente, et d'une manière plus noble. Une
poignée d'aventuriers français vinrent s'établir sur la côte septentrionale de Saint-Do-
mingue, alors colonie espagnole : leur nombre
se grossit bientôt d'une foule de mécontens
que repoussait le privilège colonial. La chasse

fut la première occupation de ces hommes dont la nature était l'unique loi ; les animaux que les Espagnols avaient transportés sur cette terre avaient peuplé les forêts, et les boucaniers trouvèrent de quoi satisfaire leurs besoins, et de plus une branche de commerce facile dans le produit de leur chasse. Ils préparaient la peau des bêtes qu'ils abattaient, en fumaient la viande, et allaient la vendre dans les rades voisines, aux bâtimens qui fréquentaient la colonie. Ils avaient un costume tout en harmonie avec leur profession ; une chemise jetée sur leurs vêtemens, un sabre, un fusil, sept à huit chiens, une mauvaise hutte, telles étaient les richesses de ces aventuriers. Ils étaient associés deux à deux, devant l'un l'autre se porter aide et assistance : la viande rôtie et l'eau, tels étaient leurs seuls moyens d'existence. La plus grande fraternité régnait entre les boucaniers, et jamais on n'a vu d'exemple d'un seul larcin. La colonie de Santo-Domingo n'eut connaissance de leur établissement dans l'île que fort tard, et c'est lorsque enhardis par leurs succès, et qu'ils vinrent rôder jusque sous les murs de la ville, que l'on songea à les anéantir. La garnison espagnole était faible, les boucaniers très braves, et leur résistance nécessita le rappel de troupes plus nombreuses : il y eut plusieurs rencontres ; mais les boucaniers opposèrent la ruse à la force, se dispersant le jour, et la nuit harcelant leur ennemi. Désespérant de les anéantir, les Espagnols résolurent de les réduire par famine; et ils firent la chasse aux animaux, en diminuèrent le nombre d'une manière efficace : un peu de temps après, les boucaniers s'élevèrent à la culture, et formèrent des établissemens. Ceci arriva en 1665; alors le gouvernement français, qui d'abord n'avait pris aucun soin d'eux, leur envoya un gouverneur et des vaisseaux chargés de femmes prises parmi le rebut des lieux de débauches de Paris. Cette singulière cargaison fut répartie parmi les colons qui l'acceptèrent avec joie. Certains auteurs font, à ce sujet, un récit où il y a plus d'esprit que de véracité : chaque boucanier aurait eu une formule sacramentale, en contractant cette union que le hasard lui apportait : *Je ne vous demande aucun compte du passé, vous n'étiez pas à moi ; maintenant que vous m'appartenez, il faut me répondre de l'avenir, et si vous me manquez*, ajoutait-il en montrant son fusil, *en voilà un qui ne vous manquera pas.* Dès lors, les boucaniers se firent colons. HENRION.

BOUCHE (Médecine), s. f. , du latin *os*. Cette cavité naturelle, concourant à l'exercice de trois fonctions importantes, la *respiration*, la *déglutition*, *l'articulation des sons*, est formée de deux mâchoires, l'une supérieure ou *syncranienne*, composée des os sus-maxillaires et palatins, ne faisant qu'un avec le crâne, auquel elle est liée d'une manière immobile; l'autre inférieure ou *diacranienne*, non continue avec la tête, et faite d'un seul os, le maxillaire.

Cette cavité, formant chez l'homme une espèce de voûte parabolique, de figure ovalaire, divisée en bouche et en arrière-bouche, se trouve bornée latéralement par les joues; en haut par la voûte palatine, plancher osseux et résistant; en bas par la langue, par une membrane muqueuse exhalante, riche en follicules, qui, après l'avoir tapissée, se prolonge sur les voies alimentaires et respiratoires; en avant par les lèvres qui l'agrandissent, la ferment à volonté, et forment l'entrée de l'appareil digestif; en arrière, par le voile du palais et le phary nx.

La bouche, cavité première et supérieure du conduit alimentaire, siége de la mastication, de l'organe du goût, de l'insalivation, est continuellement humectée par les mucosités des cryptes nombreux qui la tapissent, mais surtout à l'aide des canaux excréteurs des glandes dites salivaires, qui, situées dans son voisinage, préparent ce suc utile, indispensable à la digestion, la *salive*.

L'arrière-bouche, portion de cette cavité

qui s'étend jusqu'au pharynx, contient le voile du palais d'où s'échappe la *luette*, et dans les piliers duquel on aperçoit deux follicules muqueux, ovoïdes, de la longueur de six à huit lignes, semblables par leur forme à des amandes; on les appelle *amygdales*, et de leur face interne s'écoule un mucus visqueux, transparent, qui vient encore faciliter la déglutition, en lubréfiant l'isthme du gosier. Enfin la bouche communique à l'oreille interne par l'orifice des trompes d'Eustache, et par les narines postérieures avec les fosses nasales, pour former avec ces dernières le tuyau musical par lequel s'échappe le son vocal; troisième partie de l'appareil de la *phonation*. — Il est inutile de dire que ce tuyau a toute la mobilité nécessaire; et quelles sont les parties qui la lui communiquent. Nous sortirions de notre sujet, et nous y reviendrons aux mots *Lèvre*, *Langue*, *Phonation*.

Nous nous abstenons également de parler des maladies du mot Bouche; cet article étant tout-à-fait médical.

On nomme Bouches ou Pores absorbans (*vasorum absorbentium ora*), les orifices des vaisseaux capillaires répandus sur les membranes cellulaires et séreuses, ainsi qu'à la surface de la peau.   N. C. d. m.

BOUCHER (Technologie.) Cette profession est des plus connues, en même temps que son application est des plus simples : elle consiste à abattre les animaux. Cette opération, comme on sait, a lieu dans les abattoirs : un anneau est fixé en terre ; le bœuf est attaché par les cornes au moyen d'une corde ; cette corde est passée dans l'anneau, et tirée jusqu'à ce que la tête de l'animal vienne s'abaisser jusque sur l'anneau ; alors, avec un merlin en fer, on frappe avec force l'os frontal, et deux coups donnés par une main exercée, suffisent pour abattre le bœuf le plus vigoureux. Après quoi on le saigne ; les bouchers pratiquent une ouverture soit au cou, soit à la section d'un des genoux, y introduisent un soufflet et chassent de l'air dans tout le tissu cellulaire, tandis que d'autres sont occupés à battre le corps de l'animal avec des leviers lourds et aplatis. Cette opération a pour but de donner à la viande plus d'élasticité et d'apparence. Quant à la dissection, elle appartient toute au plus ou moins de pratique de l'ouvrier. La boutique ou (*étal*) du boucher doit être saine et bien aérée. Le nombre des bouchers de Paris est limité à quatre cents ; ce privilége, que rien ne justifie, est des plus intolérables, et nous l'avons vu naguère, dans un temps de calamité affreuse, lorsque le choléra décimait Paris, lorsque tous les rapports des médecins prescrivaient l'usage de la viande, ce triste monopole porter ses fruits ; les bouchers s'étaient entendus, la viande était hors de prix ; aussi le pauvre allait au cimetière dans la proportion de huit sur dix.

H. BERNARD.

BOUCHES A FEU. C'est le terme général sous lequel on comprend toutes les armes à feu non portatives, telles que *canons*, *mortiers*, *obusiers*, *pierriers*, etc. (*Voyez* ces mots.)

Il faut que les matières employées à la fabrication des bouches à feu réunissent plusieurs qualités. Il faut qu'elles soient à la fois infusibles aux degrés de chaleur qu'elles doivent éprouver, indissolubles dans les acides que produit l'inflammation de la poudre, inoxigénables à l'air ou à l'humidité ; car les dimensions de la pièce s'altéreraient, et la justesse du tir en serait diminuée ; enfin il faut que ces matières soient communes et à bas prix. Ces différentes qualités n'ayant pu être rencontrées dans les métaux purs, il a fallu recourir à l'alliage. Pendant long-temps on s'est servi d'un alliage de onze parties d'étain à cent de cuivre, qui ne donna que des bouches à feu de peu de durée. Des expériences faites à Turin en 1770 et 1771, prouvèrent que des bouches à feu où il entrait douze parties d'étain sur cent de cuivre et six de laiton (alliage de cuivre et de zinc), résistaient à un tir très prolongé, sans éprouver la moindre détérioration. D'après d'autres expériences faites en France en 1817 ; les alliages ternaires, composés de métal à canon avec un à un et demi de fer-blanc pour cent ou trois de zinc, donnent, coulés en sable, de meilleurs produits que le bronze ordinaire coulé de la même manière. Enfin le général Allix pense qu'il serait convenable d'employer en France, pour l'artillerie de terre comme pour celle de mer, le fer fondu de préférence au bronze.

Nous nous bornerons à ces considérations succinctes sur la fabrication des bouches à feu ; nos lecteurs trouveront à l'article Canon et Artillerie, des notions plus précises et des détails plus étendus.

BOUCHES DU RHONE (département des). *Statistique*

Il tire son nom de sa position à l'embouchure du Rhône dans la Méditerranée. Il est formé d'une partie de l'ancienne Provence. *Voyez* ce mot.

Limites. Au nord la Durance, qui le sépare du département de Vaucluse ; à l'est celui du Var, au sud la mer Méditerranée, à l'ouest le département du Gard.

Superficie. 525,000 hectares. Contributions en 1831. Directes, 4,965,216 fr.; indi-

rectes, 55,587,486 fr. Total, 58,552,702 fr.,
ou 107 fr. 25 c. par habitant. Bois, 51,275
hectares. Vignes, 57,867 hectares. Revenu
territorial, 25,588,000 fr. Produit moyen
de l'hectare, 44 fr. 92 c. Maisons en 1829,
61,711. Huitième division militaire à Marseille. — Cour royale et Académie d'Aix. —
Evêché de Marseille, archevêché d'Aix. —
Six députés.

Arrondissemens.	Pop. en 1831.	Cantons.	Com.
Aix	102,674	10	58
Arles	77,033	8	32
Marseille	178.866	9	16
	359,473	27	106

Ce qui donne une population moyenne de
13,314 habitans par canton, et de 5,391
par commune. Chacune d'entre elles ayant
une superficie moyenne de 4952 hectares,
c'est un hectare 46 centiares par individu.

Rivières. Les principales sont : Le Rhône,
qui passe à Tarascon, à Arles et se jette
dans la Méditerranée par plusieurs bouches;
la Durance, qui arrose Peyrolles, Orgon et se
perd dans le Rhône, au-dessous de Rogno-
nas. Viennent ensuite l'Arc, l'Iluveaune et
la Touloubre. Ce département renferme
aussi quelques canaux, parmi lesquels nous
citerons celui d'Arles au port de Bone, celui des Alpines au Boisgelin et celui de

au Rhône par la plaine Crau et de la Durance Craponne, qui communique de la Durance à la mer par l'étang de Berre.

Aspect du pays. Habitans. Ce département est généralement hérissé de collines qui semblent se tenir toutes et se rattacher au massif de la Ste-Baume. La plaine de la Crau a une surface très inégale sur laquelle on trouve quelques amas d'eau et de petites vallées vers ses bords, du côté des étangs de la Valduc et de Foz, s'étendant au sud-est d'Arles, elle offre un sol caillouteux, revêtu d'un pied environ de terre végétale. Le Rhône, en se divisant à Trinquetaille, un peu au-dessus d'Arles, laisse entre ses deux branches un vaste delta, qui forme l'île ou la plaine de la Camargue, dont la circonférence est de sept myriamètres et demi, et la surface de 55,000 hectares, sur lesquels un cinquième seulement est cultivé. Le sol de cette plaine est un terrain limoneux composé d'un mélange de silice, d'alumine, de débris calcaires et d'oxide de fer recouvert d'une forte couche d'humus, qui, dans les marais, se rapproche de la nature de la tourbe. On trouve aussi dans ce département des terrains appelés par les habitans *paluns* ou *paluds*, qui tiennent le milieu entre le sol des marais et celui de la terre ferme; enlevés aux eaux par des canaux de desséchement, ils ont été livrés à la culture qui n'a pas encore pu faire disparaître en entier leur nature marécageuse. Trois races bien distinctes forment la population des Bouches-du-Rhônes ; la *Provençale*, la *Marseillaise* qui se reprochent du type grec ou phocéén, et l'*Arlésienne*, dont les caractères tiennent du sang des anciens romains. Les maladies particulières au pays sont la lèpre de Vitrolles et le tarentisme, produit par la piqûre d'une espèce d'araignée assez commune sur le territoire d'Aubagne. Dans les sept années de 1824 à 1830 inclusivement, il n'est mort qu'un centenaire, et la vie moyenne est de 27 ans, 11 mois 2 jours.

Productions. Les céréales sont peu cultivées, excepté dans les environs de Tarascon. La principale richesse agricole du pays est les oliviers. On y récolte aussi des amandes, des pommes de terre, du tabac et de la garance. La pêche fournit des thons, des anchois et plusieurs sortes de poissons de mer ou d'eau douce. Le chêne-liége, le mûrier sont assez communs, ainsi que le jujubier, l'érable et le grenadier. Il y a des eaux minérales à Aix et aux Camoins.

Industrie. Ce département, qui a fourni 405,245 quintaux métriques de houille en 1826, possède plusieurs variétés de marbre, des ardoises à Aix., des pierres à plâtre sur plusieurs points, de la terre pour la poterie, des filatures de coton, des raffineries de sucre, un grand nombre de fabriques de savon, surtout à Marseille; des moulins à huile, des manufactures de produits chimiques, des fabriques de bonneterie orientale, et fait un grand commerce avec l'Espagne, le Levant, l'Afrique, l'Italie et les pays de la mer Noire. Il a 57 foires qui occupent 89 journées dans 26 communes. Quatre routes royales d'une longeur de 238,943 mètres, et 15 départemenales.

Villes principales. MARSEILLE. 145,115 habitans, chef-lieu de préfecture, à 192 lieues sud de Paris au fond d'un golfe défendu par plusieurs îles, offre un bon et vaste port pour plus de 1,000 bâtimens. Elle possède un collége royal, un hôtel des monnaies, le plus beau lazaret de l'Europe, une bibliothèque de 35,000 volumes et une cathédrale qui passe pour la plus ancienne de France. La vieille ville, construite sur le penchant rapide d'une montagne, se trouve coupée de rues étroites bordées de chétives maisons, tandis que la ville neuve réunit les agrémens d'un sol uni, des rues régulières et de très beaux édifices. Marseille a une manufacture de tabac, un entrepôt de douanes, plusieurs fabriques de savon, de soude, de vermicelle et de vitriol; elle fait un commerce considérable de fruits du midi, de nougats, de bougie et d'eaux-de-vie.

Les autres chefs-lieux de cantons de l'arrondissement sont : *Aubagne*, 6,349 habitans; vins, tanneries et papeteries.

La *Ciotat*, 5,427 habitans. Petit port entre Marseille et Toulon. *Roquevaire*, 3,218 habitans. Fabriques de savon et commerce de figues superfines.

Aix. 22,575 habitans, à six lieues nord de Marseille, chef-lieu de sous-préfecture, cour royale, académie et archevêché, faculté de droit et de théologie, collége communal. La cathédrale, qui offre des portes très bien sculptées, contient un baptistaire soutenu par huit colonnes antiques, et un tableau peint par le roi Réné ; bibliothèque de 75,000 volumes; sources d'eaux minérales, commerce d'huile d'olives qui passe pour la meilleure de France; de soie, de laine, d'amandes et d'eaux-de-vie.

Chefs-lieux de cantons de l'arrondissement : *Berre*, 1871 habitans. Riches salines. *Gardanne*, 3,254 habitans. Culture en grand du melon. *Istres*, 5,023 habitans. *Lambesc*, 3,898 habitans. *Martigues*, 7,379 habitans. Recette principale des douanes, commerce de poissons salés, construction pour la marine marchande. *Peyrolles*, 1,171 habitans. *Salon*, 5,987 habitans. Moulins à huile, fabriques de savon et de chandelles. *Trets*, 3,014 habitans. Mines de houille.

ARLES, 20,236 habitans. Chef-lieu de sous-préfecture, à 20 lieues nord-ouest de Marseille ; collége communal, hôtel de ville construit par Mansard, ancienne cathédrale dans le goût gothique, bibliothèque de 3,600 volumes; fabriques de chapeaux, saucissons très renommés, commerce de blé, d'huile, de fruits, de laines indigènes, métis et mérinos. Entrepôt de sel, musée d'antiquités, cabinet d'histoire naturelle.

Chefs-lieux de cantons de l'arrondissement : *Château-Renard*, 4,152 habitans. *Eyguieres*, 2,987 habitans. *Organ*, 2,584 habitans. *Les Saintes-Marie* ou *Notre-Dame de la Mer*, 543 habitans, au fond de la Camargue; pâturages, soudes et blés. *Saint-Rémy*, 5,464 habitans. Filatures de soie. *Tarascon*, 10,967 habitans. Tribunal de première instance de l'arrondissement, collége communal. Fabriques de vinaigre, d'amidon et de cadis, distilleries d'eaux-de-vie, commerce de vins, de garance, d'huiles, de soie, de chevaux et de bestiaux.

Pour les antiquités et les hommes célèbres des Bouches-du-Rhône, *voyez* le mot PROVENCE.　　　　　Napoléon FLAMEL.

BOUDDHISME, religion répandue dans presque toutes les îles des Indes orientales, la presqu'île orientale de l'Inde, dans le Thibet, la Mongolie, jusqu'aux confins de l'empire Russe. Le bouddhisme compte un nombre d'adeptes que des auteurs portent jusqu'à 295,000,000. On a beaucoup écrit sur cette religion, et les opinions varient à l'infini : au milieu de ce conflit d'idées, il apparaît néanmoins que son auteur est Gautamas, surnommé Bouddhas, ou le sage, d'où la doctrine a tiré son nom. Les sectateurs de la religion de Gautamas enveloppent l'origine de leur prophète d'une auréole de mysticité, et de circonstances fabuleuses, qui tiennent toutes du caractère enthousiaste des orientaux. L'époque de l'apparition du bouddhisme n'est pas bien définie ; on est peu d'accord sur ce point : la moyenne, entre toutes les divergences, l'a fixée à l'an 1000 avant J.C. Le culte de Bouddha se célèbre avec pompe, et l'on remarque une analogie tellement frappante dans ses cérémonies avec celles des chrétiens, que des missionnaires crurent d'abord qu'elles étaient une conséquence du contact de ces peuples avec les chrétiens (1). Il

---

* Le rosaire, les cloches, les réliques, la crosse du dalaï lama, sont de temps immémorial des accessoirs du bouddhisme.

serait plus naturel de croire que c'est d'eux,
au contraire, que le culte catholique les aurait empruntées; car ce n'est guère qu'après
le retour des croisades que le luxe envahit les
temples du Christ, et que les conciles s'éloi-
gnèrent peu à peu de la sublime simplicité
des apôtres. Ce qui militerait en faveur de
cette opinion, c'est que saint Clément d'A-
lexandrie avait connaissance du bouddhisme
et du rit de cette doctrine.

La doctrine de Bouddha a été recueillie
par ses disciples, en manuscrits, dix ans après
sa mort : ces livres primitifs n'existent plus;
ils ont été modifiés et ont suivi la marche
du temps. Le corps des livres religieux
du bouddhisme formerait, selon les uns,
108 volumes, et selon d'autres 84,000.
Partout où pénétra le bouddhisme, il se
substitua aux doctrines établies : voici, en
substance, les préceptes de cette religion.
Les mondes naissent et périssent, d'après les
lois de toute éternité; le monde est vivifié
par une puissance répandue sous des formes
innombrables : cette puissance n'est pour
rien dans le mode qui regit le monde; elle est
passive, et laisse agir le destin. L'individua-
lité ne rentre pas dans le néant; les animaux
mêmes participent à l'immortalité. Les mé-
chans, après la mort, entrent dans le corps des
animaux; et s'ils persistent dans le crime, un

châtiment terrible les attend : une vie toute de contemplation est réservée à l'ame du juste. La morale du bouddhisme a un caractère de simplicité digne d'une foi plus pure. » Tu ne tueras point; tu ne proféreras ni calom- » nies, ni mensonges ; tu respecteras le bien » d'autrui; tu ne seras pas égoïste. Rappeles- » toi que tous les hommes sont frères. Tu » n'honoreras ni les vidas, ni les pouranas ; » car leurs sacrifices exigent du sang. Les sectateurs de Bouddha sont humains, bienfaisans et pratiquent une religieuse hospitalité; en un mot, c'est le culte de la vertu dans son acception la plus large. (*Voy.* Brahamanisme).

La hiérarchie du bouddhisme est imposante; c'est au Thibet qu'elle est dans toute sa splendeur. Le chef du culte s'appelle le *dalaïlama*, il habite à Hlassa ; il a sous lui un second lama qui réside à Teschilumbo, et dont l'autorité relève du premier; après eux, viennent d'autres lamas d'un ordre inférieur. Pendant long-temps les successeurs du dalaïlama étaient désignés par lui, et c'est dans l'Inde qu'on allait les chercher. Depuis, les empereurs chinois sont parvenus à les faire prendre parmi les plus nobles familles des Mandschous. Les prêtres bouddistes, comme nos prêtres catholiques, sont condamnés au célibat ; mais leur religion leur tolère des femmes

que ce commerce sanctifie ; il est cependant
des sectes dissidentes dont les prêtres se
marient. Cette religion, comme toutes celles
qui ont paru sur le globe, a eu ses persécutions, et ses doctrines ont résisté à de terribles
orages ; et aujourd'hui encore les masses la
proféssent avec une fervente persévérance.

Henrion.

BOUÉE (Marine). *Voy.* Balise.

BOULANGER. Cette profestion simple
n'exige que de la probité et une connaissance pratique des blés et des différentes
espèces de farines. Les blés durs, comme
ceux du midi, contiennent le gluten en
plus grande quantité que les blés tendres ;
le moyen de reconnaître la présence de cette
substance est très simple : on mêle une petite partie de farine sous un filet d'eau ; le
gluten, étant insoluble, reste dans la main
sous une forme gluante, tandis que l'amidon, qui est l'autre partie constituante de
la farine en raison de sa légèreté, est en-
traînée par le liquide. Le gluten contient
l'azote en grande quantité, ce qui le rapproche des matières animales, le rend par
conséquent très propre à l'assimilation et à
la nutrition des animaux. De plus, il con-
tribue à la fermentation de la pâte, fermentation qui est indispensable puisqu'elle
donne au pain cette légèreté qui le rend

propre à la digestion. L'amidon, au contraire, ne contient point d'azote; à l'état de bouillie, il est sain et d'une digestion facile ; mais employé seul dans la fabrication du pain, il le rend lourd et désagréable, c'est pourquoi on préférera toujours les grains les plus durs comme devant être les plus sains.

La fabrication du pain nécessite les quatre opérations suivantes : Le levain, le pétrissage, la fermentation et la cuisson. — Le levain est un reste de pâte d'une opération précédente, et qui en vieillissant a reçu une odeur acide, et en la mêlant avec la nouvelle, elle communique à celle-ci la faculté d'entrer en fermentation rapidement, et de se goufler, ce qui est dû à l'expension intérieure des gaz, particulièrement du gaz acide carbonique. On peut encore doubler l'énergie de ce levain, en y ajoutant le tiers de son poids de levure de bière. La composition de la pâte est : sur cent parties, 63 de farine, 56 d'eau chaude de 20° à 25°, 7 dixièmes de levain, 2 dixièmes de levure de bierre, 1 dixième de sel marin. — Le pétrissage a lieu dans une mai ou pétrin ; il a pour but de bien mêler chacune de ces diverses parties ; il se compose de la *délayure*, la frase, la contrefrase, le bassinage, les tours et les battemens. Ces diverses opérations, pendant lesquelles la pâte perd 2 pour cent de son poids, exigent de la promptitude. Une fois terminée, la pâte est recouverte et abandonnée à elle-même. Si le temps est froid, elle doit être dans un lieu chaud pour en accélérer la fermentation ; c'est alors qu'elle se boursoufle et se remplit d'interstices produits par les gaz qui se dégagent à l'extérieur et la rendent spongieuse et légère, c'est à quoi on reconnaît que la pâte est levée. Alors on la coupe et la pèse, puis on lui donne la forme voulue pour la mettre au four. (*Voy*. ce mot.) Après la cuisson, le pain a perdu un tiers de son poids. Les Anglais ont un moyen plus expéditif de mettre la pâte en fermentation, c'est d'y incorporer un sel volatil nommé sous-carbonate d'ammoniac ; ce sel rend le pain extrêmement léger.

M. Davy a proposé de mêler du carbonate de magnésie à la farine, dans la proportion de 2 à 4 grammes par kilogramme. Ce sel stimule les farines qui ont peu de gluten, et leur donne la propriété de faire un pain passable. — Le pétrissage est une opération pénible et très fatigante, c'est sans doute pour cela que l'on a donné le nom de *gindre* à l'ouvrier chargé de la manipuler. De nos jours on a inventé un procédé dont le mécanisme simple mérite d'é-

tre préféré. Il consiste en une caisse quadrangulaire en bois, tournant sur deux pi-
vots à l'aide d'une manivelle; on y introduit les mêmes élémens que dans le pétrin,
en mêmes proportions; on donne en commençant un mouvement de va-et-vient à
l'appareil pendant cinq minutes, puis après
on lui fait subir des mouvemens complets
de rotation pendant trente minutes, sept
à dix tours par minute, et la pâte se trouve
alors suffisamment mêlée

Nous citerons la nouvelle découverte de
M. Gannal, dont commence à s'emparer le
commerce; c'est la panification de la farine
de pomme de terre. Nous en indiquerons le
procédé au mot pain (1).   H. Bernard.

BOULEAU BLANC ou COMMUN, *Be-
tula alba* (Fr.) Tronc de 40 à 50 pieds;
écorce argentée, incorruptible; feuilles
moyennes, aiguës, dentées et d'un beau vert;
fleurit en *juillet*, fleurs à chatons, etc.

Toutes terres et expositions; mais il reste
arbrisseau dans les mauvais terrains. Multiplication de graines aussitôt la maturité
dans un sol bien ameubli. On le propage
aussi, mais moins bien, par les rejetons,
marcottes, boutures ou la greffe.

Ce bouleau a deux variétés d'ornement

______

(1) Les boulangers doivent, sous peine d'amen-
de, avoir la taxe du pain affichée à leur porte.

qui font très bel effet dans les parcs, à des points de vue détachés : le *Boulcau pleureur, B. pendula,* et celui à feuilles panachées, *B. variegata.*

On cultive de même les espèces suivantes de l'Amérique septentrionale : *Bouleau , feuilles de peuplier, B. populifolia; Bouleau noir, B. nigra; Bouleau jaune, B. lutea ; Bouleau papier, B. papyfera ; Bouleau mérisier, B. lenta ; Bouleau élevé, B. excelsa; Bouleau à feuilles de marceau ou nair, B. pumila.*

Bouleau à feuilles laciniées (Jardin-des-Plantes), *B. laciniata; Bouleau arbrisseau, B. fruticans ; de Pont , B. pontica; pubescent, pubescens; rouge, rubra.*

Toutes expositions : ils viennent dans les terrains les plus arides, mais mieux dans les meilleurs. Multiplication de semis, rejetons, marcottes, boutures et greffes. Le bouleau est encore d'un produit très précieux, surtout dans les mauvais sols, où il dédommage bien des peines que l'on prend pour en soigner le semis, qui s'opère en automne, sur un labour qu'il faut seulement herser ou râteler, et protéger par des mousses ou des herbages. La plantation en jeunes individus n'est pas aussi heureuse pour la rapidité de la crue; mais quand elle est faite avec précaution, en automne, elle est encore une bonne opération pour tirer parti d'un mauvais terrain. Le bouleau est un bon bois de chauffage pour le four; les branches sont recherchées pour les balais; l'écorce peut suppléer la noix de galle; les feuilles donnent une teinture jaune; la sève peut fournir une liqueur propre au vinaigre, et même une boisson vineuse légère.

V. PIROLLE.

BOULET. *Voy*. PROJECTILES.

BOULET (peine du) *V.* CODE MILITAIRE.

BOURBON ou MASCAREIGNE (*Mascarenhas*), l'une des îles africaines orientales, gît dans l'Océan indien par 20° 51' de lat. S. et 53° de long. E., à 300 lieues de la côte d'Afrique; 140 de Madagascar et 35 de l'Ile-de-France.

Sa forme est celle d'une ellipse, dont le grand diamètre dirigé du N. au S. a 14 lieues, le petit 9, et le contour à peu près 40. Les sinuosités de ce contour ne forment en général que des baies très ouvertes, et n'offrent aucun port. L'aréa est estimée à 170,794 hectares.

Deux montagnes volcaniques, l'une au N., la plus élevée (Morne des *Salazes,* 1500 ou 1700 t.) et éteinte depuis long-tems; l'autre au S. en pleine activité, occupent les deux foyers de l'ellipse et sont les deux points culminans de la surface. Les ravins ou déchirures profondes de la matière volcanique qui forme l'ile, sont les seuls lits des nombreuses rivières ou plutôt des torrens rapides et impraticables qui rayonnent la circonférence.

Les ouragans sont fréquens à Bourbon ; la chaleur moyenne y est de 25° cent. Les vents habituels soufflent de l'E. De là, la division de l'île en deux parties : celle *du vent* et *celle sous le vent.*

Brûlante et privée de sources, cette dernière est cependant celle où la végétation offre le plus de vigueur et de richesse ; l'autre arrosée d'eaux abondantes, forme un amphitéâtre de l'aspect le plus riant dont les gradins descendent jusqu'au bord de la mer.

Par son climat et la qualité de son sol, cette île convient à la culture de presque toutes les plantes utiles, tant des régions intertropicales que des régions tempérées. Elle était quand les Européens y abordèrent, couverte de bois où l'on remarquait le *palmiste*, *l'oranger*, le *lubibe*; en 1718, le café y fut introduit, et en 1776, par les soins de M. Poivre, gouverneur de l'Ile-de-France, elle reçut de la malaisie hollandaise, le *giroflier*, la *muscade*, la *canelle* et l'arbre à pin. Le cacao, le coton réussissent encore à Bourbon ; mais les articles les plus importans de la culture, sont les sucres et le café ; leur chiffre d'exportation a été en 1831, pour le sucre 17,649,900 kil. Bourbon exporte la plus grande partie de céréales qu'elle produit, et cependant sa partie cultivée, formant une étroite zone sur le bord de la mer, n'est évaluée qu'à 70,000 hectares.

Les animaux domestiques, peu nombreux, ont été importés par les Portugais.

La population était en 1811 de 80,350 ames, dont 19,900 habitans libres, et 60450 esclaves ; en 1831, elle s'élevait à 100,518 habitans, dont 27,647 libres ; 70,185 esclaves, et 2,628 cultivateurs indiens que l'on fait venir des établissemens français, dans l'Inde, pour remplacer les esclaves.

L'administration de l'île est confiée à un gouverneur, assisté d'un conseil privé et d'un conseil colonial. Le siége du gouvernement est Saint-Denis, ville de 9,000 habitans où se trouvent aussi la cour royale, un tribunal de première instance, et un collége ; Saint-Paul la deuxième ville de l'île, est le siége d'un autre tribunal de première instance. Le budget de l'île était, pour 1822, de 1,646,556 fr. outre 399,268 fr. payés par la France pour frais de garnison ; le chiffre de ses exportations s'était élevé l'année précédente à 10,301,686 fr. (en France, 9,291,900), et celui de ses importations à 7,335,755 fr. (de France, 3,001,377).

Cette île fut découverte en 1545 par les Portugais qui, du nom de leur chef, l'appelèrent Mascarenhac, mais ils n'y formèrent point d'établissement, et elle resta inhabitée jusqu'en 1646. Ce fut alors que Pronis, agent de la compagnie des Indes, à Madagascar, en prit possession au nom du roi de France; douze condamnés, qu'il y déporta, en furent les premiers habitans. Elle reçut vers la même époque le nom de *Bourbon* et fut donnée à la compagnie française des Indes orientales, qui la céda, en 1767, au gouvernement français, à qui elle n'a cessé d'appartenir que dans les trois dernières années de l'empire, tems pendant lequel elle resta entre les mains des Anglais, qui s'en étaient emparés en 1810. L'Ile-Bourbon a porté sous la république le nom d'Ile de la Réunion, et celui d'Ile-Bonaparte, sous l'empire. AD. GUIBERT.

BOURBONNAIS. Province de France, dont la capitale était *Moulins*, située au centre du royaume, dans le bassin de la Loire, cette province mesurait en longueur 27 lieues sur 13 de largeur : son aréa était estimé à 256 lieues carrées, et malgré son peu d'étendue, le Bourbonnais était une des parties les plus riches de la France; des branches navigables de la Loire en arrosaient le sol généralement plat, abondant en pâturages et ferile en *grains* et en *vins*. La *houille* y était exploitée sur différens points; et ses *eaux médicinales* jouissent d'une grande réputation, entre autres celles de *Vichy* et de *Bourbon-l'Archambaud.*

Au milieu du 18e siècle, les hautes administrations propres à la province étaient une *Intendance*, un *Gouvernement général* et une *Généralité*, ayant toutes leur siége à Moulins.

En matières *ecclésiastiques*, le Bourbonnais relevait des évêchés d'Autun, de Bourges, de Clermont et de Nevers, et en matières judiciaires, il était du ressort du parlement de Paris. Moulins était le siége d'un *Baillage*, d'une *Sénéchaussée* et d'un *Présidial;* la justice s'y rendait suivant la coutume du Bourbonnais, rédigée en 1520. La généralité de Moulins comprenait dans son ressort la plus grande partie de la province.

L'administration militaire se composait d'un *gouverneur général*, d'un *lieutenant général* pour le roi, et de deux *licutenans de roi.*

Le territoire du Bourbonnais était, au tems de César, occupé par les *OEdui;* depuis il a appartenu successivement aux Visigoths, aux rois français de la première race, et enfin aux ducs d'Aquitaine jusqu'en 900 ou 922, époque à laquelle il devint un fief de la couronne de France. Son nom vient de celui de Bourbon, capitale et résidence des premiers seigneurs ou sires de Bourbon. Plusieurs d'entre eux ayant porté le nom d'Archambaud, il fut ajouté à celui de la capitale, qui dès-lors fut appelée Bourbon-l'Archambaud.

Le Bourbonnais forme aujourd'hui le département de l'Allier.

BOURGEOIS. BOURGEOISIE. On a coutume de désigner sous le nom de *bourgeois*, dans le langage ordinaire, celui qui vit de ses rentes et qui n'exerce aucun art ni industrie. Il était employé spécialement, sous l'ancien ordre des choses, pour qualifier ceux qui avaient leur résidence habituelle et leur domicile dans une ville jouissant des droits de *commune*, qui participaient à ses *franchises* et *immunités*, et qui ne se livraient à aucune espèce de travail considéré comme vil et abject. Cette dénomination leur était donnée pour les distinguer de ceux qu'on appelait *vilains*; mais ils appartenaient, comme ceux-ci, à la classe des *roturiers*. (Voy. *commune, roturier, vilain*.

On donnait le nom de *bourgeoisie* aux priviléges particuliers, qui étaient attachés à la qualité de *bourgeois*.

Suivant le droit commun, ceux qui naissaient de parens *bourgeois* avaient la *bour-*

geoisie ; il était cependant des villes où la naissance et une résidence habituelle ne suffisaient pas pour en conférer les droits , qui n'y étaient acquis que sous d'autres conditions , et moyennant l'accomplissement de certaines formalités.

Dans les temps reculés on comptait, outre les *bourgeois* domiciliés dans la ville , des *bourgeois* forains. Mais l'usage d'admettre à la *bourgeoisie* les personnes du dehors ne fut pas de longue durée ; et déjà , sous Philippe-le-Bel , on imposait à ceux qui voulaient en acquérir les droits, l'obligation d'habiter dans la ville , d'y payer les *tailles*, et de contribuer aux frais de l'administration municipale.

La qualité de *bourgeois* se perdait par les mêmes causes qui opèrent aujourd'hui l'extinction de celle de citoyen. Elle se perdait encore par la translation sans esprit de retour du domicile réel dans une autre ville que celle où on jouissait de la *bourgeoisie*.

Les droits et les priviléges attachés à la *bourgeoisie* variaient suivant les diverses *coutumes* : celle de Paris en attribuait plusieurs à la classe des *bourgeois*, notamment celui de ne pouvoir être forcés de plaider, tant en demandant qu'en défendant, ailleurs que devant les tribunaux de la capitale ; celui d'user de saisie et d'opposition sur les biens-meubles de leurs débiteurs forains, contre lesquels ils n'avaient ni *cédulles*, ni *obligations* ; celui qui était accordé aux père et mère, après le décès de l'un d'eux, de prendre et d'accepter la *garde bourgeoise*, et l'administration des biens de leurs enfans mineurs, qu'ils conservaient jusqu'à l'époque où ceux-ci avaient accompli leur quatorzième année pour les mâles, et la douzième pour les filles. Les *bourgeois* de Paris jouissaient aussi de certaines exemptions de droits fiscaux sur les denrées provenant de leurs terres, qui étaient destinées à leur consommation ; et d'autres priviléges qu'il serait superflu d'énumérer.

Les droits et les priviléges attachés à la *bourgeoisie* ont été abrogés par les lois rendues après la révolution de 1789, qui ne reconnaissent que des citoyens français, et qui déterminent les conditions auxquelles on jouit de cette qualité : ils l'ont été plus spécialement par l'art. 13 du décret de l'assemblée constituante des 6 et 7 septembre 1790, qui déclare formellement que « les « priviléges des *bourgeois* de la ville de « Paris et de toute autre ville du royaume, « sont supprimés et abolis. »

Mais le mot a survécu à la chose, et on appelle encore aujourd'hui *bourgeois* ceux qui vivent sans rien faire , qui consomment sans produire, et dont il n'est point rare de voir l'existence inutile finir par être à charge à la société, qui n'a reçu d'eux aucuns services.

Les ouvriers emploient aussi cette dénomination pour qualifier celui pour qui ils travaillent ; et c'est sans doute parce qu'il n'a pas comme eux une tâche obligée à remplir. Le *bourgeois*, dans ce sens, est un homme précieux à la société , parce qu'il cultive les arts industriels dont les produits servent aux commodités et aux jouissances de la vie, qu'il donne l'exemple de l'amour du travail, et qu'il fait vivre à l'aide de ses profits et de ses économies ceux qu'il occupe dans ses ateliers.   J. L. CRIVELLI.

BOURGEON. *Voy*. BOTANIQUE.

BOURGOGNE (Comté de), partie de la France appelée depuis Franche-Comté. (*Voy*. ce mot.)

BOURGOGNE (Royaume de). Trois états ont porté ce nom.

Premier royaume de Bourgogone. C'est celui que fondèrent, en 443 , sur les bords du Rhône et de la Saône, les *Bourguignons*, tribus germaniques qui avaient quitté , à la fin du IVᵉ siècle, les rives de la Baltique pour venir s'établir dans la Gaule.

Vienne fut la capitale de ce royaume

qui, à la fin du ve siècle, occupait en entier le bassin du Rhône et une partie de celui du Rhin, c'est-à-dire *le duché de Bourgogne, la Franche-Comté, le Nivernais, la Savoie, le Dauphiné*, une partie de la *Provence* et la plus grande partie de la *Suisse.*

Vers 520, cet état était parvenu au plus haut degré de sa puissance : il renfermait alors vingt-huit cités, dont les principales étaient, après la capitale, *Lyon*: *Nevers*, *Autun*, *Langres*, *Besançon*, *Avenche*, *Bâle*, *Genève*, *Grenoble*, *Embrun*, *Gap* et *Sisteron.*

Conquis en 534 par les fils de Clovis, le royaume de Bourgogne conserva long-temps son nom sous les rois Mérovingiens ; c'était, avec les royaumes de Neustrie et d'Austrasie, une des grandes divisions de la Gaule Franque. Vers la fin de la première race, ces trois divisions furent réduites à deux, et la Bourgogne réunie à la Neustrie, fut confondue avec elle sous le nom de royaume de Neustrie.

Second royaume de Bourgogne, dit aussi royaume de la *Bourgogne supérieure*, et quelquefois royaume d'*Arles*, du nom de sa capitale. La fondation de ce royaume date de la fin du ixe siècle. A cette époque le pays qu'avaient occupé les premiers Bourguignons se trouvait partagé en trois grandes divisions; l'une au N. et 2 au S. , le duché de Bourgogne appartenant à la France. Les deux royaumes de Bourgogne *transjurane* et *cisjurane*, indépendans l'un de l'autre pendant quelque temps , mais qui par leur réunion sous un seul chef, terminent le royaume de la Bourgogne supérieure.

Les principales villes de ce royaume , étaient Arles , capitale , Lyon , Genève , Winterthur, Saint-Maurice , Nenenberg , Morat, Lausanne, Soleure , Avenche , Sion et le Beley.

En 1032 le royaume de Bourgogne devint une dépendance de l'empire. Le roi Rodolphe III ayant , en mourant, légué ses états à l'empereur Conrad. Il fut alors compris dans le cercle de l'empire qui, de son nom, s'appela *Cercle de Bourgogne*.

BOURGOGNE (Duché de). Pendant quatre siècles le plus important des fiefs du royaume. Sa capitale était Dijon. Nous voyons qu'au xe siècle les ducs de Bourgogne étaient des seigneurs puissans , puisque l'un d'eux , Raoul , put se faire élire roi de France. Sous les derniers ducs , cette puissance ne le cédait qu'à celle de quelques rois. Ce grand fief cessa d'exister en 1477, à la mort de Charles-le-Hardi ; alors il fut réuni à la couronne par Louis XI , et devint une province du royaume.

Bourgogne (de 1477 à 1790.) Premier *duché-pairie* de France , *province et gouvernement général* , se composait au dernier siècle : 1° du *duché de Bourgogne* proprement dit ; 2° des *comtés* qui en dépendaient, *le Charolais* , *le Mâconnais* , *l'Auxerrois* et *Bar-sur-Seine* ; 3° du *pays de Gex* , du *Bugey* et de la *Bresse* ; sa capitale était *Dijon*.

Cette province, à l'E. du centre de la France , mesurait en longueur 43 lieues et 27 en largeur ; son aréa était estimé à 676 lieues carrées. Sa surface , heureusement accidentée , renfermait , dans ses plaines , d'abondans et fertiles pâturages , et sur ses côteaux nombreux des bois et des vignobles les plus riches de la France. Les talus, en général peu élevés qui la sillonnent, appartiennent au système des Cévennes; le principal court du N. au S. , et sert de ligne de partage aux eaux de la *Seine* , de la *Loire* et du *Rhône*. L'un d'eux, appelé d'abord la *Côte* par excellence , et aujourd'hui la *Côte-d'Or* , offre, sur une longueur d'à peu près dix lieues, vingt-deux paroisses ou villes, toutes fameuses par les vins qu'on y récolte. Là se trouvent entr'autres *Chambertin, Romanée , Coulanges, Beaune , Volney* ,

Pomar, *Meursaut* et *Vougeot*, dont le clos si renommé appartenait à l'abbé général de Citeaux.

Après les vins, les bois et les bestiaux étaient les productions les plus importantes. La province passait pour la plus boisée de France, et l'on portait à 60,060 arpens la portion de son aréa occupée par les bois. Sur les 60,000 arpens, l'abbaye de Citeaux en possédait à elle seule 4450.

Le commerce très étendu de la Bourgogne était facilité par le rapprochement des branches supérieures de la Seine, de la Loire et du Rhône, et la facilité de leur navigation.

L'administration suprême de la province était partagée entre les *états*, dits états de Bourgogne, et un *gouverneur-général*. Cette dernière charge, l'une des plus considérables du royaume, valait une rétribution annuelle de 150,800 livres à son titulaire, dont un lieutenant-général était nommé exprès pour remplir les fonctions.

Les états, composés des trois ordres, s'assemblaient tous les trois ans à Dijon, sous la présidence du gouverneur-général : leur chiffre, sujet à varier avec celui de l'ordre de la noblesse, était d'à peu près 459 membres, dont 119 pour l'ordre du clergé, présidé par l'évêque d'Autun ; 260 pour l'ordre de la noblesse, présidé par l'élu actuel de cet ordre, et seulement 55 pour le tiers-état, que présidait le maire de Dijon. Dans l'intervalle de deux sessions, un comité dit *Chambre des élus des états*, était chargé de la mise à exécution des mesures et réglemens adoptés pendant la session. Ce comité se composait du maire de Dijon et d'un membre de chacun des ordres.

Le *Mâconnais* et le *Charolais* avaient en outre, pour l'assession de leurs taxes et impôts, leurs *états* particuliers.

Les principales administrations de la province étaient les suivantes :

Administration civile. Une intendance et deux grandes sénéchauss ées.

Administration ecclésiastique. Cinq évêchés ; Autun, Châlons, Mâcon, Auxerre et Dijon.

Administration militaire. Outre le gouverneur-général, un lieutenant-général et deux commissaires des guerres. Les places fortes étaient Dijon, Auxonne, Châlons, Bourg en Bresse et Pierre-Châtel.

Administration judiciaire. 1° Un parlement, celui de Dijon ; c'était le cinquième du royaume par la date de sa création, remontant à Louis XI, en 1477, confirmé en 1480. Le parlement de Dijon formait, au xviiie siècle, cinq chambres : une grand'-

chambre, une chambre des tournelles, une chambre des requêtes, une chambre des enquêtes et une chambre ou cour des aides; 2° un grand-bailliage; 3° une prévôté générale de la maréchaussée. Dans la plus grande partie de la Bourgogne la justice s'administrait suivant une coutume particulière.

Administration des finances. Une chambre ou cour des comptes, la deuxième du royaume, une généralité ou bureau des trésoriers des finances, une table de marbre des eaux et forêts, et un hôtel des monnaies dont la marque était la lettre P.

Dijon était le siége de la plupart de ces administrations.

Au milieu du dernier siècle, la population de la Bourgogne était évaluée à 1,273,375 habitans, répartis dans 2432 communes. Sur 63 villes que renfermait la province, 24 seulement députaient au tiers-état. La quotité de l'impôt perçu par le trésor s'élevait à la même époque à 9,000,000 de liv. tournois.

Les lettres étaient cultivées en Bourgogne, et avant la révolution de 1789 l'académie de Dijon était une des plus célèbres de France. La province possédait alors à Dijon une université pour le droit, et trente-six colléges dans différens endroits.

Parmi les génies dont s'honorent la Francc, on doit citer *Bossuet* et *Buffon*, que la Bourgogne a vu naître.

Dans la division actuelle de la France, la province dont nous venons de parler répond aux départemens de *la Côte-d'Or*, de *Saône-et-Loire*, de l'*Ain*, et à la partie de celui de l'*Yonne*.

Adrien GUIBERT.

BOURGOGNE (*Voyez* BOURGUIGNONS, peuple de l'Allemagne.) 407 ans avant J.-C. Après des efforts long-temps infructueux, les Bourguignons, conduits par Gundicaire, s'étaient enfin établis dans les Gaules pour ne plus en sortir. Leurs succès furent rapides; bientôt ils occupèrent le canton de Bâle et presque toute la Haute-Alsace. Trop faible pour arrêter leurs progrès, le patrice Constantius, général d'Honorius, fait avec eux un traité qui leur assure la partie de l'Helvétie voisine du Rhin, la Rhétie et quelques autres cantons sur les bords de la Saône. Les Bourguignons, pour récompenser leur Hendin des grands services militaires qu'il avait rendus, lui conférèrent le titre de roi en 414.

Telle fut l'origine du royaume de Bourgogne : faible à sa naissance, il s'accrut par degrés pendant un siècle, et devint si florissant sous Gundebaud, qu'avant les guerres avec Chlode-Wig, ce royaume s'étendait du nord au sud, des provinces d'Alsace, Lorraine et Champagne à la mer Méditerranée, était borné à l'orient par le Haut-Rhin et les Alpes, et à l'occident par les montagnes d'Auvergne.

PREMIÈRE ÉPOQUE. (De 414 à 534.)

Royaume de Bourgogne.

Sur la fin de son règne, le nouveau roi, qui ne pensait qu'à s'agrandir, voulut profiter de la faiblesse de l'empire romain pour reculer la limite de ses états ; mais, après quelques succès, il fut vaincu par le patrice Aétius, et resta sur le champ de bataille avec vingt mille hommes de son armée. (435.)

Comme ce prince avait eu la prudence d'employer les rares instans que lui avaient laissés ses luttes continuelles avec la puissance romaine, à se concilier l'affection du clergé, déjà bien puissant à cette époque, ce fut presque sans opposition que Gunderic, son fils aîné, monta sur le trône. Le fils de Gundicaire commença par rétablir les titres de duc et de comte, que son père avait jugé à propos de supprimer. Au reste, ces dignités n'étaient point alors héréditaires, mais personnelles et révocables ; ceux qui en étaient revêtus commandaient les troupes et administraient la justice dans les provinces de leur département. Le commencement de ce règne fut paisible : sans recourir à la force des armes, Gunderic obtint d'Aétius quelques concessions dans la Savoie, et bientôt après l'empereur Valentinien lui accorda une nouvelle augmentation de territoire, avec le titre de maître de la milice romaine. En 448, les Bourguignons occupaient une partie de la première Germanique et de la province Séquanaise. En 451, réunis aux Franks, aux Romains, aux Visigoths, ils arrêtent la marche dévastatrice d'Attila, roi des Huns, et prennent une part distinguée à la défaite de ce barbare, qui laisse la plus grande partie de son armée dans les plaines Catalauniques. C'est après cette expédition qu'eut lieu le partage des terres et des serfs entre le peuple conquérant et les anciens habitans du pays. Les dernières années de Gunderic ne furent qu'une guerre continuelle, dans laquelle il eut presque toujours l'avantage. Il fut tué dans un combat contre les Huns, en 462.

Il a pour successeur Chilperick, qui donne à ses trois frères Gundebaud, Godégésile et Godomar, une part directe au gouvernement de la Bourgogne. Bientôt l'arianisme, qui commençait à se répandre dans les Gaules, amena entre les enfans de Gunderic des dissensions religieuses, et les frères de Chilperick se déclarent indépendans. En 477, jaloux de la puissance toujours croissante de Gundebaud qui, quelques années auparavant, avait été élevé par Olybrius aux dignités de patrice et de maître de la milice, Chilperick et Godomar marchent contre lui avec le secours de quelques tribus allemandes, et le dépouillent de ses états. Gundebaud est réduit à se cacher; mais, après le départ des troupes auxiliaires, il sort de sa retraite, rassemble une armée, et, vaincus à leur tour, les deux frères sont obligés de s'enfermer dans Vienne. Chilperick tombe entre les mains du vainqueur, qui lui fait couper la tête; Godomar est brûlé vif dans une tour où il s'était réfugié.

(481.) Gundebaud, seul maître de la Bourgogne, porte ses armes en Italie; il s'empare de la Ligurie, se rend maître de Pavie, de Turin, et rentre dans son royaume avec un grand nombre d'esclaves, après avoir tout ravagé sur son passage. A son retour, il est forcé d'accorder à Chlode-Wig, dont il redoutait la puissance, la main de Chlode-Ilde, fille de Chilperick. Le roi Franck, dont l'ambition audacieuse et sans bornes n'avait cherché dans cette union qu'un moyen de conquérir la Bourgogne, s'unit avec Théodorik contre Gundebaud; celui-ci, trahi par son frère, mécontent du partage qu'il avait dans le gouvernement du royaume, est vaincu et poursuivi jusqu'à Avignon. Il obtint la paix à condition de payer au vainqueur un tribut annuel, et Godégesile, abandonné de Chlode-Wig, resta exposé au ressentiment de son frère, qui le poursuivit jusqu'à Vienne, et le fit massacrer dans une église où il s'était réfugié, avec ses principaux officiers.

Sur la fin de son règne, Gundebaud s'occupa de régler avec sagesse et équité l'administration de son royaume. Ce prince, supérieur à sa nation et à ses contemporains, avait des lumières qui auraient honoré le roi d'une nation policée. C'est à lui qu'on doit le recueil de lois connu sous le nom de *loi gombette*, dont le but était de protéger les habitans naturels des Gaules contre l'oppression des vainqueurs. C'était, dit Montesquieu, le meilleur code que les nations barbares eussent produit jusqu'alors. On y trouve des idées sages et justes à côté des dispositions les plus ridicules et les plus cruelles; mais du moins il donna une forme régulière à la justice du pays, qui s'administrait auparavant fort confusément. Les dernières années de Gundebaud avaient fait oublier ses cruautés envers ses frères; il mourut en 516, regretté de ses sujets.

Le règne de Sigismond, son fils, fut celui des prêtres. Plutôt né pour le cloître que pour le trône, il ne se plaisait qu'aux cérémonies religieuses et aux entretiens des moines. Aussi cruel que dévot, il fit étrangler Sigherie, son fils aîné, d'après les insinuations de sa seconde femme, qui l'accusait de conspirer; mais bientôt, tourmenté par ses remords, il se retire au monastère d'Agaune, qu'il avait fait bâtir en l'honneur de saint Maurice, et laisse le gouvernement à son frère Godemar. Cependant la vindicative épouse de Chlode-Wig n'avait pas oublié la mort de son père; elle engage ses enfans à marcher contre la Bourgogne, et Théodorik se joint à eux pour venger la mort de son petit-fils. Sigismond sort du cloître à cette nouvelle et vient prendre le commandement des armées; il comptait sur l'appui de Thierry, l'un des fils de Chlode-Ilde, auquel il avait donné sa fille; mais son espoir est trompé : il est vaincu et fait prisonnier avec sa femme et ses enfans.

Godemar s'étant fait alors proclamer roi, Chlode-Mère marche contre lui, après avoir fait égorger le roi captif (524.) Après la mort de son frère, Godemar, qui avait repris les armes, prolongea pendant quelques années une lutte sans espoir; sa valeur et son habileté ne firent que retarder sa perte, et, après dix ans de combats qui lui furent rarement favorables, il tomba entre les mains de Child-bert et de Chlode-Hère. L'histoire se tait sur son compte ; mais le caractère bien connu des vainqueurs permet de croire qu'il eut le sort de son frère (534.)

Telle fut la fin du royaume de Bourgogne. Il avait duré cent vingt ans, et avait à peine joui de quelques années de paix pendant cette longue période, toute remplie par des scènes d'ambition, de cruauté et de vengeance. Les terres ravagées et ruinées par ces guerres continuelles, étaient cependant grevées d'impôts excessifs dont les leudes et les prêtres étaient seuls exempts. Les rois ne s'appuyant que sur la force, étaient obligés de tolérer les excès des chefs militaires qui, de leur côté, montraient la plus grande indifférence pour les exactions des soldats, et favorisaient une cruauté dont ils avaient besoin, et qui d'ailleurs était dans leurs mœurs.

SECONDE ÉPOQUE. (De 534 à 987.)

La Bourgogne réunie à la France.

Après la mort de Godemar, les Bourguignons fatigués consentirent à se soumettre au vainqueur ; mais ce fut à condition qu'ils continueraient à être administrés par leurs magistrats et leurs lois particulières ; qu'ils

ne seraient confondus avec aucun autre
peuple, et ne seraient point troublés dans
la jouissance de leurs propriétés, en payant
au roi des Franks un tribut annuel. Ces conditions furent à peu près observées, et la
Bourgogne conserva une sorte d'indépendance qui ne fut avantageuse qu'aux leudes
et au clergé, seuls possesseurs. Les bornes
de cet ouvrage ne nous permettent pas de
nous appesantir sur les détails historiques
de ce malheureux pays, depuis sa réunion
à la France jusqu'à Henri-le-Grand, premier duc propriétaire, en 965.

Les crimes et les divisions des successeurs
de Chlode-Wig, fournissent les principales
scènes de cette époque jusqu'à l'extinction
de la première race. La Bourgogne eut sa
large part des malheurs qui pesaient alors
sur la France démembrée; divisée, passant
d'un prince à un autre, tantôt comme héritage, tantôt comme conquête, elle eut à
peine quelques instans de repos sous les rois
Gonthram, Daghebert et quelques autres, à
de longs intervalles. Le peuple, également
opprimé par tous les princes et par toutes
les armées, ne s'intéressait à aucun succès;
mais il manifestait quelquefois son amour
pour l'indépendance par des efforts toujours malheureux; car il avait pour opposant les seigneurs et le clergé, qui profi-

taient des désordres pour usurper chaque jour de nouveaux droits. A l'exception des villes, où la misère était moins grande, tout le pays était plongé dans la plus affreuse détresse; le subside territorial, la capitation et une foule d'impôts indirects enlevaient ce qui avait échappé aux ravages des Franks, des Visigoths, des Lombards, des Sarrasins. La peste et la famine désolaient alternativement la Bourgogne.

Nous avons vu que les Bourguignons, quoique soumis aux rois franks, avaient conservé leur gouvernement particulier. Ils avaient pour premier magistrat un patrice qui était chargé de la justice, des finances et des armées; car les formes de l'administration romaine avaient survécu à sa domination dans les Gaules. Sous le roi Gonthram et ses successeurs, l'autorité fut déléguée au grand-juge (mord-dom, juge du meurtre, fonction aussi ancienne que l'origine de la monarchie; les Romains ont fait de ces mots *major domus*, que nous avons traduits par maire du palais.) C'est sous le règne de Chlode-hère II que les grands-juges, qui devaient bientôt absorber la puissance royale, commencent à jouer un rôle important dans notre histoire. Profitant de la minorité de ce prince, ils joignirent l'administration de l'état et le commandement des armées à l'autorité judiciaire dont ils étaient revêtus, de sorte que le pays se trouva soumis aux exigeances despotiques de ces vicerois, sans être pour cela indépendant du véritable prince. Après la mort de Pippin de Landen, la Bourgogne refusa de reconnaître Karl Martel pour grand-juge ; mais elle fut vaincue et traitée par lui comme un pays de conquête ; il lui enleva ses magistrats, la dépouilla de ses droits et augmenta les impôts déjà excessifs.

Quand Charlemagne fut devenu maître de toute la monarchie, il confia le gouvernement de cette province à des ducs, comtes et vicomtes, avec des commandemens généraux tant pour les armes que pour la justice ; mais ces fonctions et ces titres étaient personnels et amovibles. Samson, le premier de ces ducs, fut tué à la bataille de Roncevaux, et remplacé par Hugues, que l'on croit fils de Charlemagne. Ce prince s'occupa beausoup d'améliorer le sort de la Bourgogne. Il réprima l'iniquité des comtes et des magistrats dans l'administration de la justice, les força d'obéir aux lois dont il réforma la dureté, et diminua le nombre des servitudes seigneuriales et ecclésiastiques. Il s'efforça de répandre l'instruction, persuadé que c'était le moyen le plus efficace d'adoucir les mœurs et de rendre les hommes meilleurs ; ses bonnes intentions eurent pour obstacle la mauvaise volonté du clergé.

Quand Louis-le-Débonnaire eut été détrôné par Lothaire, les seigneurs bourguignons prirent parti pour lui et le rétablirent sur le trône. Pour les récompenser, il abolit, à la sollicitation de l'archevêque de Lyon, le code des anciennes lois bourguignonnes, qui avait laissé au peuple une sorte de garantie, quoique souvent impuissante. Bientôt chaque seigneur, mettant à profit les divisions des enfans de Charlemagne, rendit son autorité souveraine, et ne permit plus que ses jugemens fussent portés par appel à la justice du roi. Pour se concilier l'affection des grands, Charles-le-Chauve fut obligé de ratifier ces usurpations ; il créa même plusieurs seigneuries héréditaires, et donna, en 878, le royaume de Bourgogne à Boson, qui en fut bientôt dépossédé par Louis et Carloman. (Ce royaume comprenait tous les pays situés entre le Rhône et les Alpes, depuis Lyon jusqu'à la mer.) Richard, dont Louis et Carloman s'étaient servis pour renverser Boson, son frère, eut le gouvernement de cette province. Il avait le cœur haut et fier, l'esprit prompt, l'âme ferme. Le brillant courage qu'il déploya contre les Normands lui valut le surnom de brave, et son amour pour la justice y fit ajoûter celui de justicier. Il gouverna avec un pouvoir absolu, quoique duc bénéficiaire et révocable, et réprima avec sévérité les brigandages de toute espèce que les malheurs du temps avaient rendus si communs; il organisa l'administration civile et judiciaire, et substitua les peines corporelles aux amendes, malgré l'opposition des seigneurs et des prêtres, qui voyaient ainsi diminuer leurs revenus. Son intégrité, son courage, ses talens militaires lui ont assigné une place distinguée dans l'histoire.

Raoul, son fils et son successeur, parvenu, à force d'intrigues, à se faire nommer roi de France, cède le gouvernement de Bourgogne à Giselbert de Vergi, qui le conserva paisiblement jusqu'à la mort du cessionnaire; mais il eut alors à se défendre contre les prétentions de Hugues-le-Noir et de Hugues-le-Blanc, et la Bourgogne fut encore une fois le théâtre des guerres les plus sanglantes. Après des succès divers, le pouvoir fut partagé entre Giselbert et Hugues-le-Blanc; mais ce dernier possédait toute l'autorité effective. Othon, son fils, lui succède en 956 dans le gouvernement de la Bourgogne, qui lui est vivement disputé par Robert de Vermandois. Othon ne put mettre fin à cette guerre qu'avec le secours du roi de France. Il a pour succes seur, en 965, Henri, second fils de Hugues-le-Blanc, qui ne jouit d'abord de la Bourgogne que comme d'un bénéfice : mais à l'avènement de Hugues-Capet, son frère, au trône de France, en 987, il en obtint la propriété, avec le titre de grand-duc, sous la condition de lui en faire hommage.

L'époque que nous venons de parcourir présente à peu près le même tableau que la précédente : les restes de la civilisation romaine étouffés peu à peu par les usurpations des grands ; l'instruction entravée avec acharnement par un clergé peu éclairé lui-même, et qui ne cherchait à propager que les superstitions les plus ridicules ; les sages projets de Charlemagne sont repoussés ; les institutions utiles et libérales disparaissent peu à peu ; l'élection des magistrats et des fonctionnaires est enlevée aux suffrages du peuple ; ils ne sont plus arrêtés par aucune loi dans l'exercice de leur puissance ; la force modératrice qui les retenait n'existe plus, et, par une déplorable complication de servitude, ils sont en même temps esclaves rampans de celui qui les nomme, et tyrans impitoyables de ceux qu'ils devraient couvrir de leur protection.

TROISIÈME ÉPOQUE (de 987 à 1561).

Duché de Bourgogne.

Henri, fils de Hugues-le-Blanc, se montra digne de l'autorité dont il était revêtu ; il gouverna avec sagesse, favorisa en toute occasion les intérêts du peuple, réforma les abus et tâcha d'introduire un ordre meilleur dans l'état. Les historiens ne disent presque rien de ce prince, parce qu'il ne fut ni guerrier, ni conquérant, et, dans ces siècles de barbarie, on ne connaissait pas d'autre mérite dans les rois ; mais les regrets accordés par la Bourgogne à sa mort peuvent compenser le silence de l'histoire.

(1002.) Othe-Guillaume, son fils adoptif, est proclamé duc : Robert-le-Pieux, roi de France, neveu de Henri, refuse de le reconnaître, et, aidé du duc de Normandie, essaye à plusieurs reprises de s'emparer de la Bourgogne ; ses efforts furent vains, et ce n'est qu'après douze ans de guerre que l'intervention de l'évêque d'Auxerre termina la querelle. Othe-Guillaume garda le comté de Dijon, et Robert le duché de Bourgogne ; il le céda, en 1015 à Henri, son fils, qui, en montant sur le trône, l'abandonna en toute propriété à Robert-le-Vieux, son frère. Ce prince commença par établir de nouveaux impôts ; mais le mécontentement

général que la vieille énergie bourguignonne
manifesta en quelques endroits par des mouvemens insurrectionnels lui fit comprendre
que l'appui du peuple allait lui manquer, et
il se hâta de les supprimer. Prince faible et
cruel, ambitieux sans talens, il ne sut ni se
faire aimer, ni se faire craindre. Son règne
de quarante-cinq ans fut troublé par ses
guerres avec le comte d'Auxerre, et ses
querelles avec les Bourguignons.

(1075.) Hugues Ier, son petit-fils, fut d'a-
bord inquiété par les prétentions de ses
oncles, mais, à force de prudence et de fer-
meté, il vint à bout de déjouer leurs projets.
Il rallia les Bourguignons en jurant de maintenir les droits et priviléges du duché, et
les grandes qualités qu'il montra eurent
bientôt affermi sa puissance. Il marcha au
secours de don Sanche, roi d'Arragon,
contre les Sarrasins, sur lesquels il remporta
une victoire complète. Hugues Ier promettait un bon prince à la Bourgogne; mais le
chagrin qu'il conçut de la mort de sa femme,
joint aux idées religieuses pour lesquelles il
avait toujours eu beaucoup de goût, le décida à quitter le trône pour le cloître. Il se
fit moine, en 1078, emportant dans sa retraite les regrets des Bourguignons à qui il
laissait de nombreuses marques de sa libé-
ralité et de sa bienfaisance.

Eudes Ier, dit Borel, son frère, lui succède à défaut d'enfant mâle. Il commença son règne par une expédition contre les Sarrasins, au secours d'Alphonse VI, roi de Castille et de Léon. Aussi pieux que son prédécesseur. il enrichit le clergé par de magnifiques donations et lui aida à usurper une autorité semblable à celle des seigneurs. En 1102, Eudes s'embarqua, comme croisé, pour la Terre-Sainte et mourut la même année à Tarse. Sa vie politique n'a laissé aucunes traces remarquables dans l'histoire.

Hugues II, dit le pacifique, succéda à Eudes Ier, qui, en partant pour la Palestine, lui avait donné le titre de gouverneur de Bourgogne. Plus éclairé que son père et que son oncle, il n'imita pas leurs pieuses prodigalités. Il essaya, au contraire, de mettre un terme aux empiétemens du clergé, en affranchissant les vassaux des abbayes de plusieurs servitudes, et en retirant aux moines une partie de leurs priviléges féodaux; mais l'ignorance du temps vint entraver ses bonnes intentions, et le mécontentement général força Hugues de renoncer à ses réformes; il fut même obligé d'affranchir les moines de certaines redevances et de leur accorder de nouveaux priviléges. Ami de la paix, il ne s'engagea dans aucune guerre, et s'appliqua, autant qu'il lui fut permis, à maintenir la tranquillité et la justice dans ses états.

(1142.) Eudes II, son fils, commença son règne par marcher à la tête de quinze mille hommes, au secours d'Alphonse, et reprit la ville de Lisbonne sur les Sarrasins. Comme son père, il chercha à rabaisser la puissance de l'église, qui voulait dominer l'autorité souveraine, mais l'entreprise était au-dessus de ses forces. Incapable de gouverner par lui-même, sans discernement dans le choix de ses ministres, il fut presque toujours victime de sa faiblesse, et de l'ambition des nobles et des prêtres qui s'approprièrent, à peu près, sous son règne, le droit de souveraineté dans leurs domaines.

(1162.) Hugues III était encore bien jeune à la mort de son père. Jaloux de son autorité, il la défendit avec vigueur contre les usurpations du clergé et de quelques seigneurs qui refusaient de lui rendre hommage pour les fiefs qu'ils possédaient dans le duché de Bourgogne. Ses premiers efforts furent heureux, mais il échoua contre le seigneur de Vergi, qui se mit sous la protection du roi de France. Philippe-Auguste, vainqueur du duc de Bourgogne, lui fit promettre de payer au clergé une indemnité de trente mille livres, et reçut en nantissement quatre châteaux qu'il lui rendit bien-

tôt après. La défaite de Hugues ne fut pas
sans utilité pour le peuple, car après s'être
ainsi aliéné les barons, il chercha à se fortifier par d'autres moyens, et renouvela le
droit de commune. Hugues, qui s'était déjà
croisé en 1171, s'engagea dans une nouvelle
croisade en 1190. Il débarqua en Palestine
avec Philippe-Auguste, et contribua beaucoup, par son courage, à la prise de Saint-
Jean d'Acre. Quand le roi de France revint
dans son royaume, il laissa au duc de Bourgogne le commandement des troupes, composées de six cents chevaliers et dix mille
hommes de pied, avec un fonds pour les
entretenir pendant trois ans. Huges, par
une basse jalousie contre Richard Cœur-de-
Lion, qui pourtant lui avait sauvé la vie,
s'attacha à faire échouer les entreprises de
ce prince, et mérita par sa conduite le surnom de perfide. Il mourut à Tyr, en 1192.

Sous ce régne la Bourgogne eut à souffrir
des brigandages de quelques bandes de fa-
natiques qui se portaient aux plus grands
excès, au nom de la religion. Poursuivis
comme hérétiques, ils furent presque tous
exterminés, soit par des exécutions judiciaires, soit par les milices des communes
qui leur donnèrent la chasse et les firent
disparaître.

Les dissentions de Hugues III avec les

nient bien affaibli la puissance
ls en montant sur le trône es-
ablir par la force, et il eut le
réussir. Il poursuivit aussi avec
la carrière de l'affranchissement des
communes, commencée par son père, malgré l'opposition haineuse du clergé qui re-
gardait la servitude comme de droit divin.
Eudes III marcha dans cette voie avec une
louable persévérance. Il s'opposa également
avec succès aux prétentions du pape, qui
voulait décider en maître les querelles sur-
venues entre Philippe-Auguste et Jean Sans-
Terre. Après avoir contribué à la victoire
de Bouvines, il se préparait à partir pour la
Palestine, quand il mourut à Lyon en 1218.
Eudes était jaloux de ses droits, mais il res-
pectait ceux de ses voisins, et refusa plus
d'une fois de s'agrandir à leurs dépens.
L'histoire a béni le nom de ce prince, qui a
plus fait pour la Bourgogne qu'aucun de ses
prédécesseurs. La part de liberté qu'il accorda
au peuple, malgré les obstacles qu'on lui
opposait; l'instruction qu'il propagea avec
ardeur; la protection éclairée qu'il accorda
au commerce, firent faire un grand pas à la
prospérité du pays. On reproche pourtant
avec raison à Eudes d'avoir pris part à l'in-
fâme expédition, connue sous le nom de
croisade contre les Albigeois.

Hugues IV n'était âgé que de six ans à la mort de son père. Alix de Vergi, sa mère, gouverna pendant sa minorité, avec une sagesse et une modération qui lui ont mérité les éloges de tous les historiens. Hugues, devenu grand, confirma le droit de commune, et, s'opposant, comme son père, aux intrigues des papes, empêcha par sa résistance, Innocent IV, poursuivi par Frédéric II, de venir s'établir en France. Ce prince suivit Louis IX en Palestine, se fit remarquer au siége de Damiette, et fut fait prisonnier à la bataille de Massoure. Ami de la justice et de la tranquillité, il mérita l'affection des Bourguignons par sa douceur, sa prudence et son courage. Il mourut en 1270, à son retour d'un pélerinage à Saint-Jacques de Compostelle.

Robert II, son fils, eut, au commencement de son règne, à se défendre contre les prétentions de ses beaux-frères, et il fallut la protection de Philippe-le-Hardi pour le maintenir dans ses droits. Ce prince, moins sage que ses prédécesseurs, favorisa de tout son pouvoir les empiétemens du clergé. Loin de diriger ses efforts vers la liberté du peuple, il révoqua plusieurs chartes d'affranchissement, destitua les fonctionnaires élus par le peuple, et nomma des magistrats qui administraient d'après son bon plaisir. Le courage civil des Bourguignons se réveilla dans cette circonstance, et Robert, obligé de céder aux menaces d'une insurrection générale, se hâta de rétablir ce qu'il avait aboli. Cet échec fut suivi de plusieurs autres que les seigneurs et les prêtres lui firent éprouver dans des questions religieuses et monétaires. Entièrement absorbé par ces dissensions intéreures, il ne joua presque aucun rôle dans les événemens de son temps ; on remarque seulement qu'il représenta Philippe-le-Bel à la cour de Rome, lors des débats qui s'élevèrent entre ce prince et Boniface VIII, et portèrent le premier coup à la puissance temporelle des papes.

(1309.) Les victoires que le clergé avait remportées sur Robert avaient préparé un règne difficile à Hugues V, son fils. La grande jeunesse de ce prince promettait un triomphe aisé. Son peu d'énergie laisse le champ tout à fait libre aux usurpations, qui depuis long-temps déjà attaquaient la puissance ducale. Hugues V sacrifia tout à son amour pour une nonchalante tranquillité ; il ne fit rien, vécut sans pouvoir, et mourut méprisé. Il ne méritait pas même que l'histoire nous conservât son nom.

(1315.) Il eut pour successeur Eudes IV, son frère, prince remarquable par des qualités plus solides que brillantes. Il se distingua par le courage qu'il déploya contre Edouard, roi d'Angleterre, qui avait envahi la France, et rendit un peu d'éclat au pouvoir avili sous le règne précédent. Il accorda quelques faveurs à l'église, mais ne céda jamais à ses prétentions. Il était libéral sans cesser d'avoir une sage économie, et rempli de grandes qualités qu'il ne manifestait que dans l'occasion; il fallait que des objets pressans excitassent son ame, qui hors de là paraissait faible, timide et simple. Ce prince mourut à Sens, en 1349, après un règne long et glorieux. Il avait hérité, en 1330, des comtés de Bourgogne et d'Artois, par la mort de sa belle-mère.

Jean, roi de France, qui avait épousé la mère de Philippe de Rouvre, petit fils et successeur d'Eudes IV, prit le titre de régent du royaume. Il se servit avec succès des Bourguignons pour repousser les armes de l'Angleterre; quand il voulut attaquer leurs droits, ils déployèrent autant de courage contre lui qu'ils en avaient montré devant l'ennemi : deux fois il essaya d'introduire la gabelle dans le duché, et deux fois il fut obligé de se désister de cette mesure, vigoureusement repoussée par les trois ordres.

Après la funeste bataille de Poitiers (1356)

la Bourgogne, ravagée par les troupes victorieuses, obtient une trève de trois ans en
payant aux Anglais deux cent mille moutons
d'or. Philippe de Rouvre promettait à cette
province un excellent prince : il était sage,
aimait la justice, avait un jugement mûr;
mais il gouverna peu de temps, toujours en
tutéle de sa mère ou du roi Jean. Il mourut
en 1561, sans laisser d'héritier. La couronne
ducale semblait devoir revenir après lui aux
descendans directs de Hugues IV, qui exis-
taient encore; mais ils étaient trop faibles
pour faire valoir leurs droits, et le roi Jean
prit possession de cette principauté, à titre
héréditaire, en s'engageant à respecter les
franchises et priviléges du pays. Il pouvait
dès lors réunir cette province d'une manière indissoluble au domaine de la couronne, ce qui eût évité bien des maux à la
France; mais le roi Jean n'était pas accou-
tumé à suivre les conseils d'une saine politique.

Sous les deux premières époques, nous
avons pu remarquer que la loi limitait l'autorité du prince, et garantissait les institutions municipales et l'inviolabilité de la propriété; elle ordonnait que chacun fût jugé
selon les réglemens de son état et par les
gens de sa profession; mais la loi était sans
vigueur et toutes ces garanties disparais-

saient devant le caprice du dernier agent de
la tyrannie. Sous les ducs , l'organisation
sociale commença à n'être plus une fiction ;
l'affranchissement des communes et la protection accordée à la liberté civile prépa-
rèrent la voie des améliorations politiques.
Les croisades aussi , ces expéditions aven-
tureuses, entreprises dans un but tout religieux , ne furent pas sans résultat pour
les progrès de la civilisation. Ces guerres
lointaines éveillaient des idées nouvelles
chez ceux qui revenaient de ces régions où
ils avaient rencontré l'instruction et les
arts ; ceux qui n'avaient pas quitté leur pays
avaient eu plus de moyens pour y fortifier
les institutions municipales. *(Prés. Hénault.)*
Cette foule de seigneurs qui couraient mourir en Palestine , étaient autant de tyrans
dont on était délivré , et quant à ceux qui
avaient le bonheur d'en revenir , leur puissance se trouvait nécessairement affaiblie,
soit par ces absences prolongées , soit par
les dépenses extraordinaires qu'elles avaient
occasionées.

Cependant, le peuple ne profita pas complètement de ces avantages , car si la puissance des seigneurs s'était affaiblie , celle du
clergé s'augmentait de jour en jour. Prévoyant le coup funeste que lui porterait la
propagation des lumières , il s'efforçait par

tous les moyens d'entretenir l'ignorance et la superstition ; mais malgré ses entraves, l'esprit d'examen et de discussion commençait à se manifester et à mêler ses idées de réforme religieuse aux exigeances des villes pour obtenir des concessions plus larges et mieux garanties. La dissolution scandaleuse du clergé n'était plus un mystère ; on éleva d'abord une voix timide contre l'autorité de l'église, et les abus de la discipline ecclésiastique ; ils furent bientôt ouvertement attaqués par une foule de sectes réformatrices : les flagellans, les cathares, les paturins, les pastoureaux, les humiliés, les popelicains, les lollards, les boulgres (bulgares), les adamites, les cataphrygiens, les publicains, les gazariens parcouraient le pays par bandes. Quelques unes de ces sectes avaient un but plus politique que religieux ; quelques unes aussi n'étaient qu'une réunion de brigands qui couvraient leurs excès du voile de la religion. Nous avons vu que les milices bourguignonnes firent de ces derniers prompte et bonne justice. Le clergé, ainsi attaqué de toute part, n'employa d'abord contre ses ennemis que l'ignorance du peuple ; l'arme était sûre, mais elle allait lui manquer. Il fallait des moyens extrêmes : son intolérance ne procéda pas sur le champ par des persécutions et des supplices, mais déjà l'on pouvait deviner les bûchers du siècle suivant.

QUATRIÈME ÉPOQUE. (De 1561 à 1477.)
Duché de Bourgogne. (Branche des Valois.)

En prenant possession du duché de Bourgogne, le roi Jean avait juré de respecter les institutions du pays ; il tint mal sa promesse, car non content de faire payer aux Bourguignons une partie de sa rançon, il leur retira l'élection des magistrats et changea les lois. Philippe-le-Hardi, son dernier fils, nommé lieutenant-général de Bourgogne, en récompense de son courage à la journée de Poitiers, fut, à la demande des états et du peuple, dont il s'était concilié l'affection, créé duc héréditaire et premier pair de France, en 1563, sous la réserve de réversibilité à la couronne, à défaut d'héritiers directs. Philippe-le-Hardi confirma publiquement les libertés et franchises accordées par les premiers ducs.

Le règne de ce prince est troublé par des guerres continuelles. Les grandes compagnies envahissent la Bourgogne : c'étaient des troupes de bandits qui, depuis les troubles qu'avait occasionés la captivité du roi de France, exerçaient des ravages effroyables dans tout le royaume. Philippe, malgré son courage et celui que déployèrent en cette circonstance les milices des communes, ne put les éloigner qu'à prix d'or. Le départ des grandes compagnies fut suivi presque immédiatement de la terrible insurrection de paysans, connue sous le nom de la Jacquerie. Battus, pillés, traités par la noblesse comme des bêtes sauvages, ils se levèrent en masse contre leurs oppresseurs. Exaspérés par les maux qu'ils avaient soufferts, et par la guerre impitoyable qu'on leur fit, ils se laissèrent aller aux plus grands excès, et peu s'en fallut que leur désespoir n'amenât l'anéantissement de la noblesse et du principe monarchique. Il fallut le secours des étrangers pour triompher de ces malheureux paysans, qui furent presque tous égorgés comme de vils animaux. À peine délivrée de ce danger, la Bourgogne est envahie par Charles-le-Mauvais, roi de Navarre. Sa défaite et sa mort promettaient un instant de repos, quand l'entrée des Anglais en Champagne appella Philippe à de nouveaux combats. Bientôt l'insurrection des Gantois exige sa présence en Flandre ; elle est presque aussitôt reprimée ; mais on ne pouvait subvenir aux frais de toutes ces expéditions qu'en augmentant les subsides, et la Bourgogne eut à supporter les greniers à sel, et l'impôt de douze deniers pour livre sur le débit des denrées.

(1592.) Charles VI est frappé d'aliénation

mentale, et Philippe-le-Hardi, oncle du
roi, est choisi comme régent du royaume,
au préjudice du duc d'Orléans, jeune prince
sans expérience. Telle fut l'origine de la
funeste rivalité qui divisa ces deux maisons
et mit la France à deux doigts de sa perte.
La puissance déjà bien grande de Philippe,
s'accrut encore par l'acquisition du comté
de Charolois que Jean d'Armagnac lui ven-
dit 750,000 livres, et par le mariage de son
fils avec l'héritière des comtés de Hainaut,
de Hollande et de Zélande. La mort de
Louis de Malain, son beau père, lui avait
apporté, quelques années auparavant, les
comtés de Bourgogne, de Flandres, d'Artois, de Nevers et de Rhetel. Ce prince
porta la puissance de la Bourgogne à un
point où elle n'avait pas encore été, non-
seulement sous les premiers ducs, mais
même sous les anciens rois. Ses conquêtes et
ses alliances, ainsi que celles de ses successeurs, rendirent leur maison l'une des plus
puissantes de l'Europe, en sorte qu'il y
avait peu de souverains, dit un ancien auteur, qui les égalassent en pouvoir, et tous
leur étaient inférieurs en magnificence. Sur la
fin de sa vie, il envoya son fils, avec une
armée, contre les Turcs, au secours de Sigismond, roi de Hongrie. Cette expédition,
mal dirigée, n'eut pas un succès favorable;

l'élite de l'armée bourguignonne périt sur le champ de bataille ou fut massacrée de sang froid après le combat , par les ordres de Bajazet.

Philippe survécut peu de temps à cette catastrophe; il mourut à Hall en 1404, après un règne de quarante-un ans. Sa vie n'avait été qu'une guerre continuelle, qui, en augmentant le pouvoir de la Bourgogne, avait ruiné ses finances. Le vieux duc laissa tant de dettes après lui, que Marguerite de Flandres, sa veuve, détacha sa ceinture, et la posa, avec ses clés et sa bourse, sur le cercueil de son époux, pour indiquer qu'elle renonçait à la communauté.

Il eut pour successeur Jean, comte de Nevers, son fils aîné, qui par son courage, à la bataille de Nicopolis, en 1396, avait mérité le surnom de *Sans-Peur*. C'était un prince brave , mais soupçonneux, vindicatif, dur à ses sujets, et se laissant emporter trop facilement à l'impétuosité de sa colère. Le commencement de son règne fit concevoir des espérances qui ne tardèrent pas à s'évanouir. Il signala son courage contre les Anglais, et rendit assez de services à la couronne pour mériter d'être traité avec distinction. L'indifférence qu'on lui témoigna alluma sa colère, et la vanité du duc d'Orléans, qui se vantait d'avoir déshonoré

a couche, réveilla les dissensions du règne
précédent. Les oncles du roi s'efforcèrent
de rétablir la concorde entre les deux princes. Une réconciliation plâtrée fut suivie
de nouvelles querelles qui se terminèrent
enfin par l'assassinat du duc d'Orléans. L'ordre est aussitôt donné d'arrêter le duc de
Bourgogne; mais il avait déjà pris la route de
Flandres. Le roi, trop faible pour le réduire
par la force, chercha alors les moyens de
l'apaiser, et il lui fit proposer la paix.
Jean Sans-Peur, à la tête de huit cents gen-
tilshommes armés, rentre dans Paris, où il
est reçu par la reine et les princes avec les
démonstrations de la plus entière confiance.
Des lettres d'abolition lui sont accordées en
408, et alors il se vante du crime qu'il
avait nié d'abord, et le fait justifier publiquement par le cordelier Jean Petit. Cependant le parti d'Orléans n'était pas vaincu; une haine sanglante continua à diviser
les partisans des deux maisons; de là tant
de meurtres, de saccagemens et de pros-
criptions, qui accompagnaient toujours le
triomphe momentané des uns ou des autres.

Tranquille sur les suites de cette affaire,
le duc de Bourgogne marche au secours de
Jean de Bavière contre les Liégeois insurgés.
La cruauté avec laquelle il usa de sa victoire
ne pouvait être surpassée que par celle de

l'évêque de Liége, que sa conduite, dans cette circonstance, a fait surnommer Jean Sans-Pitié. Cependant, la duchesse d'Orléans avait profité de l'absence de Jean Sans-Peur pour le faire déclarer ennemi de la France; mais les succès des Anglais forcèrent à se rapprocher de lui. La Bourgogne se lève en masse pour repousser l'ennemi commun; mais le peu de prudence de ceux qui commandaient l'armée française amena une défaite terrible. Jean, peu effrayé de cet échec, avait rassemblé une nouvelle armée; les intrigues de la faction ennemie surent rendre son courage et ses talens inutiles; on lui défendit de combattre, on l'humilia de toutes les façons; et ce prince, qui pouvait être le sauveur de la France, s'unit à l'Angleterre par le traité de Calais. En 1418, il s'empare de Paris par surprise, et fait un horrible massacre des Armagnacs : le chancelier Henri de Marle, le connétable d'Armagnac, les évêques de Coutances, de Bayeux, d'E-vreux, de Senlis, de Saintes, plusieurs présidens, maîtres des requêtes et conseillers sont sacrifiés à son ressentiment. Le duc de Bourgogne ne tarda pas à rougir d'une alliance aussi contraire à son caractère qu'à ses projets d'ambition. Sensible aux malheurs de la France, il eut avec le dauphin une entrevue où tous deux s'embrassèrent;

mais cette réconciliation, qui n'était franche que du côté de Jean Sans-Peur, eut des suites funestes. Une seconde entrevue fut indiquée sur le pont de Montereau, et Jean s'y rendit malgré les instances de ses courtisans, qui semblaient prévoir le sort qui l'attendait. Piqué de quelques reproches du jeune prince, le duc commençait à s'emporter avec hauteur; tout à coup ceux qui accompagnaient le dauphin, craignant peut-être pour ses jours, l'arrachent de l'enceinte, et massacrent le duc de Bourgogne avec ceux qui l'accompagnaient. Il paraît démontré que le dauphin ne fut point complice de cet assassinat. Le corps de Jean Sans-Peur fut inhumé sans pompe dans l'église paroissiale de Montereau, et transporté à Dijon l'année suivante. La Bourgogne lui accorda peu de regrets.

(1419.) Philippe, comte de Charolois, son fils, lui succéda, et, non content de ratifier le traité de Calais qui avait assuré à l'invasion étrangère l'appui de la Bourgogne, il signe celui d'Arras, qui transmettait la couronne au roi d'Angleterre. Ne respirant que vengeance, il se montra pendant seize ans le protecteur et le complice des brigandages de toute espèce que commit l'étranger. Mais enfin la perfidie et l'ingratitude de ses alliés amena une rupture éclatante. Philippe, qui

déjà depuis long-temps était las et honteux
de servir contre son devoir et son intérêt
l'injuste et cruelle ambition de l'Angleterre,
se ressouvint qu'il était Français. L'intervention de l'évêque d'Autun acheva de le
décider, et il abandonna le parti d'Henri VI
(1435). On éleva une croix sur le pont de
Montereau, comme témoignage de la réparation faite pour la mort de Jean Sans-Peur,
et Philippe obtint la cession des comtés de
Mâcon, d'Auxerre, Bar-sur-Seine, Pon-
thieu, la seigneurie de Saint-Gengoult, les
villes de Péronne, Montdidier, Roye, St.-
Quentin, Corbie, Amiens, Abbeville, Dour-
lens, St.-Ricquer, et quelques autres places
sur la Somme. Le roi de France s'engagea à
lui payer, en trois termes, cent cinquante
mille écus d'or, et le dispensa de lui rendre
foi et hommage pour les fiefs qu'il tenait de
la couronne. Il hérita du Brabant en 1429,
et du Luxembourg en 1450.

Il y eut sous ce règne de fréquentes in-
surrections dans la Flandre et dans les autres provinces annexées à la Bourgogne; les
princes, assez généralement sages et mo-
dérés dans ce dernier pays, se conduisaient
partout ailleurs comme en pays ennemi, af-
fichant une sévérité imprudente qui ne jus-
tifiait que trop ces fréquens mouvemens.

On doit à Philippe l'institution de l'ordre

de la Toison-d'Or. Ami des lettres, il favorisa l'instruction dans ses états et fonda l'université de Dôle pour les deux Bourgognes. Il accueillit toujours les savans avec une faveur marquée. Prince économe, il sut amasser des trésors sans accabler le peuple d'impôts.

Les discordes de Charles, comte de Charolois, et de Louis XI, à qui Philippe avait donné un asile du vivant de son père, troublèrent la fin de ce règne. Presque tous les grands vassaux de la couronne se réunirent contre le roi de France. Ils donnaient à leur coalition le nom de ligue du bien public, quoique tous ses chefs ne s'occupassent que de leur intérêt personnel. La bataille de Montlhéri, qui ne fut à l'avantage d'aucun des deux partis, amena les traités de Conflans et de Saint-Maur, qui mirent fin à cette guerre.

Les habitans de la ville de Dinant, dans le pays de Liége, ayant excité la colère du duc de Bourgogne, il envoya contre eux, en 1746, le comte de Charolois, qui réduisit la ville en cendres, après avoir fait passer les habitans au fil de l'épée. Le duc de Bourgogne, malgré les infirmités de son âge, se fit porter en chaise au siége de la ville, pour repaître ses yeux d'un spectacle si atroce : cette action ne s'accorde guère avec le titre de bon que lui ont décerné les historiens. Il mourut en 1467.

Charles, comte de Charolois, surnommé le Téméraire, doué de qualités plus brillantes, mais moins solides, contribua beaucoup à faire regretter son père. Ce prince n'avait, dit un historien, d'autre vertu que celle d'un soldat ; assez hardi pour former de grandes entreprises, il n'était pas assez prudent pour en préparer le succès. Ambitieux, mais sans conduite, sans conseil ; soupçonneux, ennemi de la paix et toujours altéré de sang, il ruina sa maison par de folles entreprises, fit le malheur de ses sujets et mérita le sien.

Le nouveau duc de Bourgogne nourrissait une haine profonde contre Louis XI, qui, sous le dernier règne, était parvenu, malgré les efforts du comte de Charolois, à racheter les places de la Somme. Il ne cherchait que l'occasion de rabaisser la couronne de France ; mais la tranquille prudence de Louis savait toujours susciter quelque nouvel embarras à son redoutable rival.

Les Liégeois se révoltent contre leur évêque, à l'instigation du roi de France, qui, par ses intrigues, jouait, dans tous les événemens de son temps, un rôle important, quoique caché. Le duc de Bourgogne fait rentrer les insurgés dans le devoir par l'incendie, les massacres et le pillage.

En 1472, la mort du duc Guyenne allume une nouvelle guerre. Charles entre en Picardie la torche dans une main, l'épée dans l'autre; il n'y démentit pas sa réputation de cruauté; mais son aveugle fureur vint échouer sous les murs de Beauvais, devant le courage d'une femme (Jeanne Hachette). Cette défaite fut le premier coup porté à sa puissance; le prestige de son nom avait disparu, et le malheur poursuivit désormais toutes ses entreprises. Depuis que son sceptre eut été rembarré par des quenouilles, le succès de ses armes ne prospéra plus. (Mézerai, grande Histoire.)

En 1475, le duc de Bourgogne livre à Louis XI le connétable de Saint-Paul, qui s'était remis entre ses mains sous la foi d'un sauf-conduit. Cette perfidie lui valut Saint-Quentin, Ham, Bohain, et les trésors de sa malheureuse victime.

La même année il marche sur la Lorraine, que son insatiable ambition convoitait depuis long-temps. L'ouverture de cette campagne, qui devait avoir une issue si désastreuse, est signalée par quelques succès; il se rend maître de Nancy et porte ses armes victorieuses contre les Suisses; mais là devait se briser son orgueil. Il rejeta avec dé-

dain les humbles soumissions de ces pacifi-
ques montagnards, qui lui demandaient son
alliance par amour de la paix, plutôt que
par crainte de la guerre, car ils avaient
toute la force d'une liberté grossière qui n'a
point été amolie par le luxe et les vices de
ses voisins.

Le duc de Bourgogne, qui comptait sur
une victoire facile, perd à Granson son in-
fanterie et son riche équipage. A moitié
fou de dépit et de rage, il veut réparer cet
échec par une victoire éclatante; mais la
fortune lui est de nouveau contraire : dix-
huit mille de ses gens trouvent la mort devant Morat; et enfin, le 15 janvier 1477,
Charles-le-Téméraire qui, malgré la diminution de ses troupes et le refus des états
de Bourgogne de lui accorder de nouveaux
subsides, s'était opiniâtré à reprendre Nancy, est trahi par Campo Basso, son confi-
dent, et tué misérablement après huit ans
de règne.

Il est probable que sa mort lui évita une
insurrection générale de ses sujets, car il
commençait à être aussi méprisé que détesté.
Les sommes immenses que ce prince avait
trouvées dans le trésor de son père furent
bientôt absorbées par ses folles expéditions,
et il se vit obligé de recourir à de nouveaux
impôts. Cette mesure lui aliéna en peu de

temps l'affection de ses sujets, qu'il s'était conciliée par une certaine noblesse pleine de franchise et que relevait encore son brillant courage. Sa magnificence même qui avait séduit d'abord devint bientôt une cause de mécontentement, quand il fut obligé de demander au peuple de quoi soutenir la splendeur matérielle dont il s'entourait.

Il est à présumer aussi que sa puissance aurait succombé tôt ou tard devant celle de Louis XI ; son courage toujours irrefléchi, sa présomption fatale, n'étaient guère capable de lutter contre l'esprit subtil et pénétrant, contre l'ambition calme et prudente du roi de France.

Malgré les guerres continuelles qui affligèrent la Bourgogne sous ses derniers ducs, elle jouit d'une prospérité supérieure à celle des autres provinces. Philippe-le-Hardi et ses successeurs favorisèrent le commerce, l'agriculture et l'instruction ; la condition du peuple des campagnes n'étaient plus si dure et si misérable : elle s'améliorait insensiblement par les progrès de la civilisation : le régime municipal et les états de Bourgogne, en apportant des obstacles, même faibles, à l'absolutisme des princes, les forçait à conserver quelque sagesse et quelque modération dans l'administration du gouvernement. La Bourgogne eût pu se

dire heureuse, si la puissance du clergé que
nous avons vu si redoutable dans le dernier
siècle, n'eût alors atteint son plus haut degré. Comme si ce n'était pas assez des guerres
sans fin qui ensanglantaient ce malheureux
pays, l'inquisition y alluma ses bûchers; on
poursuivit impitoyablement tous ceux qui
sortis des rangs du peuple avaient le malheur d'afficher des opinions indépendantes;
la religion chrétienne était devenue un prétexte à toutes sortes d'abus et de crimes.
Cependant, malgré les efforts de l'intolérance, les erreurs tombaient en ruine, et
par une marche lente et graduelle, la raison commençait à ébranler les autels qui
n'avaient plus pour bases la pureté et la
simplicité des premiers siècles. C'était l'au-
rore éloignée de la grande révolution religieuse et politique; déjà l'on pouvait prévoir le temps ou l'absolutisme de l'église et
du trône succomberait à l'influence de la liberté, de la raison et de la morale.

Après la mort de Charles-le-Téméraire,
la Bourgogne fut réunie à la France par dé-
cision des états, quoiqu'il existât encore un
descendant de Philippe-le-Hardi, Jean,
comte de Nevers, et sa réunion éteignit
cette espèce de souveraineté bizarre qui,
semblable à un corps étranger gênait les
ressorts de la véritable (prés. Hénaut).

Louis XI jura de maintenir les franchises, libertés et priviléges de la Bourgogne sans y rien innover, et cette province, administrée depuis par des gouverneurs, eut l'avantage inappréciable de conserver ses institutions municipales sans interruption jusqu'à la fin du xviiie siècle. Les bornes de cet ouvrage ne nous permettent pas de parler des événemens qui se passèrent en Bourgogne, depuis la réunion; ces faits d'ailleurs appartiennent plus particulièrement à l'histoire de France.   Th. COFFINIRE.

BOURGUIGNONS (*Buhrgondes*, *Burgundoines*), peuple de la Germanie, voisin des Slaves Sarmates. Ils occupaient une partie de la Poméranie et le nord de la Prusse occidentale, toute la partie de la côte du Codanus Sinus, entre le Viadrus à l'ouest, et la Vistule à l'est. On n'est pas d'accord sur l'origine de cette nation : Ammien Marcellin et Paul Orose en font une colonie romaine; ils prétendent que Drusus et Tibère ayant subjugué la Germanie inférieure, élevèrent des forts pour conserver leur conquête, et y laissèrent des garnisons qui formèrent plus tard un grand peuple, auquel on donna le nom de Burgundiones, à cause des bourgs qu'ils avaient bâtis sur la frontière. Cette opinion paraîtrait assez plausible, si l'on pouvait expliquer comment ils

20 *

ont pu se maintenir dans le pays, après la défaite des légions de Varus par Hermann. Saint Julien de Balleure fait naître les Bourguignons dans le même pays qu'ils habitent aujourd'hui, et le sentiment de cet historien, peu estimé d'ailleurs par les savans, nous paraît à l'abri de toute objection. C'était, dit-il, une partie de ces anciens Galls qui se répandirent dans toute la Germanie, sous la conduite de Sigovèse, neveu du roi Ambigat, 587 ans avant J.-C., sur la fin du règne de Tarquin l'ancien. Les habitans du pays conquis donnèrent à l'émigration en masse la dénomination de Vandale (voyageurs); mais la plupart des peuples qui la composaient conservèrent leurs anciens noms.

L'obscurité qui couvre l'histoire de ce peuple ne commence à se dissiper que vers l'an 250, lorsque chassés des bords de la Vistule, par Fastida, roi des Gépides, ils viennent s'établir en deçà de l'Elbe, près des Thuringiens : ils y furent presque toujours en guerre avec quelques nations voisines, qui leur disputaient l'exploitation des salines. Il est probable que la dénomination dérisoire de Bourguignons salés n'eut pas d'autre origine. Ces tribus belliqueuses essayèrent, à différentes reprises, de pénétrer dans les Gaules. Nous les voyons, en

277, vaincus et repoussés par Probus, qui leur fait donner la chasse comme à des bêtes féroces, payant un écu d'or pour chaque tête qu'on lui apportait. Quelques années plus tard, ils sont défaits par Maximilien Hercule, qui en fait un horrible carnage. En 280, ils jettent quatre-vingt mille hommes dans ce pays, dont ils rêvaient la conquête, et parviennent enfin à s'y établir vers le commencement du ve siècle ; ils s'étendirent en peu de temps dans le pays des Séquanais et des Eduens, jusqu'à la Loire et à l'Yonne, et fondèrent, sous la conduite de Gundicaire, un de leurs heudins, prince de la race d'Alaric, roi des Visigoths, un empire qui dura jusqu'à Chlode-Wig.

Les Bourguignons étaient grands et bien faits, si l'on en croit Sidius Apollinaris ; ils combattaient avec la hallebarde, la framée, la massue, la fronde, l'angon et l'épée ; pour armes défensives, ils n'avaient qu'un bouclier de bois léger et poli, mais recouvert d'un double cuir. Ce peuple belliqueux n'avait de passion que la liberté ; aussi le chat, symbole de l'indépendance, distinguait ses étendards ; il partageait son temps entre la guerre et la chasse, ne connaissait d'autres richesses que les armes, les troupeaux, les esclaves ; quelques coutumes grossières lui servaient de lois.

Les chefs des Bourguignons s'appelaient d'un nom général, heudins ; ce titre n'était accordé qu'à ceux qui s'étaient fait remarquer par leur courage ou leur expérience. Il ne conférait qu'un pouvoir limité, et n'était pas sans danger pour celui qui en était revêtu. Au retour d'une expédition malheureuse, le heudin était ordinairement déposé ; souvent même on le sacrifiait pour apaiser la colère du dieu Teutatès, et il ne fallait pour cela qu'une mauvaise récolte, un incendie, un orage, le plus léger accident.

Le grand-prêtre, nommé Siniste, était, au contraire, investi d'une autorité suprême et à vie ; lui seul avait le droit d'arrêter et de punir les coupables, ordinairement peu nombreux ; car ce peuple se faisait remarquer par sa douceur, sa candeur, son application au travail. Il avait aussi une grande adresse pour les arts mécaniques.

Le peu de barbarie qu'avait entretenu dans le cœur des Bourguignons le culte terrible du dieu Teutatès, disparut presque entièrement quand ils eurent été convertis à la religion chrétienne par saint Sever, évêque de Trèves, en 401 ; aussi paraissaient-ils, aux yeux des Romains, bien différens des autres barbares.

Il y eut encore un autre peuple connu

sous le nom de Bourguignons. Ptolomée lui
donne une origine scythique ; ils habitaient
la Sarmatie européenne. Unis aux Goths et
aux Carpiens , ils ravagèrent l'Illyrique, du
temps de Galien, et furent depuis assujétis
par Attila , roi des Huns , qu'ils suivirent
dans les Gaules ; mais soit qu'ils aient été
exterminés ou que leurs débris se soient
dispersés au loin et confondus avec d'autres
peuples, l'histoire n'en fait plus mention.
(*Voyez* BOURGOGNE ; province de France.)

Th. COFFINIER.

BOURRACHE, *Borago officinalis*(Iud)
On la sème une fois au printemps ou en automne ; elle se ressème ensuite d'elle-même
il ne s'agit plus que de l'éclaircir. Les fleurs s:
mangent en salade, et les feuilles sont médicie
nales, employées pour tisanne rafraîchissante —

BOURRELIER. (Technol.) Le bourrelier
est celui qui fabrique *bâts, panneaux, bri-
des, colliers, harnais pour charrettes* et
tous les ornemens qui en dépendent. (V. ces
mots). Il emploie cuir, peaux passées en
poils, la toile, la bourre de bœuf, de veau et
de mouton, le crin, la laine en écheveaux et
paille de seigle; le bourrelier prépare sa bourre
avec un outil appelé *bat-à-bourre*, ce sont
huit cordes de 2 mètres de longueur, fixées
au plancher , et à l'autre extrémité elles
tiennent à un manche avec lequel il frappe la

bourre , cette opération est malsaine , elle soulève une poussière âcre que l'ouvrier avale en respirant; le bourrelier coupe presque toutes ses lanières avec une espèce de serpette. On a depuis peu inventé un instrument qui coupe d'une manière plus régulière, Pour ce qui est de la couture , et les accessoires , ils sont les mêmes que pour le *sellier*. (V. *Sellier*.) H. BERNARD.

BOURSE. (Econ. polit.) On donne ce nom à un marché où se vendent et s'achètent les titres de rentes. L'impôt ne suffisant pas aux dépenses de l'état, celui-ci s'est réservé la ressource des emprunts, dont le taux de l'intérêt varie suivant le degré de confiance qu'il inspire. Ici l'intérêt est toujours à raison de cinq; mais le capital varie, au plus ou au moins, de cent francs, ainsi : l'état veut réaliser une somme de 200 millions, il émet des coupons de rentes pour cette somme; mais pour offrir un avantage aux capitalistes, chaque coupon de rente de 100 francs, je suppose, est fixé à 95 francs; l'état s'engage donc à payer cinq francs pour chaque 95 francs, comme si effectivment il avait reçu 100 francs. Maintenant on a dû prévoir le cas où les prêteurs voudraient rentrer dans leurs fonds; la bourse a été alors instituée pour ces sortes de transactions. Pour inspirer plus de confiance aux

capitalistes, l'état a créé la caisse d'amortis-
sement, consacrée spécialement au rachat
d'un certain nombre de rentes, afin d'étein-
dre sa dette journellement. *Voy.* Amortis-
sement). Les transactions de la bourse sef-
fectuent par l'intermédiaire des agens de
change (*Voy.* ce mot) et des courtiers. (*Voy.*
ce mot). Nous allons expliquer de la manière la plus simple possible la marche des
opérations de la bourse.

Marchés au comptant. La bourse est ouverte au public tous les jours ; les faillis non
réhabilités et les femmes ne sont point admis dans l'enceinte où se traitent les affaires.
A une heure et demie précise, une cloche
annonce l'arrivée des agens de change qui
viennent se ranger autour d'une balustrade
circulaire placée au milieu d'une enceinte
réservée, et aussitôt des crieurs annoncent
le prix des ventes, qui s'opèrent au comptant ; lesquelles n'ont lieu qu'au parquet des
agens de change, jusqu'à trois heures. Ces
achats ne se font qu'au moyen du capital
comptant que l'acquéreur échange contre
des coupons de rentes équivalens à le même
somme ; la vente une fois terminée, le trans-
fert de la rente a lieu immédiatement, et
dans le palais même de la bourse au bureau
des transferts : l'agent de change en fait la
déclaration ; elle est de suite transcrite sur

des régistres, et le propriétaire vendeur y appose sa signature. Le droit que perçoit l'agent de change, est de 12 centimes et demi par cent francs.

Marchés à termes. Ces opérations sont ordinairement faites par ceux qui, n'ayant pas le capital, spéculent sur la hausse ou sur la baisse de la rente, payent ou reçoivent après un laps de temps déterminé la différence, selon que la rente a baissé ou monté dans l'intervalle. Les ventes à termes sont de plusieurs sortes :

Marchés payables fin courrant. Un agioteur, prévoyant une *hausse* prochaine, les fonds étant à 5 pour 96, il achète pour dix mille francs de rentes qui représentent, dans le moment, un capital de 192,000 fr., payables fin du mois ; dans l'intervalle, les diverses fluctuations de la rente, ne lui permettent pas de vendre sans perte. La rente a baissé de deux francs, je suppose, quand vient la fin du mois, il ne peut pas payer le capital qu'il avait acheté. La rente étant tombée à 94, 10 mille francs de rentes ne représentent plus que 188,000 ; la différence, à son détriment, est donc de 4,000 ; de là, on est conduit naturellement à la contre-partie ; le vendeur a spéculé sur la *baisse* des fonds, et a, par le fait, réalisé un bénéfice de 4,000 fr. Le droit que perçoit l'agent de change pour les marchés à termes, est de six centimes un quart par cent francs.

Marchés fin prochain. Cette opération ne diffère de la précédente, qu'en ce que le terme de paiement est reculé à la fin du mois suivant. Dans les marchés à termes, les contractans étant rigoureusement tenus de faire face à leurs engagemens mutuels, ces transactions de *fin courant* et *fin prochain*, sont appelées *marchés fermes*. Cette dénomination a encore pour but de les bien distinguer d'autres opérations appelées *marchés libres*, ou *à prime*, dont les termes de paiement peuvent être fin courant, ou fin prochain.

Marchés à primes: Cette opération est facultative : l'agioteur ne veut risquer qu'une somme déterminée, il la compte d'avance entre les mains de l'agent de change ; quelleque soit la différence au jour de la liquidation, il ne peut pas perdre plus que la somme précomptée. En un mot, c'est un marché à terme dans lequel l'acheteur a les chances les plus favorables ; en voici un exemple : l'agent de change offre *à prime*, fin courant pour cinq mille francs de rentes, au taux de 5 fr. pour 96 ; ce qui représente, au moment même, un capital de 96,000 francs ; vous ne voulez perdre qu'un franc par 96 francs contenus dans ce capital ; quelle que soit la baisse, au moment de l'échéance, vous versez mille francs de prime entre les mains de l'agent de change; c'est la somme que vous voulez perdre sur l'opération totale, et l'agent de change s'engage, à la fin du mois, à vous livrer cinq mille francs de rentes à 96. Si, à la fin du mois, la rente est à 94, vous abandonnez votre prime; si la rente, au contraire, a monté à 98, vous réalisez un bénéfice de 2,000 francs, que vous paie l'agent de change; à marché *ferme*, en cas de baisse, vous eussiez perdu deux mille francs. Les marchés à primes ne sont autre chose que des paris, un taux et une échéance déterminés d'avance. C'est à Law qu'est dû le marché à prime; ce genre d'opération fut, pendant un temps, une frénésie qui engloutit d'une manière désastreuse la fortune d'une foule de particuliers. Les marchés à termes et à primes se font sous-seings privés, par engagemens mutuels entre les agens de change et leurs commettans : le secret le plus inviolable doit être observé par les agens de change.

Liquidation. On entend par ce mot le règlement des diverses opérations de la bourse; les marchés à termes, fin courant, se règlent à la quatrième bourse du mois suivant. A la dernière bourse de chaque mois, les acheteurs remettent aux agens de change, la réponse des marchés à primes ; s'ils sont réalisés, ils rentrent dans la catégorie des marchés fermes. Le 1ᵉʳ du mois, se règlent les opérations sur le 5 et le 3 p. 100 ; le 2, celles des rentes de Naples et l'emprunt d'Espagne, les actions de la banque et autres effets publics ; le 3, les agens de change dressent le bordereau de tout ce qu'ils ont à se payer ; et le 4, toute liquidation est à jour. Pour faciliter les comptes des liquidations, on est convenu de n'opérer que sur des multiples de sommes rondes.

Report. Le joueur qui conclut un marché le premier du mois, doit nécessairement suivre toutes les diverses phases de la rente pendant tout le mois, surtout s'il opère fin courant, ou fin prochain. Il arrive même qu'ayant, au commencement, spéculé sur la hausse, il ait revendu, dans le courant du mois, spéculant sur la baisse, et qu'à la liquidation, il s'établit une compensation de pertes et de gains journaliers, qui atténue la perte qu'il eût infailliblement faite, s'il avait toujours spéculé sur la hausse; et que le concours d'événemens imprévus ait porté atteinte au crédit public, et fait considérablement baisser la rente. Ainsi, quand pareille occurence se présente, les joueurs désirent quelquefois prolonger le terme de l'échéance; alors, ils payent à l'agent de

change une somme que l'on appele *report*.
Le report est fixé ainsi : le report du comptant à la fin du mois, est la différence entre
le taux actuel de la rente au comptant, et le
taux de la rente fin courant ; le report d'un
mois à l'autre, est la différence de prix de
la rente fin courant, entre celui de la rente
fin prochain.

Le jeu de la bourse n'est susceptible de
renverser rapidement la fortune la mieux
établie, qu'autant que l'on opère sur des
sommes très fortes ; tant que l'on se borne
à spéculer sur de faibles capitaux, les pertes
peuvent, d'un moment à l'autre, se compenser, devenir insensibles ou au moins nulles.
La moindre somme sur laquelle on puisse
opérer, est 1,500 francs sur le 3, et 2,500
sur le cinq. A trois heures, la cloche sonne,
annonce que les agens de change débarras-
sent le parquet pour faire place au véritable
commerce, au commerce de bon aloi.

Maintenant que nous avons suffisamment
fait connaître le vocabulaire, et donné un
précis des opérations de ce vaste tripot, que
l'on appelle la bourse, voyons si cette institution offre au commerce l'avantage que
l'on a droit d'attendre d'une pareille institution. C'est Law que l'on doit regarder
comme le père de l'agiotage ; à son origine
la passion du jeu dévorait tout Paris ; c'était

en plein air, rue Quincampoix, que se faisait cet ignoble commerce. Le système de Law renversé, l'élan était donné, et la bourse devint l'entrepôt de l'agiotage. La bourse, destinée à faire un centre commun pour les transactions commerciales, fut détournée du véritable but de sa fondation. Quoique la frénésie du jeu ne soit pas aussi forte que sous la régence, il n'en infeste pas moins toutes les classes de la société ; c'est un bazar de turpitudes, où va s'engloutir la fortune d'une foule de particuliers, et où les puissans du jour, répudiant toute dignité, vont se vautrer dans la fange de l'agiotage, jouant la plupart à coup sûr, et les nouvelles télégraphiques dans leurs poches. De la bourse, dérivent tous les maux du commerce; c'est une lèpre qui ronge et dévore l'industrie : là, vont s'engloutir des capitaux que le petit commerce ferait fructifier, et qu'il ne peut plus se procurer aujourd'hui qu'à des taux trop onéreux. C'est avec une juste indignation que les publicistes s'élèvent contre une immoralité aussi flagrante ; et c'est polluer l'architecture, que d'avoir érigé un temple à un commerce des plus vils, où les coulissiers fabriquent les nouvelles, tendent à la hausse ou à la baisse, organisent, sans pudeur, la spoliation la plus honteuse. Que dire d'une époque où l'on voit les soi-disant charges d'agent de change, produire un revenu annuel de 120,000 francs.

Voy. COULISSIERS, COURTIERS, COURTIERS MARRONS. LEFÈVRE.

BOURSE DE PARIS, est le plus bel édifice de ce genre. Il a la forme d'un temple antique périptère, d'ordre corinthien ; ayant 14 colonnes de face, et 20 sur les flancs ; leur élévation est de 10 mètres ; la longueur du monument est de 72 mètres, sur 50 de largeur. On y arrive par un magnifique perron de 16 marches ; deux vestibules sont pratiqués de chaque côté ; celui de droite conduit aux salles des agens de change, celui de gauche, au tribunal de commerce. La salle destinée aux opérations de bourse est au rez-de-chaussée, elle peut contenir deux mille personnes ; elle reçoit le jour d'en haut ; elle est décorée de peintures en grisailles d'Abel de Pajol. Le plan en est dû à M. Brongniart, et continué par M. Labare ; commencé en 1808, il fut interrompu par suite des événemens politiques ; il fut repris depuis, et terminé en 1824. La bourse s'était tenue d'abord, rue Quincampoix ; puis au palais Mazarin, rue Vivienne ; transférée dans l'église des Petits-Pères, ensuite au Palais-Royal ; d'où enfin, elle est venue occuper un des plus beaux monumens de la capitale. LEFÈVRE.

BOUSSOLE. Instrument essentiellement composé d'une aiguille aimantée et suspendue par son milieu au moyen d'un pivot sur lequel elle peut se mouvoir, presque sans frottement, de manière à présenter son extrémité à tous les points de l'horizon.

Cet appareil si simple donne, par les applications dont il est susceptible, des résultats immenses.

La terre exerce sur toute aiguille aimantée, la même action qu'un véritable aimant ; le pole boréal du monde attire le pole austral de l'aiguille et réciproquement. Une aiguille qui peut se mouvoir librement, obéit à cette action et prend, en chaque lieu une direction à laquelle elle revient constamment lorsqu'on s'en écarte. Cette direction est telle qu'une des extrémités regarde le nord, l'autre le midi.

Le mimiste peut, au moyen d'une aiguille aimantée, reconnaître la présence du fer dans un corps par la déviation qu'elle éprouverait à son approche. Le physicien reconnaît de la même manière les courans électriques. (*Voyez* multiplicateur.) Dans son plus grand degré de simplicité, cet instrument donne exactement l'orientation d'un lieu. Quoiqu'utiles, ses résultats sont cependant peu de chose comparés à ceux qu'en obtiennent la marine et l'arpentage.

La construction des boussoles varie selon l'usage auquel on les destine. Dans tous les cas, l'aiguille aimantée doit être contenue dans une boîte de cuivre ou de bois. Le fer doit être soigneusement banni de leur construction. Le fond de la boîte porte un disque de cuivre ou d'argent divisé en degrés et au centre duquel est placé le pivot destiné à soutenir l'aiguille.

L'aiguille, dont la longueur varie, doit peser peu pour que le frottement soit le moindre possible. Son centre est percé et garni d'une *chape* en agathe pour recevoir le pivot qui doit être d'acier trempé et très-effilé. L'aiguille et le limbe doivent être recouverts d'un verre bien net, assez rapproché de l'aiguille pour l'empêcher de s'échapper du pivot, mais sans la toucher.

Telle est la composition ordinaire des boussoles destinées à donner des orientations, et qu'on nomme *un déclinatoire.*

La direction de l'aiguille aimantée n'est pas exactement celle du méridien terrestre. Elle forme avec lui un angle qui varie selon les époques et les lieux. Cette différence constitue ce qu'on appelle la *déclinaison de l'aiguille aimantée.* Elle est actuellement pour Paris de 22° 20' en allant à l'ouest.

Pour prendre une orientation très-exacte, il faut avoir égard à cette différence.

BOUSSOLE D'ARPENTAGE.

Elle est composée comme le *déclinatoire*. Son limbe est divisé en 360 degrés, ou en 400 selon la division centigrade, et il porte l'indication des quatre points cardinaux. Un des côtés de la boîte, parallèle à la ligne, tirée du nord au sud sur le limbe, porte une alidade; cette alidade est mobile de haut en bas pour pouvoir viser les objets hors de niveau sans déranger la boussole de la position horizontale où elle doit rester.

Malgré ses imperfections, la boussole est préférable à tous les autres instrumens pour lever les petits détails d'un plan et faire les reconnaissances militaires. Non-seulement il est beaucoup de circonstances où on ne peut employer qu'elle seule, mais on doit lui donner la préférence dans tous les cas où une précision mathématique n'est pas nécessaire.

BOUSSOLES POUR LES USAGES DE MER.

On peut dire que sans la boussole il n'y aurait pas de marine possible. Comment, en effet, maintenir un vaisseau dans une direction voulue, sans avoir sous les yeux un indicateur qui avertisse de toutes les déviations qu'éprouve sa marche. Aussi, avant l'invention de la boussole, les navigateurs n'avaient-ils guère fait que côtoyer les terres sans jamais oser s'aventurer dans l'immensité des mers.

L'histoire ne nous a pas conservé le nom de celui qui, le premier, eut l'heureuse idée d'employer la boussole sur mer. C'est ainsi que les découvertes les plus utiles et les plus vigoureuses ne reçoivent pas toujours le tribut de gloire qui leur est dû.

Voici quelle est la composition et l'usage des boussoles employées sur mer, et qu'on nomme *compas de route*.

L'aiguille de la boussole de mer est chargée d'un carton léger qui se meut avec elle et modère ses oscillations. Sur ce disque de carton est tracée une rose des vents, composée de trente-deux divisions ou *rumbs*. Chaque division a son nom. La ligne nord et sud porte un indice particulier, ordinairement une fleur de lis, et c'est selon ce diamètre que le disque est uni à l'aiguille.

La boîte qui contient la boussole est suspendue de manière à conserver toujours la position horizontale malgré les agitations du vaisseau. Cette boîte est carrée, et offre dans son intérieur un trait vertical nommé *cap*, qui coïncide ou est parfaitement parallèle à l'axe longitudinal du vaisseau. On comprend alors que c'est une espèce de point de mire servant à voir exactement l'angle formé par la longueur du vaisseau avec le méridien indiqué par la direction de l'aiguille.

L'instrument est placé dans une espèce d'armoire appelée *habitacle*, ouverte et située près du timonier de façon à ce qu'il ait sous les yeux la rose des vents. Le mouvement du vaisseau se faisant (sauf la *dérive*) dans le sens de son axe longitudinal ; le *cap* indiquant la direction de cet axe, la boussole indiquant celle du méridien, il est bien clair que le moindre changement de rapport entre ces deux parties, indique un changement de direction dans la marche du bâtiment.

En tenant compte de la *dérive* et de la déclinaison, le capitaine arrive facilement à connaître le *rumbs* auquel le cap doit correspondre pour que la direction du vaisseau soit bonne. Il l'indique au timonier qui gouverne en conséquence, et est averti par la boussole de la moindre déviation.

BOUSSOLE D'INCLINAISON.

L'aiguille la mieux équilibrée sur un pivot cesse de l'être lorsqu'elle est aimantée. Dans notre climat, l'extrémité qui regarde le nord, s'incline en bas et il faut lester l'autre pour rétablir l'équilibre. Cette *inclinaison* tient à une inégalité de l'action magnétique du globe ; le pole le plus rapproché agit avec plus de force que l'autre ; elle est nulle dans les lieux également distans des poles magnétiques, et qui forment une ligne nommée *équateur magnétique*. Cette ligne est rapprochée de l'équateur terrestre, mais ne lui coïncide pas.

On donne le nom de boussole *d'inclinaison* à l'instrument destiné à mesurer l'inclinaison de l'aiguille aimantée. Il se compose d'un limbe vertical en cuivre ou en argent, au centre duquel on fixe une aiguille aimantée qui peut parcourir tout le champ du limbe.

En posant l'instrument dans la direction du méridien magnétique, l'aiguille obéit à l'action qui la fait incliner, et une graduation tracée sur le limbe, indique l'angle qu'elle forme avec l'horizon.

L'inclinaison de l'aiguille est à Paris de 68° 25', et éprouve une variation continue, mais très-lente.

BOUTONNIER (Technol.). On fait deux sortes de boutons, les boutons en bois, et en métal ; les premiers sont dits moules de boutons, et découpés à l'emporte-pièce suivant différentes grandeurs, sur du bois préparé pour cela : on choisit ordinairement un os peu dur, puis des ouvrières les recouvrent en étoffe. Les boutons de métal sont ou d'une pièce fondue, découpée au marteau, ou avec un emporte-pièce; l'anneau est soudé au milieu, puis passé au polissoir, ou de deux pièces; alors on distingue la partie de dessous, qui est appelée le moule; la partie supérieure ou calotte, si elle doit porter un chiffre ou une inscription, est découpée au marteau avec une matrice; elle est plus grande que le moule de deux ou trois millimètres; le moule étant placé sur le tour, en l'air par l'anneau qui y a été soudé au préalable, alors on pose dessus lui la calotte. On fixe la calotte sur le moule en rivant au-dessous de lui, au moyen du brunissoir, toute la partie qui excède le moule.

BERNARD.

BOUTONS (Botanique). Toute tige, toute branche a des *aisselles** à la base des feuilles; ces aisselles, communément, recèlent un ou plusieurs petits boutons formés par le *liber* (*Voy.* ce mot). Ce bouton ou œil se forme et grossit presque imperceptiblement; à la fin de l'été et en automne, il se dessine plus visiblement; enfin, il s'arrête à l'arrivée des frimats.

Il y a différentes espèces de boutons, que l'on nomme *boutons à bois, à feuilles, à*

---

* *Axilla*, point intermédiaire et angulaire qui forme au point de junction une feuille ou son pétiole avec son rameau, un rameau avec une branche, avec une tige, etc.

fleurs ou *à fruits*. Les premiers ne donnent que des branches, les seconds des feuilles et les troisièmes des fleurs et des fruits. Le cultivateur doit distinguer parfaitement ces boutons, déjà indiqués, à la fin de l'été; ceux qui sont simplement à feuilles sont oblongs et très minces, ceux à bois le sont un peu moins; ceux à fleurs ou à fruits sont plus gros et plus ronds que les autres; on ne saurait trop étudier ces divers organes, si l'on veut tailler avec précision.

Quand les feuilles tombent, les boutons qu'elles protégeaient sont assez formés pour n'en avoir plus besoin. Des boutons à bois, à la fin de l'été, donnent des bourgeons que l'on appelle branches de la seconde sève. Il faut prendre garde, au *palissage*, de supprimer trop de branches, et surtout de les raccourcir ou rabaisser : si l'arbre était vigoureux, le *liber* (*Voy*. ce mot) se prolongerait dans tous les boutons des branches non supprimées. Beaucoup de ces nouvelles branches n'auraient point assez de force pour passer l'hiver; le moindre inconvénient d'une opération aussi mal exécutée, serait de compromettre la récolte suivante.

Les boutons sont nus, ou écailleux, etc.; ceux qui poussent l'été sont moins enveloppés que ceux qui doivent passer l'hiver. La plupart de ceux-ci, sous différentes formes, ont de petites écailles sèches et coriaces en dessus, molles en dessous, très serrées, ou imbriquées (arrangées comme des tuiles) les unes sur les autres. Il y a des boutons qui ont un duvet cotonneux, et d'autres une résine pour défendre davantage les embryons contre le froid et l'humidité; mais ces boutons, si bien protégés, peuvent dévancer leur saison par des variations de température, et s'entrouvrir prématurément quand la terre, déjà plus rapprochée du soleil, fermente à l'absence des derniers frimats, ou dans leurs funestes intervalles. (*V.* Froid).

Les boutons n'attendent que le printemps pour se développer. Comme ceux des semences, leurs embryons ou bourgeons ont pour radicale un pétiole adhérent à la branche, dont les boutons ne sont qu'un prolongement du *liber*; à peine le printemps arrive-t-il, que déjà les boutons grossissent à vue d'œil, les écailles s'ouvrent à la douce influence de l'air et de la lumière, et donnent passage aux embryons qu'elles ont protégés. V. Pirolle.

BOUTURE. On donne ce nom à des branches coupées ou détachées au point d'insertion de leur tige, suivant les espèces de plantes; ce qui sera indiqué à leur culture particulière, et pour les arbres, à l'article *pépinière* : nous suivrons ici, pour les différentes sortes de boutures, la nomenclature de M. Thouin dans ses cours. Ce grand maître a fait observer que les époques pour faire des boutures, varient en raison des climats et des années plus ou moins hâtives; mais qu'en général, la fin de l'hiver est le temps le plus propice pour les arbres et arbustes de pleine terre; le printemps pour les végétaux d'orangerie, et la fin de l'automne pour quelques arbres résineux.

1° BOUTURE SIMPLE, *faite avec une branche de la dernière pousse*; elle est propre à la multiplication d'une grande quantité d'arbres et d'arbustes d'orangerie, de serre chaude et de quelques espèces de pleine terre. On la place sur couche et sous cloche, et en l'entretenant dans une chaleur douce, humide et à l'abri du soleil.

2° BOUTURE A BOIS DE DEUX ANS, *faite avec une branche sur laquelle se trouve une portion de bois de deux ans, et de l'année précédente.* On l'emploie à la multiplication des arbres et des arbustes au printemps; on la place en rigole, en pleine terre, au nord.

3° BOUTURE A TALON, *faite avec une branche de la dernière pousse, et avec la nodosité qui la joignait à sa tige*; elle est propre à la multiplication des bois durs, soit de pleine terre, soit de serre au printemps. On la met à l'ombre, en pleine terre, ou sur couche, ou sous cloche.

4° Bouture en plançon, *faite avec une branche de un à dix pieds de haut en forme de pieu*; propre à la multiplication des arbres aquatiques, tels que les saules, les peupliers. On la fiche en terre, dans un trou fait avec un grand pieu.

5° Bouture en rameau. Jeune branche ramifiée, enterrée dans toute sa longueur, excepté le gros bout qui saille de deux pouces hors de terre; elle est favorable pour multiplier certaines espèces d'arbres qui se dépouillent, le grenadier, le groseillier, etc. On doit la mettre, au printemps, en terre franche et en exposition chaude, et pour les plantes d'orangerie, sur couche seconde.

6° Bouture en ramée. Grande branche avec tous les rameaux, propre à fournir des pépinières d'oliviers, à garnir des berges de rivières, de marais, à affermir et à exhausser le terrain; les saules, les peupliers, le chalef, l'aune, etc. sont propres à cet usage. On les plante horizontalement, à la fin de l'hiver, à 4 ou 5 pouces de profondeur, en ayant soin de laisser sortir, de 3 à 4 pouces, l'extrémité des rameaux.

7° Bouture en fascine. Branche de la dernière et de l'avant dernière pousse, réunies en fagots de deux pieds de long, et ployées sur elles-mêmes. On s'en sert quand on veut retenir les berges, sur le point d'être entraînées par les eaux. On enterre ces fascines de manière à n'en laisser sortir que l'épaisseur de 4 pouces, et on les assujétit avec un pieu passé à travers; on place ainsi les osiers et les saules.

8° Bouture avec bourrelet par étranglement. C'est une branche sur laquelle on a déterminé la formation d'un bourrelet, par une ligature faite dans la saison précédente. On l'emploie pour les arbres durs, soit indigènes, soit étrangers, les fruitiers particulièrement.

9° Bouture avec bourrelet par incision. C'est là même que la précédente, avec la modification de l'incision; on l'emploie pour les espèces à bois dur, ou à la position desquels on attache plus de prix.

10° Boutures a crossette. Elles se font avec du bois de la dernière ou de l'avant dernière année, et ont la forme de petites crosses; le bois de deux ans ne forme que le cinquième de leur longueur, qui est de 15 pouces. Beaucoup d'arbres, dont la consistance du bois est aussi éloignée de l'extrême dureté que de la mollesse, se multiplient de cette manière; on les choisit à la taille, sur des branches vigoureuses, et on en fait de petits fagots que l'on entoure au

r   par l'extrémité inférieure, et qu'on
ecouvre ensuite avec des feuilles et de la
litière.   V. PIROLLE.

BOUVREUIL. Long de six pouces, quelquefois plus petit d'un tiers ; alors il est connu sous le nom de petit bouvreuil. Cet oiseau est un des plus jolis de nos climats ; sa couleur est cendrée dessus, rouge dessous, à calotte d'un beau noir. La femelle a du gris roussâtre au lieu de rouge ; il se trouve dans toutes les contrées de l'Europe ; il niche sur les arbres, dans les taillis, sur la lisière des bois, le long des chemins ; se nourrit de baies et de graines, *pond* de 4 à cinq œufs.

Son ramage naturel est doux et agréable, s'apprivoise facilement, apprend aisément à parler et à chanter.

H. DE BEAUMONT.

BOYAUDIER. (Technol). L'art de préparer les intestins des animaux est un des plus importans, et en même tems un des plus malsains à exercer, en raison de la mauvaise odeur, et des exhalaisons que répandent les matières animales en putréfaction ; nous le diviserons en deux parties. La première qui consiste à préparer l'intestin de bœuf pour le rendre propre à différens usages, tels que pour la charcuterie, la baudruche, pour le batteur d'or, et pour les aérostats ; la seconde, qui consiste à préparer

ceux de moutons pour les cordes à instrumens de musique, ou à mécaniques.

1° La préparation des intestins de bœuf a
pour objet de le débarrasser de deux membranes qui le garnissent ; l'une, la *péritoncale*,
intérieurement, l'autre, *muqueuse*, extérieurement ; la partie qui reste est la membrane
musculeuse. Pour y parvenir, on dégraisse
l'intestin en le râclant avec un couteau, on le
retourne pour lui faire subir la même opération intérieurement. Pour rendre le râclage
et le ratissage faciles, les intestins sont mis en
paquets dans des tonneaux défoncés ; là ils
subissent une fermentation qui, suivant la
température, doit être de 3 à 8 jours. Une fois
la membrane musculeuse mise à nud on in-
sufle de l'air dans les intestins qui sont noués
à une extrêmité ; aussitôt qu'ils sont bien
gonflés, on noue aussi l'autre extrémité, afin
qu'en séchant, ils ne puissent pas se racornir.
C'est dans cet état qu'ils sont mis au séchoir.
Lorsqu'ils sont parfaitement secs, ils sont
dessoufflés par des ouvriers qui en coupent
les ligatures avec des ciseaux, puis on les
ajuste en écheveaux de 18 mètres de long,
après quoi on les blanchit au soufre dans un
soufroir hermétiquement clos. Ce blanchi-
ment leur ôte toute odeur, et les rend inat-
taquables aux miltes.

2° *Intestins de moutons pour corde, dites*

à boyaux. Les intestins de moutons sont dégraissés au moyen de dissolutions alcalines; aussitôt qu'ils sont dépouillés des membranes péritonéales et muqueuses, on les met, sans les faire sécher, à la filature, avec un rouet à cordier; on réunit deux ou trois bouts de boyaux suivant la grosseur de la corde; on leur donne un premier tordage, puis on les blanchit au soufre, on achève de les tordre quand ils sont bien ressutés; en sortant du rouet, ils sont graissés à l'huile d'olive fine, roulés en paquet, puis livrés au commerce. Les intestins de dernière qualité sont pour les cordes à raquettes, les cordes fines sont faites avec les plus petits intestins. Les cordes dites des remouleurs proviennent des intestins de cheval fendus en quatre, et dont les quatre bouts sont tordus ensemble.

La plus pénible opération du boyaudier, est l'insufflation des intestins, quant au moyen de rendre moins méfitique l'air qu'il respire. (*V. Assainissement.*)

H. Bernard.

BRABANT. Ancienne province de la Belgique, bornée au nord par la Meuse qui la séparait du comté de Hollande, et du duché de Gueldre; à l'est, par le duché de Gueldre et l'évêché de Liége; au sud par les comtés de Namur et de Hainaut; à l'ouest, par la Flandre et la Zélande. Son étendue était de 22 lieues du sud au nord, et de 20 lieues en largeur de l'est à l'ouest. La province du Brabant était arrosée par la Meuse, l'Escaut, la Dyle, le Demer, les deux Nèthes, l'Aa, etc. Le Demer parcourt une partie du Brabant, et reçoit les eaux de la Ghete, de la Dyle, de la Senne et des deux Nèthes. Cette rivière gonflée à ces divers affluens, prend le nom de Rupel, puis, va se jeter dans l'Escaut. Un canal creusé en 1550, et terminé en 1561, existe près de Bruxelles, il commence à la Senne jusqu'au village de Villebrack; là il rejoint le Rupel, qui, lui-même se mêle un peu au-dessus, à l'Escaut. Un autre canal a été ouvert depuis Louvain jusqu'au Rupel; au moyen de ces canaux, la navigation est possible depuis Bruxelles jusqu'à la mer du nord.

La province du Brabant était jadis divisée en Brabant autrichien dont Bruxelles était la capitale, en Brabant hollandais, où se trouvent Breda, Berg-ôp-Zoom, Bois-le-Duc; aujourd'hui elle est enclavée dans les départemens des Deux-Nèthes et de la Dyle. (*V. Belgique*).

La province de Brabant a été de tout temps renommée pour ses manufactures de draps; les villes principales étaient Bruxelles, Anvers, Louvain, Malines, Nivelles. On voit qu'en 1317, le duc de Brabant obtint d'E-

douard II la permission de commercer librement avec l'Angleterre, et en 1337, il lui
fut accordé par Édouard III le droit de venir
acheter ses laines, à la condition de n'enlever à la fois que la quantité nécessaire pour
occuper six mois ses villes manufacturières;
que ces laines ne seraient mises en œuvre que
dans lesdites villes du Brabant, ce que ga-
rantissaient sur sermens les deux plus nota-
bles de chaque ville avant de conclure le marché. Le Brabant était sous la domination des
ducs de Bourgogne vers le 15e siècle; cette
province atteint le plus haut point de splendeur que peut procurer le commerce, mais
les taxes que lui imposa bientôt Philippe-le-
Hardi, duc de Bourgogne, pour soutenir la
guerre contre la Suisse et la France, portèrent une grave atteinte à sa prospérité.

HENRION.

BRAHMANISME. Religion d'une majeure partie des peuples Hindous et Mogols.
La divinité, selon ces peuples, créa trois
hommes, *Brahma*, *Vichnou* et *Chevah.*
Le premier devait créer le genre humain, le
second le conserver, le troisième le gouverner, le punir et le détruire. Brahma, d'un
souffle, anima le monde, créa les quatre élémens, ainsi que le vide. Avant cela le monde
était un cahos, habité par un démon, génie
du mal, que Brahma fut obligé de plonger

dans l'abîme pour le déposséder. Les principes du brahmanisme ont été rédigés par Brahma, et composaient cinq livres, dont un a été perdu. Ces livres sont appelés *Baids* ou *Vuids*, mot sanscrit qui signifie mystère.

L'encens n'est pas également réparti sur les trois divinités du brahmanisme. Brahma, le fondateur, le créateur de toutes choses, seul n'a ni temples, ni statues. Plus heureux que lui, Vichnou est adoré sous la forme humaine, avec un cercle de tête et quatre mains, emblêmes de sa toute-puissance. L'oiseau fabuleux sur lequel on le suppose monté, est souvent représenté devant son image. Chevah est représenté sous l'emblême réuni des organes de la génération, comme principe de toute fécondité, ce qui est assez en contradiction avec sa mission première. Devant ce singulier symbole on voit une vache suppliante et en extase : les docteurs l'expliquent, et le peuple ne doit pas l'interpréter autrement : cette vache est la monture choisie par ce dieu. Chevah est aussi représenté avec quatre mains armées des différens emblêmes de son pouvoir ; il a cinq têtes, quatre sont tournées vers les quatre points cardinaux, et la cinquième est tournée vers le ciel. La forme du dieu qui gouverne, moralise, punit et détruit, varie suivant les diverses sectes qui subdivisent le brahmanisme.

Outre ces trois divinités, il en est une foule d'autres admises par les enfans de Brahma. En somme, la base de cette religion est la métempsycose : l'ame est une partie émanée du grand esprit ; elle s'y réunira lorsqu'elle aura rempli sa mission sur la terre , et acquis le degré de pureté convenable. C'est après de nombreuses transmigrations , dans lesquelles elle dépose successivement toute souillure , qu'elle doit remonter vers sa céleste origine. Le grand juge des ames, *Yourm-Dourm*, est l'autorité compétente ; devant lui comparaissent les ames qui ont secoué le joug de leur enveloppe terrestre , et malheur à celles qui n'ont que des crimes à confesser, les punitions les plus terribles les attendent ; puis on les renvoie sur la terre recommencer un temps d'épreuves.

Ce serait ici le lieu de parler des bramines ; mais comme cette caste se rattache au gouvernement , à l'existence des Hindous , nous renvoyons à cet article spécial.

Henrion.

BRANCHIES. Vulgairement appelées *ouïes* dans les poissons ; ce sont des espèces de petites lames disposées comme les barbes d'une plume ou les dents d'un peigne ; elles sont supportées sur des arcs osseux ou cartilagineux qui paraissent être des côtes. Les branchies ont une vesicule qui apporta le sang noir des veines pour le mettre en contact avec l'air contenu dans l'eau, puis une artériole qui reprend ce sang vivifié, lo reporte au cœur, pour de-là être réparti dans tout le corps de l'animal. Les branchies sont les organes respiratoires des poissons; dans la plupart des poissons, les branchies n'ont qu'une attache, excepté dans les lamproïes, les raies, les chiens de mer, les rois de harengs où elles sont fixées aux osselets cartilagineux, et leur bord opposé est adhérent à la peau. Les vaisseaux sanguins des branchies sont plus ou moins forts chez certains poissons; chez les uns, tant que les branchies contiennent de l'humidité, l'animal vit encore quoique hors de l'eau, tels que les anguilles, les lamproies, etc.; chez d'autres, les vaisseaux sanguins se déchirent au moindre contact de l'air, ainsi les maquereaux dont les ouïes deviennent saignantes aussitôt qu'ils sortent de l'eau.

On trouve aussi des branchies de forme très variées dans les mollusques, les coquillages et dans les crustacées.

H. DE BEAUMONT.

BRASSEUR. (Technol.) C'est le nom que l'on donne à celui qui fabrique la bière, et brasserie le lieu de cette fabrication. Sans entrer dans tous les détails de l'art du brasseur, ce qui serait trop long, nous allons donner le résumé suivant des principales opérations qui conduisent à la faire. Le houblon, l'orge, la coryandre, le blé, l'avoine, la fécule de pomme de terre ; tels sont les ingrédiens employés pour fabriquer toutes les sortes de bière livrées à la consommation.

Les principaux agrès du brasseur sont le *germoir, la touraille, le moulin, les cuves, et les chaudières.*

Manière de brasser la plus ordinaire. On a de l'orge de bonne qualité ; on la met tremper le temps nécessaire, ce que l'on juge lorsque les grains pressés dans les doigts cèdent à une légère pression ; alors on la retire de la cuve, pour la mettre au *germoir* (chambre au rez-de-chausée, pavée en dalles, ou cave voutée); on éparpille l'orge par couches de 8 à 9 pouces d'épaisseur, on la laisse là jusqu'à ce que le germe paraisse hors du grain. Alors on retourne l'orge avec une pelle, ce qui s'appelle *rompe ;* on fait cette opération deux fois en laissant une intervalle de douze ou quinze heures. De là l'orge va à la *touraille*, fourneau construit d'une manière spéciale pour faire rendre au grain l'humidité qu'il a contractée, de là on le crible et on le laisse reposer quelques jours, puis enfin on le met au *moulin* dont le modèle varie suivant les moyens du brasseur. L'orge réduite en farine, est portée dans la *cuve*, appelée *cuve-matière* : cuve à deux fonds, un plein et l'autre au-dessus percé, et appelé *faux fond* sur lequel est disposée la farine. Les chaudières renferment de l'eau chaude, qu'on verse dans la cuve au moyen de pompes ou de *bacs*; cette eau s'élève, et par sa force, traverse le faux fond qui est percé, entraîne la farine d'orge à la surface, et des garçons armés de *fourquets*, remuent continuellement cette espèce de pâte, jusqu'à ce que le mélange soit jugé fait ; on la soutire, néanmoins on continue a faire passer de l'eau sur cette pâte, afin quelle se charge de tous les sacs quelle contient. Le houblon se met dans le brassin, dans la proportion de soixante livres pour treize à quatorze pièces : au reste on charge en houblon suivant le degré de force que l'on veut donner a la bierre.

La couleur de la bierre dépend du plus ou moins de cuisson. La bierre blanche se cuit en trois ou quatre heures, la *rouge* ou *brune* demande jusqu'à trente heures. Après la cuisson, la bierre va pour se refroidir dans une cuve où elle fermente et se couvre de mousse, c'est alors qu'on la bat avec une longue perche ; après cela, on la coule dans des tonneaux, là la bierre fermente, et par la bonde sort ce qu'on appelle la levure, dont se servent les boulangers. On ne bondonne les pièces qu'après avoir la certitude que la fermentation a cessé totalement.

L'invention de la bierre est attribuée aux Egyptiens ; cette boisson était connue sous le nom de boisson pelusienne, du nom de *Peluse*, ville près de l'embouchure du Nil, et où se faisait la meilleure. L'usage de la bierre était très répandu dans les Gaules ; l'empereur Julien, dans une épigramme, parle de cette boisson des Gaulois. En France, elle est très ancienne, et pendant long-temps on l'appelait *cervoise*. Les modes de fabrication pour la bierre varient suivant les pays, mais ce n'est pas principalement au mode de fabrication quil faut attribuer la supériorité de la bierre de tel pays sur tel autre. En Angleterre, en Belgique, en Hollande on boit d'excellente bierre ; on a voulu, à Paris, rivaliser. Des ouvriers anglais, belges, hollandais, ont travaillé suivant les procédés de leurs brasseurs, aucun n'a pu réussir, à quoi l'attribuer, les matières étaient les mêmes *moins l'eau* ; aussi c'est a cette dernière cause qu'est attribué le non-succès de toutes les tentatives faites jusqu'à ce jour.

Les brasseurs sont exposés à l'asphixie par les vapeurs de l'orge germée en tas, l'acide carbonique qui se dégage en grande quantité pendant la fermentation de la bierre, ainsi qu'au moment où on la verse dans les tonneaux. Pendant ces opérations ils doivent éviter de se tenir au-dessus des cuves, et surtout les lieux où ils fabriquent doivent être bien aérés, percés de portes et de fenêtres assez vastes pour établir un courant d'air continuel.

BREBIS. *(V. Mouton).*

BREF, du latin *brevis, breve, court.* Espèce de mandement qui émane directement du pape. Ce n'est que vers le milieu du XVᵉ siècle que l'on commença à leur donner ce nom. On distinguait deux espèces de brefs : *Brefs apostoliques, Brefs de la pénitencerie.* Ce qui distingue le bref de la bulle est dans la forme de la suscription. Voici du reste l'espèce de formule sacramentelle suivie dans les brefs. En tête : *Pie VIII à ses fils chéris, salut et bénédiction apostolique....* Suit le contenu du bref ; et à la fin : *Donné à Saint-Pierre de Rome, sous l'anneau du pêcheur, le 1ᵉʳ mars 1834.* (*Voy.* le mot BULLE.)

HENRION.

BRELAN. L'origine de ce mot est très incertaine ; les uns le font dériver de Berlin où de Breland, île d'Angleterre. On donne ce nom à un jeu qui se jouait à quatre ou cinq joueurs : on ne donne que trois cartes à chacun. C'est sous le règne de Louis XIV que le brelan devint une espèce de fureur.

Ce jeu, simple en apparence, est en réalité ruineux. Les joueurs ont, à la vérité, la faculté de fixer leur enjeu; mais l'on ne tarde pas à être excité par les co-partenaires, qui, confians dans leurs cartes, surenchérissent à l'envi. Ce jeu fut prohibé et en butte à des poursuites sérieuses de l'autorité. Tombé en désuétude, le brelan a été remplacé par la bouillotte. Ce sont à peu de choses près les mêmes règles, le mot même y est conservé; car trois as, trois rois, trois dames, trois valets, trois sept, sont ce qu'on appelle des brelans. Le brelan d'as est le plus fort; les autres suivent la progression habituelle des autres cartes. On appelait par mépris les maisons où le jeu était une spéculation, un *brelan*. H. BERNARD.

BRELOQUE. Nom que l'on donnait à plusieurs ornemens de bijouterie, qu'une mode bizarre et trop long-temps conservée, faisait pendre à une longue chaîne fixée à la montre. Dans l'armée, ce mot désigne une batterie de tambour, employée le plus ordinairement pour faire rompre les rangs. Dans le style familier, on dit battre la breloque quand un homme en parlant perd le fil de ses idées.

TABLES DES MATIÈRES

CONTENUES DANS CE VOLUMES.

FIN DU HUITIÈME VOLUME.